Daniela Schiek

Aktivisten der Normalbiographie

Daniela Schiek

Aktivisten der Normalbiographie

Zur biographischen Dimension prekärer Arbeit

VS VERLAG

Bibliografische Information der Deutschen Nationalbibliothek
Die Deutsche Nationalbibliothek verzeichnet diese Publikation in der
Deutschen Nationalbibliografie; detaillierte bibliografische Daten sind im Internet über
<http://dnb.d-nb.de> abrufbar.

Dissertation an der Fakultät für Bildungswissenschaften an der Universität Duisburg-Essen
1. Gutachterin: Ursula von Wedel Parlow
2. Gutachter: Harald Künemund
Tag der Disputation: 17.02.2010

1. Auflage 2010

Alle Rechte vorbehalten
© VS Verlag für Sozialwissenschaften | Springer Fachmedien Wiesbaden GmbH 2010

Lektorat: Dorothee Koch / Tanja Köhler

VS Verlag für Sozialwissenschaften ist eine Marke von Springer Fachmedien.
Springer Fachmedien ist Teil der Fachverlagsgruppe Springer Science+Business Media.
www.vs-verlag.de

Umschlaggestaltung: KünkelLopka Medienentwicklung, Heidelberg
Druck und buchbinderische Verarbeitung: STRAUSS GMBH, Mörlenbach
Gedruckt auf säurefreiem und chlorfrei gebleichtem Papier
Printed in Germany

ISBN 978-3-531-17573-7

Inhaltsverzeichnis

Vorbemerkung

Bei der vorliegenden Arbeit handelt es sich um die veränderte Fassung meiner Dissertationsschrift, an der ich in den Jahren 2006 bis 2009 an der Universität Duisburg-Essen gearbeitet habe. Ohne die Unterstützung einer Reihe an Personen hätte ich diese jedoch nicht zustande gebracht.

Zu nennen sind hier natürlich die Interviewpartner/-innen, ohne deren Teilnahme an der Studie selbige nicht entstanden wäre.

Das Institut für soziale Arbeit und Sozialpolitik (ISP) und das Dekanat der Fakultät für Bildungswissenschaften an der Universität Duisburg-Essen haben mich in hohem Maße infrastrukturell unterstützt und während der Endphase zeitliche Entlastung gewährleistet. Für diskursive Anregungen danke ich den Kolleg/-innen am ISP sowie den Studierenden, die an meinem Seminar zur Biographieforschung teilgenommen haben.

Sorgfältige wie pointierte Blicke auf Thesen und Textstruktur leisteten Yvonne Franke und Till Strecker. Außerdem ist die Loyalität und Geduld hervorzuheben, mit denen sie – genannt auch für andere im privaten Umkreis – die Entstehung dieser Arbeit intensiv begleitet haben.

Von Carsten G. Ullrich habe ich Freiraum und Zuspruch für die Abschlussphase der Promotion, außerdem wertvolle Anregungen für die Veröffentlichung erhalten.

Mein besonderer Dank gilt Ursula von Wedel Parlow und Harald Künemund. Sie haben mich durch ihr Interesse und ihre Kritik im gesamten Entstehungsverlauf bestärkt sowie dort, wo es notwendig war, verunsichert. Für den Promotionsprozess als solchen zeichneten sie in einem Maße verantwortlich, das seinesgleichen sucht.

Essen, im Juni 2010   Daniela Schiek

1 Einleitung

Die Prekarisierung des Arbeitsmarktes ist in den letzten Jahren zu einem anerkannten Forschungsschwerpunkt in den Sozialwissenschaften geworden. Auch wenn die Auseinandersetzung mit prekären Beschäftigungsverhältnissen zwischenzeitlich der Diskussion um die Finanzkrise gewichen war und der Begriff der Prekarität für die Beschreibung der unterschiedlichsten Lebenslagen verwendet wird, lässt sich daher relativ präzise angeben, was die Prekarisierung des Arbeitsmarktes meinen soll: Es geht um den vor allem in den letzten zehn Jahren beobachtbaren Zuwachs an Beschäftigungsverhältnissen, die hinsichtlich ihres Einkommens, ihrer Dauer, ihrer sozialen Sicherung, ihrer Erfassung durch Tarif- und Betriebsbestimmungen sowie der Aufstiegs- und Prestigechancen hinter die Standards abhängiger Beschäftigung und hinter atypische Arbeit in hochqualifizierten und hoch entlohnten Bereichen zurückfallen. Die Prekarisierung gilt dementsprechend als Spaltung des Arbeitsmarktes in „gute" und „schlechte" Arbeitsplätze, als Zunahme an Gefährdungslagen gesellschaftlicher Exklusion (vgl. Kronauer 2007: 2 ff.; Castel 2001: 18; Vogel 2005: 214 f.), als sichtbare Rückkehr sozialer Unsicherheit und verarmender Lohnabhängiger ins Zentrum der Arbeitsgesellschaft und deshalb schließlich als „Kern der sozialen Frage am Beginn des 21. Jahrhunderts" (Dörre 2007: 2; vgl. Castel 2000: 336 ff.; Bartelheimer 2005: 3 f.).

Nachdem in den 1980er und 1990er Jahren die gestiegene und anhaltend hohe Arbeitslosigkeit für den Wandel des Arbeitsmarktes und im Mittelpunkt der arbeitspolitischen Debatten stand, nimmt diese Rolle heute die Prekarisierung ein. Im Fokus stehen damit Integrations- und Ausgrenzungsgrade *innerhalb* des Arbeitsmarktes. Mit dem Phänomen der *working poor* gerät deshalb nicht nur in den Blick, dass Lohnarbeit nicht mehr zwangsläufig die Existenz sichert; im Mittelpunkt der Aufmerksamkeit steht auch ein sozialer Status, mit dem Fragen der Einbindung in die Arbeitsgesellschaft ebenso aufgeworfen werden wie Fragen der Ausgrenzung in dieser: In der „Zone der Prekarität" (Castel 2000: 357) bewegen sich Erwerbspersonen zwischen stabiler Beschäftigung und Arbeitslosigkeit. Mit den Stabilitätsversprechen, die Erwerbsarbeit nicht mehr einlöst, setzen sie sich deshalb, so kann man vermuten, in beispielhafter Weise auseinander.

Möglicherweise haben sie diese Auseinandersetzung auch schon erledigt. Die Einzelnen sollen sich ja von der Normalbiographie verabschiedet haben und Diskontinuitäten anhand neuer biographischer Modelle kompensieren oder sogar begrüßen (Beck/Beck-Gernsheim 1993; Bonß et al. 2004; Kraus 2006). Man spricht von „Patchwork-" und „Bastelbiographien", pluralisierten, fragmentierten oder seriellen Identitäten, mit denen die Einzelnen treffsicherer als so mancher Soziologe auf die Auflösung der Drei-Phasen-Struktur des Lebenslaufs und die gesellschaftlichen Bedingungen einer zweiten Moderne reagieren.

Immerhin ist die Normalbiographie ein wesentliches Element der Arbeitsgesellschaft, weil sie zwischen dieser und den Einzelnen vermittelt. Dabei muss sie als persönlich zu gestaltendes Projekt aufgefasst werden, was die Entlastung von täglich virulenten Existenzfragen und damit von Prekarität voraussetzt. Vor diesem Hintergrund kann die Normalbiographie nicht einfach verschwinden, ohne dass sich die Arbeitsgesellschaft in nennenswertem Umfang verändert – verändert hat. Das ‚Prekariat' ist deshalb entweder Träger eines *cultural lag*, das dem fortgesetzten Trend zur Individualisierung verspätet folgt. Oder aber prekär Beschäftigte sind diejenigen, die am derzeit prägnantesten die Grundlagen der Arbeitsgesellschaft besprechen.

Wie also bearbeiten prekär Beschäftigte ihre Erwerbslage? Was geschieht mit der (normal-) biographischen Perspektivität im derzeit anschaulichsten Fall ihres Problematisch-Werdens: der Instabilität von Erwerbsarbeit? Mit diesen Fragen und Überlegungen beschäftigt sich vorliegende Arbeit. Es wird dabei wie folgt vorgegangen:

Im ersten Teil der Arbeit werden die aktuellen Befunde der Arbeitssoziologie mit zentralen Thesen und Argumentationslinien der Lebenslaufsoziologie zusammengeführt. Damit wird der Ausgangspunkt bestimmt, von dem aus dann im zweiten Teil der Arbeit biographische Prozesse bei prekär Beschäftigten empirisch untersucht werden. Im Detail gliedert sich die Arbeit folgendermaßen:

Zuerst wird das Thema der Arbeit eröffnet (Kap. 2). Kapitel 2.1 dient der Eingrenzung des Gegenstands prekärer Arbeit, Kapitel 2.2 widmet sich der subjektiven Verarbeitung dieser Prekarität und trägt den aktuellen Forschungsstand hierzu vor. Der Forschungsstand enthält erkennbare Hinweise auf eine biographische Dimension prekärer Beschäftigung, wenn er nicht sogar maßgeblich durch die lebensgeschichtliche Perspektive prekär Beschäftigter geprägt wird.

Was es aus soziologischer Sicht mit der biographischen Perspektive auf sich hat und welcher Zusammenhang zwischen der Biographie und der – sich verändernden – Arbeitsgesellschaft besteht, ist Gegenstand des dritten Kapitels. Hier werden die Befunde der arbeitssoziologischen Prekaritätsforschung mit zentralen Argumenten und Befunden der deutschsprachigen Lebenslaufsoziologie gerahmt. Es werden zunächst die Fähigkeit zum Einnehmen einer lebenszeitlichen

Perspektive und die Normalbiographie, wie sie in der Arbeitssoziologie besprochen werden, als Aspekte der Institutionalisierung des Lebenslaufs vorgestellt
(3.1). Dabei wird sich hauptsächlich auf die Arbeiten Martin Kohlis und hiervon
ausgehend auf ergänzende Autor/-innen bezogen, weil die Entwicklung und
gesellschaftliche wie individuelle Relevanz einer biographischen Perspektive
und der Normalbiographie hier am grundlegendsten herausgearbeitet ist.

Im darauf folgenden Abschnitt werden Grundlagen zur Struktur und Funk-
tionsweise biographischer Reflexion dargelegt (3.2). Ziel dieses Teils ist die
Erarbeitung eines Verständnisses davon, was Biographien sind und wie sie funktionieren, bevor dann Annahmen zum Übergang zu einem neuen biographischen
Regime nach der Normalbiographie zum Gegenstand werden (3.3). Hier werden
die Thesen einer Bastelbiographie (Beck/Beck-Gernsheim), einer Patchwork-
Biographie (Keupp), eines biographischen Inkrementalismus (Schimank), einer
Multioptionsgesellschaft (Gross) sowie neuere, weniger konzeptionell ausgear-
beitete Annahmen über den Wandel biographischer Selbstreflexionen vorgetragen.

Im vierten Kapitel wird dieser aktuelle Stand der Biographietheorie konkret
mit dem der arbeitssoziologischen Prekaritätsforschung zusammengeführt. Es
werden offene Fragen und Forschungsmöglichkeiten benannt, die sich aus dem
bis dahin Dargelegten ergeben. Hiervon ausgehend wird sich im Anschluss der
eigenen empirischen Untersuchung zugewandt.

In Kapitel 5 werden die Problemstellung und Leitfragen der Untersuchung
sowie die hierfür gewählten Methoden dargelegt und in Kapitel 6 stelle ich die
Ergebnisse vor. Hier werden Muster unterschiedlicher Wirkungs- und Bearbeitungsweisen dargelegt, wie sie sich in prekären Erwerbslagen vollziehen können
und die aus dem Vergleich von Einzelfällen und ihrer Abstraktion generiert wurden.

Wie sich diese Ergebnisse erklären und begrifflich fassen lassen, wird im
letzten Kapitel diskutiert (7). Hierzu werden die im aktuellen Forschungs- und
Diskussionsstand verfügbaren Lesarten nach ihrer Erklärungskraft für die Befunde befragt (7.1), bevor eine alternative Lesart gebildet wird (7.2). Abschließend
werden die zentralen Ergebnisse der Untersuchung schlussfolgernd zusam-
mengefasst (8).

2 Die biographische Dimension prekärer Arbeit

In diesem Kapitel soll das Thema der Arbeit eröffnet werden. Nach einer Klärung dessen, welcher Begriff prekärer Beschäftigung in der vorliegenden Untersuchung verwendet werden kann (2.1), werden die aktuellen Forschungsergebnisse zur subjektiven Verarbeitung prekärer Beschäftigung vorgestellt (2.2).

2.1 Was ist prekäre Arbeit?

Derzeit liegt keine einheitliche und tragfähige Definition „prekärer Arbeit" vor. Sichtet man die Debatten über erwerbsbezogene Prekarität im deutschsprachigen Raum, stellt man schnell fest, dass „prekär" nahezu alles sein kann, was an Lohnarbeit ‚nicht gut' ist. Entwicklungen, die zuvor als Folge von Flexibilisierungs- oder Rationalisierungsprozessen in der Erwerbsarbeit und ihrer Entgrenzung zum privaten Bereich diskutiert wurden, werden in der aktuellen (nicht nur) arbeitssoziologischen Literatur unter dem Stichwort „Prekarisierung" aufgelistet, z. B. das *Burn Out-Syndrom,* die Intensivierung von Arbeit in der Zeit oder Gehaltsentwicklungen im Hochlohnbereich. Klaus Dörre et al. (2006: 18) etwa fassen eine fehlende soziale Sicherung ebenso unter den Prekaritätsbegriff wie „Entspannungsunfähigkeit" bei Überlastung (Dörre et al. 2006: 18) und die Formulierungen lassen ein Entweder-Oder zu: Von prekärer Beschäftigung kann in dem einen Fall genauso gesprochen werden wie in dem anderen; ein Mini-Job ist hiernach ebenso eine prekäre Arbeit, vielleicht auch eine ebenso prekäre Arbeit wie eine Professur an der Universität.

Allerdings werden nicht nur hochqualifizierte, sondern auch als ausgeschlossen bezeichnete soziale Lagen als „prekär" verstanden; in der Debatte um die sogenannte Unterschicht wurde selbige auch als ‚Prekariat' begriffen (vgl. Friedrich-Ebert-Stiftung 2006).

Die Frage, wie weitreichend und mit welchen Grenzen Prekarität und Prekarisierung zu bestimmen sind, ist zusätzlich in einer anderen Richtung nicht eindeutig: Es werden Veränderungen der Arbeitsmarktstruktur festgestellt, die auf das Ende der Arbeitsgesellschaft in ihrer gegenwärtigen Verfasstheit hinauslaufen (vgl. Beck 1999a, 1999b; Bonß 2001, 2002, 2006; Offe/Kocka 2000). „Die Zukunft der Arbeit", so etwa Wolfgang Bonß, gehört

„dem ‚Reich der Zwischenformen‘, und die neue ‚Normalität‘ am Arbeitsmarkt wird die unsichere und turbulente Erwerbsbiographie mit höchst unterschiedlichen Beschäftigungs- und Arbeitslosigkeitsphasen sein" (Bonß 2006: 72).

Aus dieser Perspektive ist prekäre Arbeit gewissermaßen ein allgemeiner Trend, doch als Übergang zum Ende der Arbeits- zumindest der Normalarbeitsgesellschaft definiert. Sie muss in diesem Zusammenhang als Aufforderung verstanden werden, sich der Erwerbsarbeit als zentralem Vergesellschaftungsmodus zu entziehen, weil sie ihre Bedeutung einbüßt (vgl. Bonß 2001: 342).

Dies gerade nicht anzunehmen – und empirisch spricht heute genauso wenig dafür wie in den 1980er und 1990er Jahren[1] – führt in einer anderen Perspektive dazu, überhaupt von Prekarität zu sprechen. Im vor allem von Pierre Bourdieu und Robert Castel geprägten Begriff gilt Prekarität zwar ebenfalls als allgemeiner Trend, dabei aber als „Kern der sozialen Frage im 21. Jahrhundert" und damit als Fortentwicklung und nicht Ende der Arbeitsgesellschaft (Dörre 2007: 2; vgl. Castel 2000: 336 ff.; Bartelheimer 2005: 3 f.).

Die Formel, mit der in diesem Zusammenhang „Prekarität überall" beschrieben wird (vgl. Bourdieu 1998: 100), ist nicht als eine zu verstehen, mit der prekäre Beschäftigung konkret verortet werden soll. Vielmehr wird hiermit eine „neue Herrschaftsform" und kollektive Verunsicherung in der Arbeitsgesellschaft benannt (Bourdieu 1998: 100; Boltanski/Chiapello 2003: 276 ff.; Castel 2000: 336 ff., 2001: 17; Kraemer 2006: 672; Heitmeyer/Hüpping 2006; Heitmeyer 2007). Diese Ent- bzw. Unterscheidung, entweder einen allgemeinen Trend der Verunsicherung(spolitik) oder aber bestimmte Beschäftigungsformen beschreiben zu wollen wird jedoch nicht immer und nicht immer konsequent vollzogen, wodurch „prekäre Arbeit" eben zu einem alle Entwicklungen auf dem Arbeitsmarkt fassenden und damit unspezifischen Begriff wird.[2]

Denn innerhalb dieses nicht entschiedenen Tableaus an Zugängen zum Phänomen prekärer Arbeit stehen den allgemeinen Begriffsbestimmungen durchaus Definitionen gegenüber, die nicht von so etwas wie universaler Prekarität

---

1   Wie in den arbeitspolitischen Debatten zum Ende der Arbeitsgesellschaft in den 1980er und 1990er Jahren beruft man sich vor allem auf das Sinken des Arbeitsvolumens, die Veränderung der geschlechterdifferenzierenden Arbeitsteilung und die Bedeutungszunahme nicht-entlohnter Tätigkeiten (vgl. z. B. Bonß 2001, 2002, 2006; Offe/Kocka 2000). Diese können im propagierten Ausmaß jedoch nach wie vor empirisch nicht bestätigt werden (vgl. Wagner 2002; BMFSFJ 2005; IAB 2008).

2   „Prekäre Arbeit" begrifflich strenger von „Prekarisierung" zu unterscheiden und mit letzterer den allgemeinen Trend zu meinen, wie dies Peter Bartelheimer vorschlägt (2009: 133), würde diese Unschärfe bzw. ‚Unentschlossenheit‘ nicht lösen: Meint „Prekarisierung" *nur* oder *auch* den allgemeinen Trend bzw. ist der Begriff geeignet, um indirekte Effekte in der Zone der Integration – nämlich Verunsicherung oder „Prekaritätsangst" – zu bezeichnen (ebd.)? Und was ist „Prekaritätsangst", solange nicht geklärt ist, was und wo „Prekarität" ist?

sondern von einer Koexistenz stabiler und instabiler Integration in den Erwerbsarbeitsmarkt und einer ‚Ausdünnung' des Normalarbeitsverhältnisses am unteren
und oberen Rand ausgehen (vgl. Beese 2002; Wagner 2002; Höland 1996;
Mückenberger 1985: 463-464). Gerhard Bosch (2002: 127) wählt hierfür den
Begriff eines „Regulierungsgefälles" zwischen verschiedenen Beschäftigungsformen, woraus eine „relativierte" anstelle einer „generalisierten Unsicherheit"
abgeleitet werden kann (Bernhardt et al. 2008: 300).

Abbildung 1:   Segmente des Arbeitsmarktes

	Geschlossene Märkte – Primäre Beschäftigung – „Gute Arbeit"	
hoch	**Berufsfachliche Märkte**	**Betriebsinterne Märkte**
▲	(an überbetrieblich standardisierte Qualifikationen ge-bundene Tätigkeiten)	(an betriebliche Qualifikationen gebundene Tätigkeiten; geringe zwischenbetriebliche, hohe innerbetriebliche Mobilität)
Beschäftigungsqualität	**Offene Märkte – Sekundäre Beschäftigung – „Schlechte Arbeit"**	
▼ niedrig	**Externe „Jedermanns-Märkte"** (un- und angelernte Tätig-keiten)	**Externe „Puffermärkte"** (Auslagerung aus betriebs-internen und berufsfach-lichen Märkten; flexibler Arbeitskräfte-Einsatz, hohe Fluktuationsrate)

(vgl. Sengenberger 1987: 212)

Diese Bestimmung von Prekarität als ein „Gefälle" markierendes Phänomen geht
auf den *Segmentationsansatz* der Arbeitsmarkttheorie zurück. Segmentation
bedeutet in diesem Zusammenhang eine sich verfestigende, durch Mobilitäts-
barrieren gekennzeichnete Allokation der Arbeitskräfte auf „primäre", d. h. stabile und sichere Beschäftigung und „sekundäre", ungeschützte und instabile Be-

schäftigung – „gute" und „schlechte Arbeitsplätze" (Sengenberger 1987: 210-211; vgl. Freiburghaus 1976: 73). Hierdurch kommt die Rede von einer „Aufspaltung des Arbeitsmarktes" oder vom „gespaltenen Arbeitsmarkt" zustande. Der Ansatz beinhaltet damit sowohl die These einer (funktionalen) Koexistenz von „guten" und „schlechten" Arbeitsplätzen als auch eine (chronologisch) erste und (im Vergleich zu anderen Arbeitsmarkttheorien) intensive Auseinandersetzung damit, was „schlechte" – prekäre – Arbeit ist: Sie wird hier vor allem an Einkommen, Arbeitsplatzsicherheit, Sozialversicherung, Mitbestimmungs- bzw. Gestaltungsmöglichkeiten und Chancen auf Aufstieg und Prestige bemessen (vgl. Sengenberger 1987: 228 ff.; Tilly/Tilly 1998: 165 ff.; DGB 2008: 7).[3]

In der Arbeitssoziologie ist es dieser Ansatz, auf den üblicherweise zurückgegriffen wird, um unterschiedliche Beschäftigungsbedingungen abzubilden (vgl. z. B. Brose et al. 1990: 30 ff.; vgl. Koch 1999; Boltanski/Chiapello 2003: 273 ff.; Bartelheimer 2005: 8; Köhler et al. 2008: 11 ff.). Gegenwärtig wird aber bevorzugt das *Zonenmodell* von Robert Castel (2000: 360) verwendet und diskutiert (vgl. z. B. Bartelheimer 2005, 2009; Vogel 2003; Dörre et al. 2006; Kronauer 2007). Das Zonenmodell knüpft an den Segmentationsansatz an und kann als – allerdings stark vereinfachte – Aktualisierung und Zuspitzung verstanden werden. Mit dem Zonenmodell wird das aktuelle Phänomen der Prekarität durch eine Skala der Stabilität von Einbindungen in die Arbeitsgesellschaft zum Ausdruck gebracht, die drei Zonen aufweist: Die Zone der Integration, die Zone der Prekarität und die Zone der Ausgrenzung (vgl. Castel 2000: 357 ff.).[4]

---

3   Segmentationstheoretische Ansätze können nicht zur Erklärung jeglicher Ungleichheiten auf dem Erwerbsarbeitsmarkt herangezogen werden. Bspw. können sie die geschlechtshierarchische Arbeitsteilung nicht hinreichend erklären: Diese verläuft quer zu den Segmenten (vgl. Pfau-Effinger 1990; Cyba 1998; Wetterer 1999).

4   Martin Kronauer weist daraufhin, dass der Exklusionsbegriff die Lesart zulässt, es handele sich hier um eine Ausgrenzung aus der Gesellschaft, obgleich es kein ‚Außerhalb' der Gesellschaft geben, niemals aber mit dieser Annahme konstruiert werden kann (vgl. Kronauer 2007: 2). Sofern empirisch wie theoretisch von „Ausgrenzung *in* der Gesellschaft" (ebd.: 4, Herv. DS) gesprochen werde, hält allerdings auch Kronauer am Ausgrenzungsbegriff fest: Gerade darüber kann die Frage nach Voraussetzungen gesellschaftlicher Teilhabe und damit dem ‚Woran' der Teilhabe gestellt und mitgedacht werden, dass Arbeitslose „keinen positiv beschreibbaren gesellschaftlichen Ort haben", weil die Arbeitsgesellschaft *nicht* verlassen werden kann (ebd.: 6; vgl. Castel 2008: 72 f.). Markus Schroer (2008: 183 f.) macht darauf aufmerksam, dass ausgegrenzte *soziale* Positionen durch ihr Verschweigen nivelliert werden und ein sowohl empirischer als auch theoretischer Zugang zu dieser Zone und im Übrigen deren Sozialität versperrt werde. In der vorliegenden Arbeit wird der Begriff der Ausgrenzung und später auch andere Begriffe genannt werden, welche ein „Draußen" suggerieren oder sogar explizit benennen. Sie sollen die Deutung gesellschaftlicher Teilhabe und v. a. die ihres Schwindens ausdrücken und werden deshalb analytisch verwendet (für eine breite Aus-

Abbildung 2:　　Zonen der Arbeitsgesellschaft I

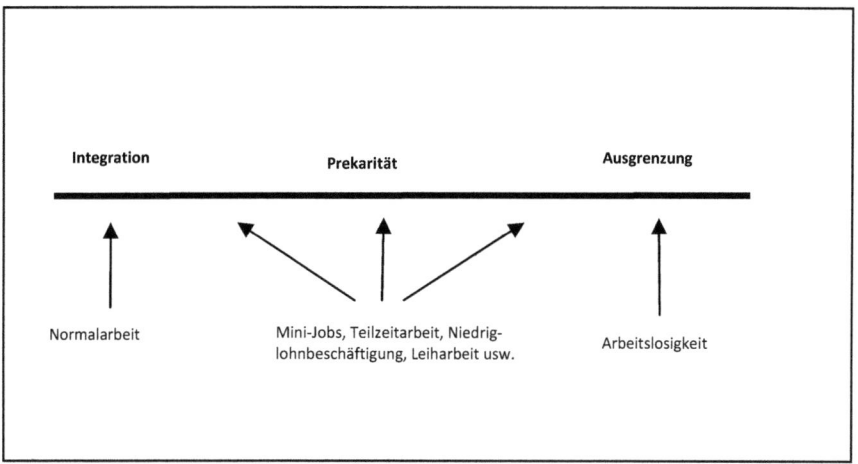

(vgl. Oschmiansky/Oschmiansky 2003: 4)

Als Zone der Prekarität wird meist zunächst der Bereich nicht-standardisierter, atypischer Beschäftigungsformen begriffen, weil bei diesen – zumindest potentiell – jene Dimensionen greifen, die zur Feststellung „schlechter Arbeit" verwendet werden: geringes Einkommen, geringe Arbeitsplatzsicherheit, keine (umfassende) Sozialversicherung und wenig Mitbestimmungs- oder Gestaltungsmöglichkeiten (vgl. Mückenberger 1985: 457 ff; Dörre et al. 2006: 18; Mayer-Ahuja 2002: 52 f.). Die Verbreitung unsicherer Arbeit wird deshalb häufig anhand des Umfangs atypischer Beschäftigungsformen wie vor allem *Leiharbeit, befristete* und *geringfügige Beschäftigungsverhältnisse, Teilzeitarbeit,* aber auch *niedrig entlohnter Vollzeitbeschäftigung* gemessen (vgl. z. B. Keller/Seifert 2006: 238; Dörre et al. 2006: 22 ff.; Bartelheimer 2007: 13 f.).[5]

Waren 1991 noch 134 000 Personen über *Leiharbeit* beschäftigt, betrug ihre Anzahl im Jahr 2005 bereits 453 000, im Jahr 2007 waren es 731 000 (vgl. BA 2009a: 8, 2009b: 4 ff.). Entsprechend groß ist auch der Zuwachs an Zeitarbeitsunternehmen. Ihre Zahl stieg von 5 800 im Jahr 1991 auf 15 943 Betriebe im

---

einandersetzung mit dem Exklusionsbegriff, seinen – beabsichtigten, unterstellten und zurückgewiesenen – Implikationen vgl. die Beiträge in Bude/Willisch 2008).

5　Die im Folgenden angegebenen Zahlen beziehen sich auf den Untersuchungszeitraum, der dieser Arbeit zugrundeliegt und sollen den jeweiligen Trend angeben. Aktuellere, zum Ende oder nach diesem Zeitraum eingesetzte Entwicklungen (wie z. B. die Finanzkrise), sodenn sie zum Zeitpunkt der Veröffentlichung bereits (auf das Jahr gerechnet und bereinigt) verfügbar waren, sind nicht verzeichnet.

Jahr 2005, bis 2007 ist dann erneut ein Anstieg auf 20 700 Betriebe zu verzeichnen (vgl. BA 2009b: 4 ff.). Die Anzahl der *befristet Beschäftigten* lag 1991
bei 1,9 Mio., im Jahr 2007 waren es knapp 3 Mio. (ohne Auszubildende) (vgl.
Statistisches Bundesamt 2007b: Tab. 2.14.1). Befristete Arbeitsverträge werden
zu ca. 40 Prozent im Dienstleistungssektor geschlossen und der Anteil an
jüngeren Beschäftigten (20 bis 29 Jahre) beträgt hier ca. 35 Prozent (vgl. ebd.;
Statistisches Bundesamt 2005: 1). Bei der *Teilzeitarbeit* sowie der geringfügigen
Beschäftigung finden sich die größten Zuwächse: 1991 arbeiteten 4,7 Mio.
Menschen auf Teilzeitbasis, 2007 waren es 9,9 Mio., davon rund 2 Mio., weil sie
keine Vollzeitstelle fanden (Statistisches Bundesamt 2007a: Tab. 4.5). Ausschließlich eine *geringfügige Beschäftigung* (Mini-Job) führten im Jahr 2007
3,5 Mio. aus (ebd.), 1991 waren es noch 1 Mio., deren einzige Einkommens-
quelle ein 480-DM-Job war (vgl. Rudolph 1998: 18). Der Anteil *niedrig Entlohnter* an allen sozialversicherungspflichtig Vollzeitbeschäftigten ist von 1991
bis 2007 von 14 auf 18 Prozent gestiegen (vgl. Bosch/Kalina 2007; Bosch et al.
2008). 440 000 sozialversicherungspflichtige Vollzeit-Beschäftigte sind gegenwärtig auf zusätzliche Transferleistungen angewiesen (vgl. DIW 2008), die
Bundesagentur für Arbeit beziffert die Zahl von Leistungsbezieher/-innen mit
einem Erwerbseinkommen von über 800 Euro mit 364 000 (vgl. BA 2009d: 21).[6]
    Generell wird der Anteil instabiler Arbeitsverhältnisse an der Gesamt-
beschäftigung im Verhältnis zur stabilen Beschäftigung als gering eingeschätzt.
Für Ostdeutschland wird der Umfang der Prekaritätszone mit 27 Prozent und in
Westdeutschland mit 15 Prozent angegeben, als sicher beschäftigt gelten entsprechend 73 Prozent (Ost) bzw. 85 Prozent (West) (vgl. Bartelheimer 2005: 11;
Dörre et al. 2006: 19 f.; Grotheer 2008b: 120 f.). Die Beschäftigungsstabilität
(Verweildauer in den Betrieben) und die Beschäftigungssicherheit (Möglichkeiten der kontinuierlichen Teilhabe am Arbeitsmarkt) sind seit den 1990er Jahren
gesunken, dies allerdings in nur geringem Maße (vgl. Grotheer 2008b: 140 f.).
Diese nur leichten Veränderungen bei der Beschäftigungsbindung können darauf
zurückgeführt werden, dass die Segmente geschützter Arbeit an Beschäftigungsstabilität gewonnen haben, währenddessen instabile Arbeitsverhältnisse an-
gestiegen sind (vgl. Bosch 2002: 117 ff.).
    Bei dieser Bezifferung unsicherer Arbeit stellt sich jedoch das Problem,
dass nicht zwischen atypischer und prekärer Arbeit unterschieden wird. So ist
z. B. Teilzeitarbeit eine atypische, nicht aber auch zwangsläufig eine prekäre
Arbeitsform, wenn das Gehalt so eingruppiert ist, dass es die Existenzsicherung
erlaubt. Auch die Möglichkeiten zur Mitbestimmung sind bei einer Teilzeit-

---

6   Diese gelten als „echte Aufstocker", sie werden nicht als dazuverdienend, sondern als haupt-
     sächlich Erwerbstätige eingestuft.

beschäftigung im Hochlohnbereich größer als in unteren Gehaltsklassen (vgl. Wotschack 2002: 153). Teilzeitarbeit kann im Bereich hoher Löhne und hoher Qualifikation also nicht zwingend für ungeschützte Arbeit stehen. Gleiches gilt für Leiharbeit oder befristete Arbeitsverhältnisse, wenn sie bspw. der Überbrückung zwischen Schulabschluss und Beginn eines Studiums dienen und/oder nicht (dauerhaft) die einzige Option der betreffenden Person darstellen, einer Erwerbsarbeit nachzugehen. Ein etwas differenzierteres Bild ergibt sich deshalb, wenn die Sozialstruktur dieser Arbeitsformen einbezogen wird, also die soziodemographischen Merkmale und Aufstiegschancen der darüber beschäftigten Personen. Dieser Zugang fragt zwar nach prekär Beschäftigten und nicht nach prekärer Arbeit. Doch würde eine Unterscheidung zwischen Arbeitsstellen und Beschäftigten, für die etwa Pelizzari (2009: 39) plädiert, hinter den Hinweis aus der Segmentationsforschung zurückfallen, dass sich Arbeitsstellen- und Beschäftigtenstruktur wechselseitig beeinflussen und Arbeitsplätze deshalb nicht unabhängig von den jeweiligen Arbeitskräften „gut" oder „schlecht" sind: „Established stars get paid more for acting in a movie than unknown" (Tilly/Tilly 1998: 163; vgl. Sengenberger 1987: 47). Mit dem Hinweis einer Potentialität oder auch ‚Anfälligkeit' atypischer Beschäftigungsverhältnisse für Prekarität (vgl. Mayer-Ahuja 2002: 51 ff.) kann man hingegen beiden Aspekten, also sowohl der Arbeitsplätze- als auch der Arbeitskräftestruktur gerecht werden: Zum einen dem Abstand, den atypische Arbeit zum Normalarbeitsverhältnis einnimmt, das nach wie vor als Standardschutz abhängiger Beschäftigung gelten kann. Zum anderen der Frage, wer konkret – mit welcher Qualifikation und in welchem Tätigkeitsbereich – diese Arbeitsplätze besetzt und wie lange er/sie dies tut.

So sind bei den Leiharbeitnehmer/-innen Ausländer/-innen und Geringqualifizierte überdurchschnittlich repräsentiert und die Altersgruppe der 20- bis 35-Jährigen stellt knapp die Hälfte der Beschäftigten in der Arbeitnehmerüberlassung. Leiharbeiter/-innen sind zu ca. 40 Prozent im gewerblichen Bereich anzutreffen, sie sind als Fach- oder Hilfsarbeiter/-innen im Handwerk und in der Industrie tätig. Aber auch technische, administrative und medizinisch-soziale Berufe sind hier vielfach vertreten: der Anteil der Leiharbeitnehmer/-innen in den Dienstleistungstätigkeiten dieser Bereiche betrug im Jahr 2009 27 Prozent (vgl. BA 2009a: 9; IAB 2006; Schröder/Rudolph 1997). Insgesamt dominieren hier Männer, drei Viertel der Leiharbeiter/-innen sind männlich (vgl. BA 2009b: 7). Auch Befristungseffekte sind sozial ungleich strukturiert: Zwar werden Hochqualifizierte häufig befristet eingestellt – 200 000 der 3 Mio. befristeten Verträge in Deutschland werden allein im Bereich der Forschung und Entwicklung geschlossen (Statistisches Bundesamt 2006). Es sind jedoch die niedriger Qualifizierten, bei denen Einkommenseinbußen durch Befristung festzustellen sind (vgl. Groß 2001). Anschlussoptionen an ein beendetes Beschäftigungs-

verhältnis sind bei Hochqualifizierten häufiger gegeben, ihre Beschäftigungssicherheit ist also höher (vgl. Grotheer 2008a, 2008b). Währenddessen beläuft
sich der ‚Klebeeffekt' von Leiharbeit, d. h. die Übernahme von Leiharbeiter/-
innen in die Stammbelegschaft, auf lediglich 15 Prozent (vgl. IAB 2005b). Die
Überlassungs- bzw. Verweildauer in den buchenden Betrieben beträgt durch-
schnittlich nur 3 Monate (vgl. IAB 2006). Vormals befristet Beschäftigte suchen
unter allen Personen, deren Arbeitsverhältnis beendet worden ist, am längsten
nach einer neuen Arbeitsstelle (vgl. Bothfeld/Kaiser 2003; Grotheer 2008a: 90 ff.,
2008b: 134 f.). Obgleich ca. 70 Prozent der Leiharbeiter/-innen vorher arbeitslos
waren und also durch Leiharbeit in den Arbeitsmarkt aufgenommen werden, sind
über die Hälfte der befristet Beschäftigten und Leiharbeitnehmer/-innen im
Anschluss erneut arbeitslos oder befristet bzw. als Leiharbeitnehmer/-innen
beschäftigt (vgl. Schleese et al. 2005; IAB 2006; Kock 2008; Grotheer 2008a,
2008b). Ohnehin sind vor allem Leiharbeitnehmer/-innen und befristet Beschäftigte von einer Häufung der Dimensionen ‚schlechter Arbeit' betroffen (vgl.
Brehmer/Seifert 2008). Teilzeitarbeit und geringfügige Beschäftigung sind fast
ausschließlich Frauendomänen. Diese Arbeitsformen konzentrieren sich zu
60 Prozent im Handel, bei Reinigungs- und Bürotätigkeiten, im Gastgewerbe sowie im Pflege- und Gesundheitsbereich (vgl. BA 2009c; Statistisches Bundesamt
2007a). Niedrig entlohnt Beschäftigte sind zu 60 Prozent in unternehmensnahen
und personenbezogenen (medizinisch-sozialen) Dienstleistungen tätig (vgl.
Bosch/Kalina 2007: 40). Neben Pflege-, Hotel- und Gaststätten- sowie Einzel-
handelstätigkeiten konzentriert sich Niedriglohnbeschäftigung in Call Centern, in
der Ernährungsindustrie, in der Landwirtschaft und der Baubranche (ebd.:
39 ff.). Niedrig entlohnt (Vollzeit-)Beschäftigte sind dreimal so viele Frauen wie
Männer, dreimal mehr Personen ohne Berufsausbildung als mit Hochschul-
abschluss und konzentrieren sich zu 30 Prozent in der Altersgruppe der unter 25-
Jährigen (vgl. ebd: 35; Schank et al. 2008: 4). Die Möglichkeiten zu einem
Aufstieg gering Entlohnter in eine besser bezahlte Tätigkeit oder zu einer
Gehaltserhöhung sind in Deutschland gering, geringer als in anderen Ländern der
Europäischen Union (vgl. Bosch/Kalina 2007; Schank et al. 2008).[7] Des Weiteren
richten sich Förderprogramme und Weiterbildungen, die einen Aufstieg und eine
Verbesserung der Beschäftigungssicherheit bewirken könnten, selten an prekär
Beschäftigte. Die Förderprogramme in Unternehmen erfassen vorwiegend die
Stammbelegschaften, die Maßnahmen der Arbeitsagenturen überwiegend Beschäf-
tigungslose – festgestellt wird ein „versperrter Zugang" prekär Beschäftigter, hier
vor allem Teilzeit- und geringfügig Beschäftigter zur (Weiter-) Qualifizierung

---

7   Laut Bosch/Kalina gilt dies erst seit Mitte der 1990er Jahre. Die Autoren führen den Rückgang
    der Aufstiegsquote in Deutschland auf die nach dem „Wiedervereinigungsboom" sinkenden
    Wachstumsraten zurück (vgl. Bosch/Kalina 2007: 44).

(Hense 2007: 1; Brehmer/Seifert 2008). Dabei hängen sowohl die Aufstiegs-mobilität in sichere Erwerbslagen als auch die Möglichkeiten zur kontinuierlichen Teilhabe am Arbeitsmarkt im Wesentlichen von der Qualifikation ab (vgl. Groß 2001; Bosch/Kalina 2007; Grotheer 2008a, 2008b).

Atypisch Beschäftigte sind also nicht zwangsläufig und nicht alle in gleichem Ausmaß von Prekarität betroffen oder bedroht. Von der Segmentation des Arbeitsmarktes und der ‚Ausfransung' des Normalarbeitsverhältnisses am oberen und unteren Rand zu sprechen, muss deshalb eine Unterscheidung prekärer von atypischer (eben nur potentiell prekärer) Arbeit implizieren. Die Ausfransung des Normalarbeitsverhältnisses am *oberen Rand* meint dann die Zunahme atypischer, die am *unteren Rand* den Anstieg prekärer Arbeit, wobei prekäre Arbeit eine atypische Beschäftigungsform sein kann, aber nicht muss. Im ‚herkömmlichen' Segmentationsmodell ist dies prinzipiell noch impliziert (vgl. Abb. 1; vgl. Michon 1983: 278 ff.; Sengenberger 1987: 47; Tilly/Tilly 1998: 162 f.), das Zonenmodell ist dafür (auch in seiner diskursiven Ver-wendung) zu stark vereinfacht (vgl. Abb. 2). Jedoch veranschaulicht ein diffe-renziertes Modell der Zonen, wie es bei Dörre et al. (2006: 57) zu finden ist, die unterschiedliche Qualität von Arbeit innerhalb der Gruppe nicht-standardisierter Beschäftigungsverhältnisse (vgl. Abb. 3).

Die Zone prekärer Arbeit ist demnach von der Zone der (auch atypischen) Integration ebenso zu unterscheiden wie von einem kompletten Ausschluss aus dem Erwerbsarbeitsmarkt etwa in Form von Arbeitslosigkeit. Weil die Arbeits-bedingungen – auch anhand der Einbindung in Netzwerke und des Prestiges eines „Lebens jenseits der Festanstellung" (Friebe/Lobo 2006) – in höheren Stu-fen der Qualifikations-, Berufs- und Betriebshierarchie von denen in niedrigeren Etagen zu unterscheiden ist, sind sie, wenn überhaupt, als „Prekarisierung auf hohem Niveau" (Manske 2007) abzugrenzen, in jedem Fall aber gesondert zu untersuchen (vgl. z. B. ebd.; Koppetsch 2006; Eikhof/Haunschild 2006, 2009; Apitzsch 2010).

Die vorliegende Arbeit wird sich deshalb auf Geringqualifizierte und auf Facharbeiter/-innen konzentrieren, auch Angestellte in medizinisch-sozialen Dienstleistungen mit semiprofessioneller Ausbildung werden in den Blick genommen. Denn diese Personengruppen sind es, die sich laut Datenlage – meist für einen längeren Zeitraum – in der Zone der Prekarität bewegen. Damit ist auch die Abgrenzung ‚nach unten' vorgenommen: Gegenstand der Untersuchung ist nicht die Zone der Ausgrenzung, sind nicht Arbeitslose.

Abbildung 3:   Zonen der Arbeitsgesellschaft II

Zone der Integration
Gesicherte Integration Unbefristet vollzeit- oder teilzeitbeschäftigt, hohes monatl. Bruttoeinkommen
Atypische Integration Atypisch Beschäftige mit hohen Einfluss- und Entwicklungsmöglichkeiten und hohem Einkommen
Unsichere Integration Beschäftigungsunsicherheit unbefristet oder atypisch Beschäftigter
Gefährdete Integration Relativ niedriges Einkommen und hohe Beschäftigungsunsicherheit
Zone der Prekarität
Atypisch Beschäftigte mit finanzieller Sicherung durch andere Haushaltsmitglieder
Prekär Beschäftigte mit der Chance auf stabile Integration
Prekär Beschäftigte im Wechsel mit Arbeitslosigkeit
Zone der Ausgrenzung
Arbeitslose

(vgl. Dörre et al. 2006: 57)

Ein Arbeitsverhältnis gilt hier also als prekär, wenn es die Haupteinkommensquelle darstellt – also keine anderweitige finanzielle Absicherung gegeben ist – und

■   die Entlohnung den Beschäftigten keine dauerhafte eigenständige Existenzsicherung ermöglicht (materiell-reproduktive Dimension) sowie

- die Einbindung in die Sozialversicherung, das Arbeits(schutz)recht und betriebliche Mitbestimmungsregeln gar nicht oder nur teilweise gegeben ist (rechtlich-institutionelle Dimension) und
- wenig Chancen auf Aufstieg und Prestige zu verzeichnen sind (Status- und Anerkennungsdimension).

Weitere Dimensionen, die in den Debatten um prekäre Beschäftigung angeboten werden, verstehe ich kumulativ und nicht als „je eigene" (wenn auch nur) Prekaritätspotentiale (Dörre et al. 2006: 18): Wird bspw. die Teilhabe an sich aus Erwerbsarbeit ergebenden sozialen Netzwerken eingeschränkt (sozial-kommunikative Dimension) oder ein Sinnverlust der Arbeit wahrgenommen (vgl. Dörre et al. 2006: 18; DGB 2008: 7), betrachte ich dies als Aspekte, die bei einem bereits als materiell, rechtlich-institutionell und statusbezogen prekär definierten Beschäftigungsverhältnis *hinzu*kommen können. Auch die rein subjektive Einschätzung der eigenen Erwerbslage als „prekär" bei Vorliegen faktischen Schutzes bildet in dieser Untersuchung kein Merkmal erwerbsbedingter Prekarität. Untersuchungen über Verunsicherungen und Abstiegsängste in den unterschiedlichen Berufsklassen (berufliche Stellung und Tätigkeit) zeigen, dass diese (die Berufsklassen) nicht unerheblich für die Stärke des Unsicherheitsempfindens sind (vgl. z. B. Bernhardt et al. 2008: 300 ff.; Lengfeld/Hirschle 2009).

Gerade die Verknüpfung zwischen Arbeit und (materiell-reproduktivem) Überleben sowie kulturellen Vorstellungen von sinnvoll verbrachter Zeit – gerade also Erwerbsarbeit als zentraler Modus struktureller wie kultureller, direkter wie indirekter und objektiver wie subjektiver Vergesellschaftung (Kronauer et al. 1993: 23 ff., 1999: 69; Hepp 2003; Castel 2001; Mückenberger 1985: 420)[8], wirft die Frage nach der Teilhabe prekär Beschäftigter an

---

8 Mit „indirekter" Vergesellschaftung über Erwerbsarbeit sind Aspekte gemeint, die durch Erwerbsarbeit nur vermittelte Teilhabeoptionen darstellen. Z. B. können im Gegensatz zum Verkauf der Arbeitskraft und ihrer Bezahlung (direkte Vergesellschaftung), die „Teilhabe an Gütern und Dienstleistungen" zum Erhalt von Lebensstandards und sozialen Beziehungen sowie die Teilhabe an der sozialen „Zeit- und Sinnstruktur" als indirekte, *über Erwerbsarbeit vermittelte* Vergesellschaftung betrachtet werden (Kronauer et al. 1993: 26 ff.). Die indirekte Dimension der Vergesellschaftung über Arbeit hat eine ähnliche Bedeutung wie die subjektive und die kulturelle. Die Auflistung der Dimensionen soll nur den Umfang der Ebenen anzeigen, auf denen sich die Vergesellschaftung durch Arbeit vollzieht und also die Arbeitsgesellschaft konstituiert. Marie Jahoda macht deutlich, was mit den verschiedenen Dimensionen gemeint ist: „Arbeit ist zum einen das Mittel, durch das die meisten Menschen ihren Lebensunterhalt verdienen; zum anderen zwingt sie bestimmte Kategorien der Erfahrung auf. Sie gibt (…) dem Tag eine Zeitstruktur, sie erweitert die sozialen (…) Beziehungen über Familie und Nachbarschaft hinaus und bindet die Menschen in die Ziele und Leistungen der Gemeinschaft ein (…) und sie weist einen sozialen Status zu und klärt die persönliche Identität" (Jahoda

entsprechenden Sinnbezügen auf der subjektiven Ebene auf. Wenn „subjektive Sinnverluste, Anerkennungsdefizite und Planungsunsicherheiten" als Merkmal prekärer Arbeit bezeichnet werden (Dörre et al. 2005: 183), dann geschieht dies in vorliegender Arbeit also *in Bezug* auf die materiell-reproduktive, rechtlich-institutionelle und die Anerkennungsdimension. Nur so lässt sich prekäre Arbeit spezifizieren und damit von allgemeinen Entwicklungen und für ‚schlecht' befundenen Merkmalen des Verkaufs der Arbeitskraft diskriminieren und klarstellen, womit sich im weiteren Verlauf der Arbeit befasst wird: Mit *subjektiven Auswirkungen einer nach strukurellen Merkmalen prekären Beschäftigung.*

Hierzu liegen mittlerweile einige Studien vor. Biographische Auswirkungen scheinen dabei eine tragende Rolle zu spielen.

2.2 Die subjektive Verarbeitung prekärer Arbeit: Die biographischen Perspektiven prekär Beschäftigter

Ein Großteil der Aspekte in derzeit vorliegenden Studien zur subjektiven Verarbeitung prekärer Beschäftigung ist auf einer lebenszeitlichen Ebene anzusiedeln. Beispielsweise deuten Leiharbeiter/-innen, die bereits lange Zeit oder fest bei einem Zeitarbeitsunternehmen angestellt sind, ihre Erwerbslage zwar als vergleichbar mit der des Normalarbeitsverhältnisses. Im Vergleich zu einer direkten Anstellung in einem Betrieb bewerten sie sie aber als „Unbefristung zweiter Klasse", so Klaus Kraemer und Frederic Speidel auf Basis von 120 Interviews und Gruppengesprächen in den drei Arbeitsmarkt-Zonen (Kraemer/Speidel 2004: 141 ff.; vgl. Kraemer 2006). Deshalb zeigen Leiharbeiter/-innen einerseits ein gewisses Maß an Akzeptanz des nur befristeten Einsatzes, bemühen sich andererseits um ein Verbleiben in den Einsatzbetrieben (Kraemer/Speidel 2004: 148). Je größer dabei das Gefühl innerbetrieblicher Anerkennung ist, desto stärker sind Befürchtungen eines Entzugs dieser (ebd.). Kraemer und Speidel sprechen deshalb von einem „Integrations-Desintegrationsparadoxon" (ebd.: 148). Dies weist neben den genannten Aspekten im Arbeits- und Betriebsalltag deutlich eine lebenszeitliche Dimension auf. Die hier Untersuchten beurteilen ihre Erwerbssituation nicht im alltags-, sondern im lebenszeitlichen Index und dieser bestimmt die Integrationsbemühungen.

> „Die sozialen Akteure handeln in prekärer Beschäftigung stets innerhalb eines Erfahrungshorizontes, der durch die jeweiligen Grade der objektiven und subjektiv

---

1983: 136). Hannah Arendt komprimiert diese Aspekte, wenn sie sagt, Arbeit sei „die einzige Tätigkeit", auf die man sich verstehe (Arendt 1981: 11-12).

wahrgenommenen Gefährdung der eigenen Erwerbsbiografie geprägt ist." (Kraemer 2006: 667)

„Das spezifische Integrations- und Desintegrationspotential einer prekären Beschäftigung hängt also immer auch von der wahrgenommenen Wahrscheinlichkeit ab, die ‚Zone der Prekarität' wieder verlassen und in die ‚Zone der Normalität' hinüberwechseln zu können." (ebd.: 669)

Auch das Plädoyer Kraemers, auf Prekarität eine „dynamische Sichtweise" zu legen, weil sie „erwerbsbiographische Flugbahnen" beinhaltet (Kraemer 2006: 670), lässt sich in diesen Zusammenhang stellen. Weiter beschreiben Kraemer/Speidel einen „Kontrollverlust" und eine „Blockade", was die Planung und Kalkulierbarkeit des Lebens, auch schon „mit Blick auf kürzere Fristen" angeht (Kraemer/Speidel 2004: 132-133). Lebensplanung wird hier als Umsetzung von Familiengründung, Elternschaft oder Wohneigentumserwerb begriffen – Dinge, „die in der Lebensplanung ‚normaler' Industriearbeiter eine zentrale Rolle spielen" (ebd.). Permanente, durch die wechselnden Arbeitseinsätze entstehende Veränderungen der privaten Alltagsorganisation und die Ungewissheit des jeweils nächsten Einsatzes stehen dann für auch kurzfristige Planungsunsicherheit (ebd.).

Demgegenüber weist Hanns-Georg Brose in den 1980er und 1990er Jahren auf die biographische Zuträglichkeit kürzerer Fristen hin und beruft sich hier auf Studien, die auf der Basis narrativer Interviews durchgeführt wurden (Brose 1984; Brose et al. 1993). Hiernach stößt Zeitarbeit biographische Entwicklungen an, fängt sie auf, stabilisiert oder vertagt sie (vgl. Brose 1984; Brose et al. 1993: 57 ff.): Zeitarbeit kann erwerbsbiographisch dem Schließen einer Lücke zwischen Schulabschluss und Zivildienst oder der erwerbsbiographischen Orientierung dienen. Sie kann nach einer Langzeitarbeitslosigkeit oder Ehescheidung stabilisierend sein und biographische Entwürfe können über Leiharbeit aufrecht erhalten, unerwünschte Entwicklungen suspendiert werden (vgl. Brose 1984: 196 ff.). Mit Blick auf diese Chancen von Leiharbeit nimmt Brose einen prinzipiellen Wandel von Arbeitsverhältnissen und Erwerbsverläufen an. Er prognostiziert den stetigen Aufstieg, der im Normalarbeitsverhältnis verankert ist, als langfristig ersetzbar durch ein „Herumkommen". Da Zeitarbeit eine „Mehrgleisig- und Revidierbarkeit beruflicher Entwicklungen" ermöglicht, dabei Kontinuität gewährleistet (etwa indem die Zeitarbeitsfirmen ihrerseits Stammbelegschaften bilden), stellt sie den protagonistischen Ort einer „Rearrangierung des Verhältnisses von Arbeitsplatz und Arbeitskraft" dar (Brose 1984: 213; Brose et al. 1993).

Eine positive Bewertung instabiler Beschäftigungsverhältnisse hebt auch Helga Pelizäus-Hoffmeister (2008) hervor. In dieser Studie werden Deutungen

von unsicherer Zukunft im historischen Vergleich herausgearbeitet: Wurde Zukunftsungewissheit im 19. Jahrhundert allein negativ und bedrohend gewertet, ist
heute auch eine „Positiv-Variante" zu finden (ebd.: 26 ff.). Eine ungewisse Zukunft und Unsicherheiten im Lebenslauf werden als „Chancen auf neue und
interessante Lebensabschnitte" (ebd.: 26) und als *Herausforderung* zum aktiven
Handeln" gedeutet (ebd.: 27, Herv. i. O.). Auch die Bewältigung biographischer
Unsicherheit hat sich gewandelt; sie ist weniger an Normalitätsvorstellungen als
an *„eigenen* Überzeugungen und Ideen" orientiert (ebd.: 25, Herv. i. O.). Die
Studie von Pelizäus-Hoffmeister nimmt allerdings nur Künstler/-innen in den
Blick, denen Alexandra Manske (2007) eine „Prekarisierung auf hohem Niveau"
attestiert.

Denn mit Hochqualifizierten im technisch-künstlerischen Bereich beschäftigt sich Manske in ihrer subjektorientierten, ethnographisch angelegten Studie
zu Alleinunternehmer/-innen in der IT-Branche (vgl. Manske 2006, 2007). Das
Herausragende an dieser Untersuchungsgruppe ist, dass sie das Normalarbeitsverhältnis bzw. das Angestelltenverhältnis dezidiert ablehnt. „Etwas Besseres als
eine Festanstellung finden wir alle Mal" – so beschreibt Peter Glaser die Haltung
der „digitalen Bohème" zur Erwerbsarbeit (Glaser 2007: 232) und sie selbst
spitzen es mit Mackie Messers (Dreigroschenoper) Frage zu: „Was ist die Er-
mordung eines Mannes gegen die Anstellung eines Mannes?" (Friebe/
Lobo 2006: 11). So stellt die Festanstellung – etwas weniger pointiert – auch für
die von Manske Befragten keine Alternative dar. Zugunsten von selbstbestimm-
ter Arbeit nehmen sie Unsicherheiten und finanzielle Engpässe in Kauf (vgl.
Manske 2006). Dabei haben soziale Netzwerke eine große Bedeutung für die
Bewältigung von Unsicherheiten. Neben diesem sozialen Kapital stellen nicht
selten die jeweiligen Eltern das finanzielle Sicherheitsnetz der *Web Worker*.
Manske arbeitet verschiedene Typen heraus: den Typus, in dem Instabilitäten
offensiv aufgegriffen werden („Die Unternehmer"), den der „Dienstleister", die
der Existenzsicherung eine hohe Bedeutung beimessen, dabei aber Kompromisse
zwischen marktbezogenen und privaten Bedürfnissen finden sowie den Typus
der „Künstler", in dem Instabilitäten „mittels symbolischer Distinktionsstra-
tegien" bearbeitet werden, z. B. durch die Abgrenzung von Arbeitslosen, die ein
schnelles Webdesign-Training absolviert haben (Manske 2006: 699 ff.). Von
einer Prekarisierung auf hohem Niveau ist hier zu sprechen, da es sich bei dieser
Untersuchungsgruppe um überwiegend hoch Qualifizierte mit einem relativ
hohen Volumen an sozialem und ökonomischen Kapital handelt (ebd.: 693,
2007).[9]

---

9 Auch Alessandro Pelizzari differenziert Prekarisierung nach Milieus und würde hier von
   „avantgardistischer" (im Gegensatz zu „notwendiger") Prekarität sprechen (Pelizzari
   2009: 291). Wegen dieser Differenzierungen gehen viele Studien zu den *creative industries* gar

Dementsprechend finden sich in Studien, die Berthold Vogel zu Leiharbeit und befristeter Beschäftigung durchführte, beim Muster der ‚Kurzfristigkeit als Chance' zumeist gut und höher qualifizierte Befragte wieder (vgl. Vogel 2003: 41). Auch ist hier – Basis sind 143 Interviews in Stuttgart und Zwickau – Leiharbeit als gezielte Strategie darstellbar, um nach längerer Arbeitslosigkeit oder einer anderen atypischen Beschäftigungsform in Betrieben dauerhaft eingestellt zu werden. Hierfür suchen sich Beschäftigte bestimmte Leiharbeits-firmen aus und nutzen private Beziehungen.

Auf der anderen Seite finden sich in diesen Studien auch Beschreibungen von einem „Durchhalten in dauerhafter Gefährdung" sowie einem Abstieg „in beruflich und sozial deklassierende Beschäftigung" (Vogel 2003: 43-44; vgl. Noller et al. 2004): Ist die Zone zwischen stabiler Beschäftigung und Erwerbs-losigkeit zu einem „dauerhaften Aufenthaltsort", der diskontinuierliche Erwerbs-verlauf zum Stigma geworden, gestaltet sich prekäre Beschäftigung in der subjektiven Dimension als kräftezehrendes „Durchhalten". Dies trifft vor allem auf Personen zu, die zuvor längere Zeit arbeitslos waren. Erscheint die Leiharbeit zunächst als Chance, der Arbeitslosigkeit zu entkommen, wird sie nach längerer Ausübung „als erwerbsbiografische Sackgasse oder gar Falle" wahrgenommen und macht die „Drift in die Randzonen der Arbeitsgesellschaft" spürbar (Vogel 2003: 43). Nach einer zunächst stabilen Erwerbskarriere hingegen kann prekäre Arbeit dazu führen, dass „die aktuelle Tätigkeit die eigene Erwerbsgeschichte [dementiert]" und „alles Erreichte in Frage [stellt]" (ebd.: 44-45). Insgesamt, aber vor allem bei den zuletzt genannten beiden Varianten (die „Drift" in die Randzonen und die Dementierung bisheriger Erwerbsverläufe), wird der Erwerbsstatus von den Beschäftigten als entwertend und stigmatisierend empfunden, dies sowohl im Betrieb als auch im privaten und familiären Umfeld (vgl. ebd., Noller et al. 2004).

Im Rahmen einer am Institut für Arbeitsmarkt- und Berufsforschung (IAB) koordinierten Studie (vgl. Hirseland/Lobato 2010), in der 106 prekär Be-schäftigte und Arbeitslose im Abstand von einem Jahr mit zunächst narrativen (1. Welle) und anschließend problemzentrierten Interviews (2. Welle) befragt worden sind, legt Vogel erneut eine Typologie vor (vgl. Grimm/Vogel 2008). Hier findet sich der „Jobnomade", welcher bei der Bewegung durch prekäre Erwerbslagen zwar mittlerweile Geschick entwickelt hat. Aber er ist permanent angestrengt, was sowohl die Suche nach einem neuen Arbeitsverhältnis als auch die finanzielle Situation betrifft. Der „Jobnomade" weist ein weites Spektrum der Sozialstruktur auf – von Hilfsarbeiter/-innen bis zu Akademiker/-innen (ebd.: 676).

---

nicht erst den Weg über das Phänomen der Prekarisierung, sondern schlicht den über Berufs-kulturen und Lebensstile (vgl. z. B. Koppetsch 2006; Eikhof/Haunschild 2006, 2009) oder flexible, projektartig organisierte Arbeitsmärkte (vgl. Apitzsch 2010).

Weiter wird hier der „Arbeitsmarktdrifter" aufgeführt, der einen sozialen Abstieg erlebt hat und „mehr und mehr von der Vielfalt der Wege und von der Uneindeutigkeit der Wegmarken verwirrt" ist (ebd.). Biographische Orientierungspfeiler zur Wiederherstellung von Stabilität und Selbstwertgefühl sind für ihn nicht auffindbar (vgl. ebd.: 677). Demgegenüber nutzt der „Pfadfinder" Wege und institutionelle Maßnahmen auf dem Arbeitsmarkt geschickt und, im Gegensatz zum „Nomaden", erfolgreich und zufriedenstellend. Hier sind „die viel diskutierte, gut qualifizierte und mit universitärer Erfahrung geprägte ‚Generation Praktikum'", aber auch Personen einzuordnen, die Leiharbeit gezielt und erfolgreich als Einstiegsbrücke in gewünschte Branchen gestalten können (Grimm/ Vogel 2008: 677).

In der Studie von Lantermann et al. zu den subjektiven Auswirkungen und Bewältigungsformen prekärer Lebenslagen wird stärker als in anderen Studien der Fokus zunächst darauf gesetzt, unter welchen Bedingungen eine Lebenslage überhaupt als prekär wahrgenommen wird (Lantermann et al. 2009: 32 ff.) und welche Lebensbereiche hierbei relevant sind. Letzteres verweist darauf, dass sich diese Studie insgesamt nicht auf erwerbsbedingte Prekarität konzentriert. Gleichwohl gilt Erwerbsarbeit laut dieser Untersuchung – basierend auf einer Telefon- (N=1000) sowie qualitativen Leitfadenbefragung (n=50) – als wichtiger Bereich für das Empfinden von Prekarität. Die Wahrnehmung von Ungewissheit und Bedrohung sind hier von persönlichen „internen" Ressourcen wie z. B. Selbstvertrauen und Ambiguitätstoleranz abhängig, für die „externe" Ressourcen wie z. B. soziale Netzwerke und persönliche Beziehungen als Voraussetzung gelten (ebd.: 13 ff.). Und so, wie diese Ressourcen die Wahrnehmung bestimmen – z. B. das „Exklusionsempfinden" (ebd.: 18 f., vgl. Bude/Lantermann 2006) – beeinflussen sie hernach auch die Erfolge bei der Bewältigung von prekären Lebenslagen (Lantermann et al. 2009: 62 ff.).

Für den Bereich der Erwerbsarbeit verzeichnen Lantermann et al. unterschiedliche, einen starken Bezug zur lebenszeitlichen Perspektive aufweisende „Facetten", die das Unsicherheitsempfinden der Befragten bestimmen (Lantermann et al. 2009: 47) und heben hier die „Zukunfts- und Folgenunsicherheit" hervor.

> „Für das globale Gefühl von Unsicherheit spielen vor allem (….) Gedanken [eine entscheidende Rolle], die um offene Entwicklungshorizonte und mögliche, schwerwiegende Folgen der aktuellen Situation kreisen." (Lantermann et al. 2009: 47)

Doch auch Wissens- und Handlungsunsicherheit sind in Bezug auf Erwerbsarbeit stark ausgeprägt (ebd.: 48-49).

Die Frage nach den Zukunftsaussichten und der Arbeitsplatzsicherheit nimmt auch laut dem DGB-Index „Gute Arbeit" bei der Wahrnehmung und Beurteilung des eigenen Arbeitsverhältnisses eine entscheidende Rolle ein (vgl. DGB 2008: 14 f., 26).

Der DGB-Index „Gute Arbeit" untersucht in einer jährlichen Repräsentativbefragung die Beurteilung der Arbeitsqualität durch die Beschäftigten. Hiernach gibt es Unterschiede in der Beurteilung der eigenen Arbeitsverhältnisse als „gut" oder „schlecht" in verschiedenen Dimensionen wie Qualifizierungs- und Aufstiegsmöglichkeiten, Sinngehalt der Arbeit, Arbeitszeitgestaltung, Arbeitsbelastung sowie Einkommen und Zukunftsaussichten (ebd.: 8). Nun bewerten prekär Beschäftigte ihre Arbeitsbedingungen um fünf Prozent schlechter als Arbeitnehmer/-innen, die unbefristet und direkt (nicht in einer Verleihfirma) angestellt sind und diese Unterschiede kommen vor allem durch die Dimension der Zukunftsaussichten zustande.

> „Am weitesten gehen die Urteile der Beschäftigten über ihre Beruflichen Zukunftsaussichten/Arbeitsplatzsicherheit [sic] auseinander: In der Gruppe Gute Arbeit [sic] steht sie an der Spitze der Wertung, in der Gruppe Schlechte Arbeit [sic] am Ende." (DGB 2008: 14)

Auch eine italienische Studie – eine semistrukturierte Befragung von 300 atypisch Beschäftigten – hebt die Instabilität von Arbeitsverhältnissen als eine Instabilität im lebenszeitlichen Rahmen hervor (vgl. Rizza 2008). Die Bewältigungsbemühungen, die unsicher Beschäftigte auf der Ebene persönlicher (Humankapital und Schlüsselqualifikationen), familiärer (Partner/-in, Eltern, Verwandte) und öffentlicher Ressourcen (Angebote der Kommune) anstrengen, zielen auf eine nachhaltige Stabilisierung ab (ebd.: 19). Wenn diese im Laufe der Zeit nicht einsetzt, besteht laut Rizza eine tiefgreifende Gefahr: Der Bruch der Identität, die er in Anlehnung an Sennett als *corrosion of character* bezeichnet (ebd.).

Ebenso weitreichende, aber ausführlichere Formulierungen der Auswirkungen von Prekarität auf die Lebensplanungs- und Lebensführungskapazitäten von Individuen liegen mit Pierre Bourdieus „Gegenfeuer" (1998), dem „Elend der Welt" (Bourdieu et al. 1997) und der Studie zur algerischen Übergangsgesellschaft (Bourdieu 2000) vor: Eine Desorganisation des Raum- und Zeitempfindens sowie die verhinderte Entwicklung eines kohärenten Lebensplans ist das, was Bourdieu als Folge von Prekarität betont. Prekarität bewirkt demnach eine

> „Destrukturierung des unter anderem seiner zeitlichen Strukturen beraubten Daseins und de[n] daraus resultierende[n] Verfall jeglichen Verhältnisses zur Welt, zu Raum

und Zeit. Prekarität hat bei dem, der sie erleidet, tiefgreifende Auswirkungen. Indem sie die Zukunft überhaupt im Ungewissen läßt, verwehrt sie den Betroffenen gleichzeitig jede rationale Vorwegnahme der Zukunft" (Bourdieu 1998: 97).

In der Dokumentation von Einzelfällen im „Elend der Welt" (Bourdieu et al. 1997) – das methodische Vorgehen ist (in den hier benannten Studien) ethnographisch – weist Bourdieu auf das problematische Verhältnis zur Zeitstruktur hin, das sich in unsicheren Lebenslagen einstellt. Im Fall „Malik" hält Bourdieu für

> „begreiflich, daß ihm – ähnlich den untersten Schichten, die, wie er, beinahe jeglicher Einflußnahme auf Gegenwart und Zukunft beraubt sind – nichts anderes übrig bleibt, als zu versuchen, in diesem Zustand der Unsicherheit auszuharren, was ihm aber gerade die Möglichkeit verschließt, die Dauer des Ausharrens zu kontrollieren" (Bourdieu et al. 1997: 537).

In der Studie zur algerischen Übergangsgesellschaft stellt Bourdieu fest,

> „daß unterhalb eines gewissen Niveaus ökonomischer Sicherheit, beruhend auf der Sicherheit des Arbeitsplatzes und der Verfügung über ein Minimum an regelmäßigen Einkünften, Akteure nicht imstande sind, die Mehrheit jener Handlungen durchzuführen, die eine Anstrengung hinsichtlich einer Bemächtigung von Zukunft implizieren" (Bourdieu 2000: 20).

Während sich „parallel zu festen Arbeitsplätzen und regelmäßigem Lohn ein rationales und offenes Zeitbewußtsein herausbilden [kann]; Handlung, Urteil und Wunschvorstellung sich dann um einen Lebensplan herum organisieren [können]" (ebd.: 102), entfaltet sich in einem Leben, welches aufgrund der Dauer des Erwerbsarbeitsverhältnisses unter dem „Vorzeichen des Provisorischen" steht (ebd.: 107), keine kohärente, rationale Lebensplanung und -führung. Die Zukunft ist hier

> „weit davon entfernt, sich bereits im gegenwärtigen Handeln anzukündigen und auch die Gegenwart ist alles andere als im Hinblick auf eine von der Berechnung fixierte und mit der Gegenwart in einer relationalen Beziehung vereinte Zukunft organisiert" (Bourdieu 2000: 110).

Eine „kohärente Organisation" von Zeit ist ebenso wenig möglich wie die Festlegung eines „konkreten Systems an Erwartungen. (…) Das ganze Leben bleibt der Inkohärenz ausgeliefert" (Bourdieu 2000: 108-109).

Robert Castel, der jene „Zonen" der Integration und Desintegration für das französische Erwerbssystem skizziert hatte (vgl. Kap. 2.1), kommt ebenfalls zu dem Schluss, dass Prekarität zu einer blockierten Lebensplanung und einer vergleichsweise eingeschränkten Handlungsfähigkeit führt (vgl. Castel 2000: 358 ff.). Nach den Untersuchungen von Klaus Dörre et al. lassen sich die subjektiven Auswirkungen prekärer Beschäftigung, die Bourdieu und Castel benennen, auch für den deutschen Erwerbsarbeitsmarkt abbilden (Dörre et al. 2006). Denn hier, die Datenbasis sind jene 120 (semistrukturiert befragten) Erwerbspersonen, Expert/-innen und Gruppen aus allen Zonen des Arbeitsmarktes, die von Klaus Kraemer und Frederic Speidel (2004) verwendet werden,[10]

„beklagen die ‚Prekarier' mehr oder minder alle, dass sie im Vergleich zu den Stammbeschäftigten über weitaus geringere Möglichkeiten verfügen, eine längerfristige Lebensplanung zu entwickeln" (ebd.: 58).

Der Versuch, „der eigenen Lebensplanung Kohärenz zu verleihen" erweist sich, so Dörre et al., je nach Beschäftigungsstatus als mehr oder weniger erfolgreich. So ist in der Zone der Integration eine langfristige Lebensplanung möglich, aber die Befragten befürchten, diese zu verlieren. In der Zone der Prekarität lässt sich hingegen keine langfristige Lebensplanung feststellen, trotzdem sich die Personen hier um eine solche bemühen. Wenn sich diese Bemühungen erfolglos zeigen, führt der Abstand zu normaler, sicherer Arbeit zu einer Resignation. In der Zone der Ausgrenzung „kann von einem über den Tag hinausreichenden Lebensplan im Grunde keine Rede mehr sein" (Dörre et al. 2006: 59), wobei sich bei den einen noch die „Hoffnung auf eine Normalisierung der Biographien", bei anderen bereits ein „Einrichten auf ein Leben in einer Subgesellschaft" zeigt (ebd.). Letzteres wird normalisiert: Dörre et al. sprechen hier von einer „kontrollierten Ausgrenzung" und einer „inszenierten Integration" (Dörre et al. 2006: 57).[11]

---

10 Bei der Erhebung handelt es sich um ein gemeinsam durchgeführtes Forschungsprojekt.
11 Eine weitere, weil auf die Zone der Ausgrenzung fokussierte Ausdifferenzierung dieser ‚ausgegrenzten Typen' findet sich dann bei Bescherer et al. 2009. Zu den Orientierungen von Erwerbslosen vgl. auch Sondermann et al. 2009; Hirseland/Lobato 2010.

Abbildung 4:   Zonen der Arbeitsgesellschaft III: Subjektive Dimensionen

Zone der Integration	
Gesicherte Integration Unbefristet vollzeit- oder teilzeitbeschäftigt, hohes monatl. Bruttoeinkommen *„DIE GESICHERTEN"*	
Atypische Integration Atypisch Beschäftige mit hohen Einfluss- und Entwicklungsmöglichkeiten und hohem Einkommen *„DIE UNKONVENTIONELLEN"/„SELBSTMANAGER"*	Abstiegsangst; Längerfristig ausgerichtete Lebensplanung mit der Befürchtung, diese zu verlieren.
Unsichere Integration Beschäftigungsunsicherheit unbefristet oder atypisch Beschäftigter *„DIE VERUNSICHERTEN"*	
Gefährdete Integration Relativ niedriges Einkommen und starke Beschäftigungsunsicherheit mit Risikomerkmalen behafteter Integrierter (Alter, Geschlecht, ethnische + soziale Herkunft) *„DIE ABSTIEGSBEDROHTEN"*	
Zone der Prekarität	
Atypisch Beschäftigte mit anderweitiger, haushaltsökonomischer Absicherung *„DIE ZUFRIEDENEN"*	Mehr oder weniger gelingende langfristige Lebensplanung.
Prekäre Beschäftigung mit der Chance auf stabile Integration *„DIE HOFFENDEN"*	Erfolglose Bemühungen um einen kohärenten Lebensplan; Abstand zur Zone sicherer Integration erzeugt Resignation.
Prekär beschäftigt im Wechsel mit Arbeitslosigkeit *„DIE REALISTISCHEN"*	
Zone der Ausgrenzung (Entkoppelung) Arbeitslos *„DIE VERÄNDERUNGSWILLIGEN"* *„DIE ABGEHÄNGTEN"*	Verlust der biographischen Perspektive, auf den Alltag gerichtete Zeitvorstellung.

(vgl. Dörre et al. 2006: 55ff; Castel 2000: 360 f.)

Mit Blick auf den aktuellen Kenntnisstand zu prekärer Arbeit und ihren subjektiven Auswirkungen lässt sich sagen, dass sich die subjektive Wahrnehmung der Erwerbssituation in einem nicht geringen Maße auf der biographischen Ebene abspielt. Verweisen die Studien von Brose (1984; Brose et al. 1993) auf der biographischen Entwicklung zuträgliche Aspekte von instabiler Arbeit und Pelizäus-Hoffmeister (2008) sowie Manske (2007) auf positive Beurteilungen diskontinuierlicher Erwerbsbiographien im künstlerischen Bereich, zeigen die Studien von Kraemer (2006), Kraemer/Speidel (2004), Vogel (2003, 2004) und Lantermann et al. (2009), dass sich ein Großteil der wahrgenommenen Unsicherheiten aus Sorgen speisen, die sich die Befragten in lebenszeitlicher Hinsicht machen. Die geringe Möglichkeit, das Leben auch nur in kurzfristiger Perspektive zu planen, die Zukunftsoffenheit und Ungewissheit darüber, welche Pfadabhängigkeiten sich aus der derzeitigen Erwerbssituation ergeben, scheint Einzelne in prekären Erwerbslagen in hohem Maße zu belasten. Des Weiteren, dies ist der Schwerpunkt Bourdieus (2000), Castels (2000) und Dörre et al. (2006), kann die lebenszeitliche Perspektive offenbar auch gänzlich aus dem Blickfeld der Akteur/-innen geraten: Zukunft, wie Bourdieu und typologisch differenzierter Dörre et al. formulieren, wird nicht mehr in der Gegenwart vorstellig. Das Leben wird situativ und ohne Gesamtzusammenhang oder, wie Max Weber in Abgrenzung zu „einer zusammenhängenden, zu einem Lebenssystem rationalisierten Reihe einzelner Handlungen" schreibt: „von der Hand in den Mund" gelebt (Weber 1988: 113). Robert Castel verwendet genau diese Redewendung in Bezug auf Prekarität als „Kultur des Zufalls", die keine „Verankerung eines Lebensentwurfes" erlaubt und zur „Hand in den Mund" als „Lebensstrategie" führt (Castel 2000: 358).

Beschrieben wird also, dass durch Prekarisierung eine „Drift in die Randzonen der Arbeitsgesellschaft" wahrgenommen wird (Vogel 2003: 43), normale Lebensläufe zu biographisieren gesucht werden, Lebensplanung blockiert ist, die Beschäftigung mit der eigenen Erwerbsgeschichte eine Belastung darstellt und die lebenszeitliche Perspektive zugunsten einer situationalen Lebensführung verschwinden kann. Damit sind subjektive Wirkungen prekärer Arbeit verzeichnet, die sich eindeutig auf der biographischen Ebene ansiedeln. Prekarität konstituiert sich in ihrer subjektiven Wahrnehmung maßgeblich durch eine *biographische Dimension*.

Doch in den vorliegenden Arbeiten wird diese Dimension als solche nicht benannt und vertieft. Generell wird die biographische Dimension prekärer Beschäftigung in Deutschland kaum thematisiert. Dabei ist in der Arbeitssoziologie schon frühzeitig (und durchaus in Abgrenzung zur These vom Ende der Arbeitsgesellschaft) darauf aufmerksam gemacht worden, dass die „quantitativen und qualitativen Veränderungen in der Arbeitswelt einschneidende Folgen für

die soziale Organisation der Gesellschaft und für die Konstruktion der persön-
lichen Biographie mit sich bringen" (Lehner 1985: 204). Was haben die normale
Biographie und lebenszeitliche, längerfristige Perspektivität mit Integration und
Ausgrenzung zu tun? Warum sollte biographische Planungsunsicherheit ein
Problem für Individuen sein und welche sowohl individuelle als auch gesellschaftliche Relevanz kommt einer lebenszeitlichen Perspektive oder ihrem Verschwinden überhaupt zu? Diese Fragen stellen sich, wenn die Tragweiten und
Mechanismen der Prekarisierung spezifiziert werden wollen. Sie stellen sich
darüber hinaus, weil in der Soziologie eine Entwicklung biographischer Perspektiven diskutiert wird, bei der sich die Einzelnen längst von Planbarkeit, Kohärenz
und Kontinuität verabschiedet haben oder diese heute anders generieren. Die
aktuellen Befunde zur subjektiven Dimension prekärer Beschäftigung stehen
deshalb, auch wenn dieser nicht benannt wird, im Kontext einer soziologischen
Debatte um biographische Perspektivität, Planung und Sicherheit und deren
Wandel.

Um diesen Kontext aufzuzeigen, muss die strikt arbeitssoziologische
Perspektive, wie sie bislang zur Prekarisierung eingenommen wird, verlassen
werden und lebenslaufsoziologische Informationen über die Bedeutung (normal-)
biographischer Perspektivität in der sich verändernden Arbeitsgesellschaft
müssen eingeholt werden. Deshalb werden die soeben vorgestellten Befunde im
nächsten Kapitel um zentrale Thesen und Argumentationslinien ergänzt, die
etwas zur Relevanz und Funktion biographischer Perspektivität sowie deren
Wandel aussagen.

3 Zur Relevanz, Funktion und Veränderung von Biographie

In den vorliegenden Befunden zur subjektiven Verarbeitung prekärer Beschäftigung werden die Lebensplanung sowie das Einnehmen einer lebenszeitlichen Perspektive thematisiert, bei der die Zukunft in der Gegenwart vorstellig und das Leben durch Kontinuität und die Festlegung „eines konkreten Systems an Erwartungen" geprägt ist (Bourdieu 2000: 108-109). In diesem Zusammenhang wird eine „Hoffnung auf Normalisierung der Biographien" benannt (Dörre et al. 2006: 59).

Es ist die Lebenslaufsoziologie, die hierzu etwas beizutragen weiß und mit der das in den Blick genommene Feld zu erweitern ist. Entlang lebenslaufsoziologischer, hierbei vor allem biographietheoretischer Arbeiten werde ich deshalb zunächst auf die Lebenszeit als Rahmen der Deutung und Handlung eingehen und ihre gesellschaftliche wie individuelle Relevanz im Zusammenhang mit der Normalbiographie darstellen (3.1). Anschließend werde ich die subjektiv-biographischen Auslegungsprozesse (*biographische Arbeit*) in ihren Anlässen, Funktionen und Mechanismen vertiefen (3.2), bevor die aktuellen Bestandsaufnahmen zum Wandel der biographischen Perspektivität vorgestellt werden (3.3).

3.1 Die gesellschaftliche und individuelle Bedeutung (normal-) biographischer Perspektivität

Biographische Perspektivität beschreibt den Umstand, dass die Lebenszeit einen selbstverständlichen Rahmen der Deutung und Handlung von Einzelnen darstellt (vgl. Kohli 1985: 21; Geissler/Oechsle 1990: 50). Dies meint nicht, dass die Einzelnen immerzu und bewusst über ihr Leben nachdenken. Biographische Perspektivität bedeutet, dass der lebenszeitliche Rahmen einschließlich seiner Zukunftslastigkeit selbstverständlich und implizit im Deuten und Handeln des Individuums gegeben ist.

Für das Einnehmen einer lebenszeitlichen Perspektive ist die Wahrnehmung von Kontinuität und Zeitlichkeit evident. Zeitlichkeit meint das konsequente Versehen und Erkennen aller Ereignisse und Handlungen mit Zeitpunkten oder

-spannen. Ebenso gehört hierzu eine Zeitordnung, bei der ein Ereignis als Folge eines anderen erscheint bzw. Vergangenheit, Gegenwart und Zukunft miteinander verknüpft sind (vgl. Mead 1987a: 341; Schmahl 1988; Schöps 1980; Neumann 1988) – was Kontinuität beschreibt.

Eine lineare, in aufeinander folgende Zeiträume eingeteilte Zeitordnung gilt in Form von Schnellig-, Langsam- oder Pünktlichkeit nicht nur für die Struktur des Alltags, sondern auch für die Lebenszeit (vgl. Schmahl 1988: 345; Neumann 1988; Schöps 1980; Müller-Wichmann 1984). Dafür steht die „Lebensform Karriere" (Schmeiser 2006: 81), bei der die Vorgeschichte eines jeden Ereignisses zu seiner unabdingbaren Voraussetzung und die Zukunft zu seiner Folge wird (vgl. Luhmann 1994: 196). Abgegrenzt wird dieses Zeitbewusstsein meist von einer Konzentration auf das jeweils Gegenwärtige und einer zyklischen, an Wiederkehr (z. B. Jahreszeiten oder Lebensphasen) orientierten Zeitvorstellung[12] und einer außengeleiteten Terminierung von Handlungen.

Kontinuität und Zeitlichkeit sind als Dimensionen eines zukunftslastigen Zeitbewusstseins vor allem im Zusammenhang mit der protestantischen Ethik beschrieben, für die ein solches Zeitmuster kennzeichnend war: Dass Zukunft nicht offen, sondern berechen- und planbar ist, hierbei eine Kontinuität im Sinne einer linearen Entwicklung angenommen wird, beschreibt Max Weber als Kern der durch die protestantische Ethik vorangetriebenen, rationalen Lebensführung in der Moderne (Weber 1988: 113 ff.). Von der rein situativen Lebensform im Mittelalter grenzt sich die rationale dadurch ab, dass sie planvoll und systematisch, die Handlungsperspektive vorausschauend und die Welt nicht mehr eigensinnig, sondern durch Handeln beherrschbar ist, das individuell zugerechnet werden kann (vgl. ebd.: 115; Neumann 1988: 164). Weber macht deutlich, dass in der protestantischen Ethik das Leben beständig reflektiert und die Produktivität jeder Lebensphase gegeben sein muß (vgl. Weber 1988: 115, 118). Hierbei handelt es nicht nur um den Subjekten äußerliche, sondern nach innen verlagerte Motive: eine Disziplinierung (vgl. Weber 2005: 866 ff.; Breuer 1986).

Auch Norbert Elias beschreibt das „Gebot einer gewohnheitsmäßigen Langsicht" als Element des modernen Zivilisationsprozesses mit der Funktion der langfristigen Bedürfnisbefriedigung, vor der die situative, augenblickliche Befriedigung diszipliniert wird (Elias 1977: 349 ff.). Ebenfalls von der Disziplinierung des Subjekts spricht Michel Foucault, wenn er für die Entwicklung der modernen Zeitperspektive (am Beispiel von Berufs-Ausbildungen) festhält:

---

12   Ein Beispiel für die Vorstellung wiederkehrender Lebensphasen ist das Bild, das lange (und
     z. T. heute noch) über das Altern vorherrschte: dass man im Alter in die Phase der Kindheit
     zurückkehrt.

„Erstens wird die Dauer in sukzessive oder parallele Abschnitte geteilt, von denen jeder auf ein bestimmtes Endziel ausgerichtet ist. (...) Die Zeit wird also in einzelne aufeinander folgende Stränge zerlegt. Zweitens werden diese Stränge nach einem analytischem Schema organisiert – als Abfolgen von möglichst einfachen Elementen, die sich mit zunehmender Komplexität miteinander verschränken. Drittens werden diese Zeitabschnitte finalisiert; es wird ihnen ein bestimmtes Ziel gesetzt, das durch eine Prüfung ausgewiesen wird." (Foucault 1994: 203-204)

Denn laut Foucault geht dies mit dem Imperativ sowie der Praxis einher, das eigene Leben in einen konsistenten und systematischen Zusammenhang zu bringen (vgl. Foucault 1977: 75 ff.), wie sie im Kontext der protestantischen Ethik als methodische Lebensführung festgehalten ist. Die Möglichkeit, sich selbst im Zusammenhang zu denken, sieht auch Alois Hahn in Abhängigkeit von „Biographiegeneratoren", also Gelegenheiten und Institutionen, die konsistente, einheitliche Selbst*be*- und -*er*kenntnisse abverlangen und ermöglichen (Hahn 1987: 26 ff., 2000: 100). Peter L. Berger et al. konstatieren für die Moderne, dass diese eine bewusste Aufmerksamkeit auf das eigene Leben und den Lebensplan hervorgebracht hat, dessen Fehlen „allgemein Anlaß zu Mißbilligung gibt" (Berger et al. 1975: 66).

Biographie gilt in diesen Perspektiven als Antwort auf die Entwicklung hin zu einer Moderne, die im Zuge der funktionalen Ausdifferenzierung und einer damit verbundenen Komplexitätssteigerung Kontingenz-, Orientierungs- und Integrationsprobleme aufwirft. Dabei dient Biographie der Regulierung und Berechenbarkeit von Handeln sowohl für die Einzelnen als auch für die Gesellschaft: Besteht für die Gesellschaft ein Interesse an sozialer Ordnung, haben „instinktarme und weltoffene" Wesen (Husserl) Handlungs- und Orientierungsbedarf. Biographie funktioniert damit einerseits als auf das Individuum übertragener Vergesellschaftungs- bzw. Integrationsmodus und ist andererseits eine Form der Synthetisierung und Antizipation: sie kontinuiert die Bewegung der Einzelnen in verschiedenen Lebensphasen, Systemen und Rollen.

„In short, biography as a special form of temporalization allows both the individual and the society to deal with contingency, providing the balance of more possibilities and options." (Fischer-Rosenthal 1995: 258)[13]

Zur Betrachtung der Relevanz lebenszeitlicher Perspektivität erscheinen also zwei Ebenen wichtig: die gesellschaftliche und die individuelle, die sich in eine funktionale (gesellschaftliche Probleme lösende) und eine handlungstheoretische

---

13   Vgl. hierzu auch Luhmann 1989: 251 ff., 1994.

(sinn- und handlungskonstituierende) Komponente biographischer Perspektivität übersetzen lassen (vgl. Fischer-Rosenthal 1990).

Beide Aspekte arbeitet Martin Kohli in seiner These der „Institutionalisierung des Lebenslaufs" aus (Kohli 1985). Die Institutionalisierung des Lebenslaufs bezeichnet im Wesentlichen drei Dimensionen:

- Die kontinuierliche und dabei auch materielle Sicherheit des Lebens (Lebenserwartung, soziales Sicherungssystem),
- eine chronologisch festgelegte Abfolge der wesentlichen Lebensereignisse (Familienzyklus, Altersschichtung des Arbeitsmarktes und Altersgrenzen für öffentliche Rechte und Pflichten) sowie
- einen „Übergang zu einer biographischen – d. h. vom Ich aus strukturierten und verzeitlichten – Selbst- und Weltauffassung" (Kohli 1994: 220, vgl. Kohli 1985).

Mit Kohli kann zunächst eine *funktionale Perspektive* eingenommen werden und die Institutionalisierung des Lebenslaufs als Antwort auf strukturelle Prinzipien und Probleme betrachtet werden, die der Übergang zur Moderne aufwarf:

Als soziale Institution erfüllt der Lebenslauf laut Kohli die Anforderungen der Rationalisierung, der sozialen Ordnung, der Integration verschiedener Teilsystemrationalitäten (z. B. Betrieb versus Familie) sowie der Nachfolgeregelung zur Organisation freier Arbeitskräfte (vgl. Kohli 1985: 13 ff.). Der Lebenslauf stellt eine zentrale „gesellschaftliche Strukturdimension" dar (ebd.: 1), ohne die die Gesellschaft eine grundlegende Neuorganisation erfahren würde. Dies bezieht sich vor allem auf den Ablauf der Lebensereignisse – das Normalprogramm des Lebenslaufs (vgl. Kohli 1986: 188). Im Normalprogramm sind eine Ausbildungs- und eine Ruhephase um eine stetige Erwerbsphase im Erwachsenenalter gruppiert und diese dreigeteilte Kernstruktur vermittelt zwischen Gesellschaft und Individuum; „der Lebenslauf ordnet und integriert das Handeln der Individuen auf Arbeitsorganisation hin" (Kohli 1986: 186).

Abbildung 5:   Die dreigeteilte Struktur des Lebens – Normalbiographie

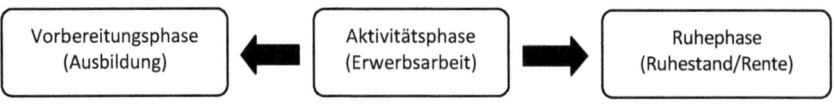

Im Zentrum des dreigeteilten Lebenslaufs steht die kontinuierliche Erwerbsphase, der Arbeitsmarkt ist die maßgebliche Richtlinie der Lebensplanung (vgl.

Berger et al. 1975: 66). Damit wird die Kontinuität des Lebenslaufs im wesentlichen durch Erwerbsarbeit gebildet, die Organisation von Arbeit ordnet den Lebenslauf (vgl. Kohli 1986: 189, 2000: 362). Das macht den Lebenslauf wiederum zu einem zentralen Element der Arbeitsgesellschaft und die Lebenszeit zu einer zentralen Dimension in dieser (vgl. Kohli 1986: 184 f.). Der Normallebenslauf kann also als ein durch Arbeit strukturiertes und diese wiederum umspannendes Programm verstanden werden.

Als ein solches ist der Normallebenslauf eine eigene Zeitnorm, entlang derer produktive Lebensphasen sowie gesellschaftliche Kern- und Randlagen bestimmt werden (vgl. Müller-Wichmann 1984: 181; Schmahl 1988; Wotschack 2002). Dementsprechend lässt sich das durch Erwerbsarbeit geprägte Normalprogramm als „Maß eines ‚runden Lebens'" begreifen (Kohli 1986: 191). Die Normalbiographie steht für ein ‚gutes' und sinnvolles Leben, was sie zu einer „innerweltlichen Lösung des Theodizee-Problems" macht (ebd.). Im Sinne der von Weber beschriebenen protestantischen Ethik, für die innerweltliche, auf das Diesseits gerichtete Praxen zur Herstellung des Seelenheils tragend waren, stellt für Kohli die Normalbiographie die Richtschnur für eine produktive Lebensführung dar. So wie Weber jene innerweltliche Herbeiführung des Seelenheils im modernen Berufs- und Arbeitsethos ausmachte und damit individuell-praktische Faktoren der kapitalistischen Produktionsweise beschrieb, entfaltet sich der Lebenslauf, so Kohli, sowohl auf gesellschaftlich-struktureller Ebene als auch hinsichtlich „Lebensformen und Lebensführung" (Kohli 1986: 186). Und so wie für Weber, Foucault und Elias die Einteilung der Zeit in aufeinanderfolgende Abschnitte mit einem systematischen Ordnen der Lebensführung seitens der Einzelnen einhergeht, ist also auch laut Kohli die Sequenzialität des Lebens nicht nur auf der heteronomen, dem Subjekt äußerlichen Ebene zu verorten, „sondern auch auf derjenigen kultureller Deutungsstrukturen und entsprechender subjektiver biographischer Perspektiven" (Kohli 1985: 20-21).

Auch wenn Kohli diese Perspektive einer Parallelität von institutionellem Programm und subjektiver Konstruktion um eine nicht aufgelöste Spannung ergänzt wissen will, die sich daraus ergibt, dass der durch das institutionelle Programm aufgespannte Anspruch auf individuelle Entwicklungsdynamik „gegen das chronologische Korsett drückt" (Kohli 1985: 21), wird die sequentielle Logik einer Karriere auf gesellschaftlicher wie auf individueller Seite befolgt (vgl. Fischer-Rosenthal 1995, 2000; Luhmann/Schorr 1979: 277 ff.). Birgit Geissler bezeichnet deshalb die individuelle Lebensplanung als „leise Form der Lebenslaufpolitik" (Geissler 2004: 117) und Lebenslaufpolitik ist: Arbeitspolitik (vgl. Kohli 2000: 362). Der Lebenslauf ist deshalb eine „Vergesellschaftungsform, die am Individuum ansetzt" (Kohli 1985: 15).

Deswegen ist die „Anregung oder gar Verpflichtung, sein Leben teleologisch zu ordnen und dabei einer Sequenz-, bzw. Entfaltungslogik" zu folgen – der „Biographizitäts-Code" (Kohli 1994: 221) – von Kohli nicht allein aus einer funktionalen Perspektive in den Blick genommen. Die Strukturierungsleistung des Lebenslaufs kann auch auf eine *handlungstheoretische Komponente* hin betrachtet werden, weil der Lebenslauf die Ausrichtung des Handelns regelt und von einer dementsprechenden Unsicherheit entlastet.

> „Die Orientierungsleistung einer Institution gibt dem Menschen eine selbstverständliche Verhaltenssicherheit, die ihn zu fokussiertem Handeln erst befähigt." (Kohli 1988: 39)

Anhand der Karrierelogik können Unsicherheit minimiert und in ein kalkulierbares Maß gebracht, „Erwartungen strukturiert, Pläne entworfen, Zeit organisiert" und gebunden werden (Kneer 1998: 165; vgl. Luhmann/Schorr 1979: 279).

> „Mit der Einübung in die Logik der Karriere wird zum einen das Handeln zukunftsbezogen (...). Und zum anderen wird eine objektiv bestehende Zukunftsungewissheit dadurch absorbiert, dass mit der Logik einer Karriere entsprechend ‚Erwartungen des Kontinuierens von Erfolgen bzw. Misserfolgen' (Luhmann/Schorr 1979: 279) gebildet werden können" (Schmeiser 2006: 82).

So bezeichnet Kohli die Dreiteilung des Lebens in Ausbildungs-, Erwerbs- und Ruhephase als „verläßlichen Horizont und Sequenz von antizipierbaren Schritten", die die Grundlage für die Verknüpfung von Vergangenheit, Gegenwart und Zukunft, also Kontinuität abgibt (Kohli 1986: 190).

> „Die Zukunft der Gesellschaft bleibt der Erfahrung verschlossen. Für den Lebenslauf dagegen läßt sich eine solche typische Erfahrungsstruktur bereits antizipieren. Das ist die zentrale kontinuitätsstiftende Leistung der Normalbiographie. Auch in seinem Handeln auf die offene Zukunft hin steht das Individuum im Rahmen des dadurch aufgespannten Vergesellschaftungsprogramms." (Kohli 1986: 192)

Der Ablauf im Normallebenslauf kann deshalb als Wissensvorrat begriffen werden, auf dessen Grundlage Individuen überhaupt erst handeln können: die Institutionalisierung des Lebenslaufs gilt Kohli als „notwendige Entlastung; sie gibt der Lebensführung ein festes Gerüst vor und setzt Kriterien dafür, was erreichbar ist und was nicht" (Kohli 1985: 19). Die Kenntnis typischer Lebensläufe stellt die Grundlage für die eigene zeitlich-räumliche Positionierung und Planung dar (vgl. Berger et al. 1975: 64 f.). Sie trägt dafür Sorge, dass nicht jedes lebenszeitliche Ereignis von Grund auf interpretiert werden muss, sondern durch ein Raster wahrgenommen, strukturiert und somit handhabbar wird. Anschaulich wird dies an jener Kontinuität, welche die Normalbiographie zwischen den an sich erheblich diskontinuierlichen Phasen produziert (vgl. Kohli 1986: 189, 1978: 17 ff.) – z. B. Schule versus Erwerbsleben, Erwerbsleben versus Ruhestand. Durch die Kenntnis der Stationen in ihrer Abfolgelogik sind Wandlungen normalisiert und sozialisiert (vgl. Strauss 1974: 157). So ist die routinierte Integration sich teilweise widersprechender Erfahrungen und Rollen zu einem sinnvollen Ganzen möglich. Bei Statusübergängen vollzieht sich kein Bruch, da sie selbstverständlich erwartet und lebensweltlich idealisiert werden (vgl. Kohli 1973: 47 ff., 1977; Schütz/Luckmann 2003: 261).

Damit ist das Kontinuitätsideal notwendigerweise auch auf die Zukunft gelegt. Bei der unhinterfragten Voraussetzung von Kontinuität handelt es sich um eine Idealisierung, die Bedingung ist, um überhaupt handeln zu können. Würden keine Erwartungssicherheiten, Sicherheitsfiktionen und Idealisierungen gebildet, würde permanent die Frage anstehen, ob und wie es (morgen) weiter geht – eine Frage, die jegliches Handeln lähmen würde (vgl. Schütz/Luckmann 1975: 21 f.).

Es sind damit sowohl die Typisierung vergangener und gegenwärtiger Ereignisse als auch die darauf beruhende Antizipation zukünftiger Situationen, welche „die Voraussetzungen für die Ausbildung eines nicht nur institutionell, sondern auch subjektiv weitgehend routinisierten Alltags" sind (Luckmann 1983: 19). Beides scheint die Normalbiographie zu leisten.

Individuelle Handlungsfähigkeit durch biographische Perspektivität ist jedoch auch noch in einem anderen Sinn durch das Normalprogramm des Lebenslaufs gewährleistet:

Erst die kontinuierliche Sicherung des Lebenslaufs durch Erwerbsarbeit und die daran ausgerichtete soziale Sicherung macht die Einzelnen „unabhängig von den Wechselfällen der jeweiligen Situation und von der Notwendigkeit, sein Leben Tag für Tag zu fristen; sie ermöglicht Langsicht, also Befriedigungsaufschub, Investition und Planung; und sie legitimiert entsprechende längerfristige Ansprüche" (Kohli 1994: 225, vgl. 1999: 127). In diesem Sinne steht der Normallebenslauf für die Überwindung eines Zustands, in dem sich die Aufmerksamkeit allein auf das alltägliche Handeln, konkret: die Existenzsicherung fokussierte (Kohli 1986: 202). Zu einer Langsicht konnte es hiernach erst unter bestimmten und dabei auch materiellen Bedingungen, also einer dauerhaft verlässlichen und deshalb nicht jeden Tag drängenden Existenzsicherung, kommen (vgl. ebd.).

Die Institutionalisierung des Lebenslaufs kann vor diesem Hintergrund als Institutionalisierung von Bedürfnissen begriffen werden. Helmut Schelsky weist unter Bezugnahme auf Arnold Gehlen darauf hin, dass Institutionen den Menschen

> „nicht nur von der Bewußtheit seiner Handlung, der Wahl seiner Motive und Mittel [entlasten], sondern weitgehend vom Druck der betreffenden Bedüfnisse selbst. Dies geschieht dadurch, dass die Institution in ihrem Dasein die virtuelle Dauererfüllung der Bedürfnisse garantiert und damit diese entaktualisiert" (Schelsky 1965: 263).

Mit Schelsky bzw. Gehlen lässt sich die Institutionalisierung des Lebenslaufs dahingehend fassen, dass man nicht mehr hinter sie zurückgehen kann: Die Folge der Entlastung von unmittelbaren Bedürfnissen ist ihre „Trivialisierung" (Schelsky 1965: 264; vgl. Gehlen 1956: 38). Durch die dauerhafte Entlastung von einer täglich virulenten Existenzsicherung gilt diese als banal und die Situation, in der sich die alltägliche Aufmerksamkeitsausrichtung auf die Existenzsicherung richtet, wird als erniedrigend und abseits von einem sinnvollen Leben erlebt (vgl. Schelsky 1965: 264).

Biographizität als ordnende und planende Kontrolle über sich selbst und „internalisiertes Planungspotential des modernen Individuums" (Alheit 2003: 25; vgl. Kohli 1994) und Biographisierung als Haltung der Einzelnen, sich im Leben selbst orientieren und entscheiden „zu können oder zu müssen" (Kohli 1988: 36) sind damit in Abhängigkeit vom institutionellen Ablaufprogramm entstanden. Für Kohli sind „Institutionalisierung von Individualität und Institutionalisierung des Lebenslaufs" deshalb „Teile desselben historischen Prozesses", in dem sich Vergesellschaftung und Individualisierung gleichzeitig vollzogen (Kohli 1994: 221; vgl. Fischer-Rosenthal 1995: 251 f.). Mit der Sicherung von Kontinuität und der Antizipierbarkeit von Zukunft war es die Normalbiographie, die eine „wesentliche Grundlage für individuelle Autonomie" und eine individualisierte Sichtweise auf sich und die Welt bereit gestellt hat (Kohli 1994: 225; vgl. hierzu Luhmann 1994).

Die Lebenszeit als wesentlicher und selbstverständlicher Rahmen der Deutung und Handlung von Einzelnen ist, wie eingangs benannt, als *implizite* biographische Perspektivität zu verstehen, die von einer bewussten Auseinandersetzung mit der eigenen Lebensgeschichte zu unterscheiden ist. Während die lebensgeschichtliche Perspektive fraglos im Hintergrund der vorwiegend alltäglich ausgerichteten Haltung mitläuft und gerade dies den routinisierten Alltag gewährleistet, rückt bei der Lebensplanung die biographische Dimension des Handelns in den Fokus (vgl. Geissler/Oechsle 1990: 50; Kohli 1985: 21).

Wenn die Normalbiographie für eine (notwendige, da handlungsbefähigende) Entlastung von permanenter Reflexion und Infragestellung steht, wird die explizite Auseinandersetzung mit der eigenen Lebensgeschichte folglich „gerade nicht durch die Normalität des Lebenslaufs, sondern durch Kontingenzerfahrungen provoziert" (Kohli 1988: 40). Vergleichbar mit der „Wirklichkeits-Unterhaltung", die nach Peter L. Berger und Thomas Luckmann beiläufig statt-findet und einen Bruch der Routinen anzeigt, wenn sie explizit und bewusst ‚besprochen' wird (Berger/Luckmann 2004: 164), sind es laut Kohli

> „die Krisen – oder weniger dramatisch: die Widersprüche, Unstimmigkeiten und Leerstellen – der selbstverständlich gegebenen Schemata der Wirklichkeitskonstruktion, die eine Thematisierung durch das Subjekt erzwingen" (Kohli 1988: 40).

Deshalb bezeichnet Kohli die explizite Ausrichtung der Aufmerksamkeit auf die Lebenszeit als nur in ‚Notfällen' entstehende und damit nur reparierende Perspektive.

> „[B]iographische Thematisierung [ist] subsidiär: sie ist solange unnötig, als die Orientierung an den Marken, die durch Status und Karriere gesetzt sind, ausreicht, und erfolgt dann, wenn diese nicht mehr genügt (....). Biographische Thematisierung setzt dann ein, wenn die Zugehörigkeit zu einem Status oder das ‚Mitfahren' in einer Karriere problematisch wird." (Kohli 1981a: 515, vgl. Kohli 1978: 27)

Dieser Aspekt, welche Funktion Biographien auf der Ebene der Einzelnen er-füllen und wie sie auf dieser Ebene gestaltet werden, soll im Folgenden vertieft werden.

3.2 Funktion und Struktur biographischer Arbeit

Um die Funktionen und Mechanismen subjektiv-biographischer Auslegungs-prozesse nachzuvollziehen und zu einer konkreten Vorstellung darüber zu ge-langen, wie man sich ‚Biographie' in ihrem Prozess und ihrem Ergebnis vorzu-stellen hat, werde ich *erstens* darstellen, zu welchen Anlässen und zu welchen Zwecken biographische Auslegungen von den Einzelnen betrieben werden. *Zweitens* betrachte ich das sowohl interpretative als auch textuelle Aufordnen von Lebensgeschichten.

Anlässe und Funktionen biographischer Thematisierung
Die Biographie stellt die „höchste und am meisten instruktive Form" dar, in der verstehend auf das Leben zugegriffen werden kann (Dilthey 1968: 199). Weil er

nicht festgestellt ist,[14] kann und muss der Einzelne in der biographischen Selbstbetrachtung sich seiner selbst vergewissern. In der biographischen Thematisierung kann er sich selbst zum Objekt machen (vgl. Leitner 1982: 139; Fischer-Rosenthal/Rosenthal 1997: 133-134) und, wie wir von Mead wissen, sich nur auf diese Weise erfahren, seine Handlungen vorbereiten und beurteilen (vgl. Mead 1987b).[15] Vor diesem Hintergrund bezeichnet Martin Kohli die Biographie als „Terrain per excellence" zur Erfassung des Selbst (Kohli 1981a: 503) und Peter Alheit „Biographizität" als das „selbstreferenzielle Vermögen, neue, auch riskante Erfahrungen an einen inneren Erfahrungscode anzuschließen, der seinerseits die selektive Synthese vorgängig verarbeiteter Erfahrungen darstellt" (Alheit 2003: 25). So sind biographische Thematisierungen, die Individuen in Form von sowohl außeralltäglichen[16] als auch alltagspraktischen, sowohl teil- als auch gesamtbiographischen Analysen vornehmen, mit einer Verarbeitungs- und Orientierungsfunktion ausgestattet (vgl. Kohli 1981a: 502; Fischer 1978: 313 f., Fischer-Rosenthal 1996: 148 ff.). Auf diese Situationen und Funktionen biographischer Selbstbeschreibungen lässt sich noch konkreter eingehen:

Bespricht Peter Alheit den alltagszeitlichen Rahmen als einen, in dem es Tendenzen für lebenszeitliche Thematisierungen gibt (vgl. Alheit 1988: 375), sieht Martin Kohli diese Tendenzen in verschiedenen Motiven des Verstehen-Wollens des Selbst und Anderer (vgl. Kohli 1981a: 505). In Bezug auf das *Verstehen Anderer* spricht Kohli von sowohl *Sinnbereicherung* als auch *Handlungsorientierung*. *Sinnbereicherung* meint eine biographische Thematisierung zur reinen Unterhaltung, die die Anforderungen einer Kommunikation überschreitet, von einem dahingehenden Handlungsdruck sowie Folgen (der Erzählung) entlastet ist und genau deshalb hohe Grade an Intimität aufweisen kann:

> „Das sprichwörtliche Beispiel ist bekannt: der Fremde im Zug (im Flugzeug, am Tresen), den ich vorher nie gesehen habe und nachher wahrscheinlich nie wieder sehen werde, von dem ich aber am Schluß seine ‚ganze' Lebensgeschichte kenne."
> (Kohli 1981a: 505)

---

14 Der Mensch als „nicht festgestelltes Wesen" ist ein im Pragmatismus und der Phänomenologie häufig verwendeter Term und meint, dass der Mensch – im Gegensatz zum Tier – nicht durch Instinkte und damit natürlich fixiert sondern reflexiv intelligent und handlungsfähig ist. An anderer Stelle der vorliegenden Arbeit wurde dieser Sachverhalt mit der Husserlschen Formel „instinktarm und weltoffen" bezeichnet.

15 Wilhelm Schapp bezeichnet den Menschen deshalb als in „Geschichten Verstrickter" (Schapp 1976: 123).

16 Außeralltägliche Formen biographischer Verlaufsanalysen sind z. B. die Psychotherapie, das narrative Interview oder die Beichte. Gemeinsam ist diesen Formen, dass hier keine ‚natürlichen' sondern herausgeforderte und angeleitete Selbstbekenntnisse und -reflexionen stattfinden.

Demgegenüber beinhaltet die biographische Thematisierung Anderer zum Zweck der *Handlungsorientierung* das Interesse an ihm als Typus, den ich über seine Geschichte oder geschichtlichen Aspekte zeichnen und hieraufhin die soziale Begegnung fortführen oder beenden kann (vgl. Kohli 1981a: 506; Schütz/Luckmann 2003: 98 ff.; Goffman 1975: 73 ff.). Auch zur Beurteilung des aktuell Wahrgenommenen kann dessen Genese interessieren, Kohli nennt hier die medizinische Anamnese oder Gerichtsverfahren (Kohli 1981a: 506). Überdies bedürfen Interaktionen, damit sie gelingen, der Historie der Beteiligten, weil Interaktionen der Konstanz-Annahme unterliegen: Damit Erwartungen und Handlungen gegenüber dem Anderen entworfen werden können, wird von einem konstanten Verhalten der betreffenden Person ausgegangen. Und diese Annahme ist auf Informationen und Nachweise darüber angewiesen, wie sich das Gegenüber in der Vergangenheit und in anderen als der aktuellen Situation verhalten hat („wer er ‚wirklich' ist") (Kohli 1981a: 506; vgl. Krappmann 2005: 50 f.). Für eine funktionierende Sozialität – den „Bestand der sozialen Welt" (Kohli 1973: 47) – bedarf es also einer Kontinuierung des eigenen Handelns oder, wie Niklas Luhmann es ausdrückt, einer „notfalls fingierte[n], oder doch ergänzte[n]" Biographie (Luhmann 1989: 148).[17] Fischer-Rosenthal formuliert hierzu:

> „A life-story seems to be the only means of being accountable to others, for helping them understand what they may reasonably expect from the person in question." (Fischer-Rosenthal 1995: 257)

So steht gewissermaßen auf der Seite des Selbst in solchen Interaktionssituationen die autobiographische *Selbstdarstellung* für andere zum Zweck der *Erklärung* (der Genese der aktuellen Situation oder meines aktuellen Handelns) oder der *Anspruchsbegründung,* in der gegenwärtige oder zukünftige Ambitionen rekurrierend auf Leistungen und Erfahrungen in der Vergangenheit begründet werden (vgl. Kohli 1981a: 507-508). Hiervon (nur analytisch) unterscheidbar ist das *Selbstverstehen,* zu dessen Zweck die biographische Thematisierung vor allem für einen selbst stattfindet und der *Selbstvergewisserung* sowie der *Handlungsplanung* dient. Unter *Selbstvergewisserung* kann jener Punkt verstanden werden, der weiter oben benannt worden ist: dass sich das nicht festgestellte Wesen seiner selbst versichern muss. Aber dies ist nur in bestimmten Situationen erforderlich. Die Biographie kann zum Zweck der Selbstvergewisserung bspw.

---

17 Vgl. hierzu auch Schmeiser 2006; Krappmann 2005; Mead 1968, 1969; Schapp 1976.

„dann thematisiert werden, wenn die Person in eine Situation der Bedrohung kommt, in der sie sich ihres eigentlichen Kerns zu vergewissern sucht, um dieser Bedrohung nicht zum Opfer zu fallen" (Kohli 1981a: 509).

Auch eine Bilanzierung, in der ursprüngliche Erwartungen mit bisher Erreichtem und dem noch Erreichbaren abgeglichen werden, stellt eine Art Selbstvergewisserung dar. *Handlungsplanung* ist dann schließlich Lebens- bzw. Zukunftsplanung, die ebenfalls – wie die Selbst- bzw. Kontinuitätsvergewisserung – nicht permanent stattfindet bzw. von der der Alltag weitgehend entlastet ist (vgl. Luckmann 1983: 19). Wenn sie stattfindet, ist eine Thematisierung und Fokussierung der Lebensgeschichte jedoch notwendig (vgl. Kohli 1981a: 511; Geissler/Oechsle 1990: 2 ff., 50).

In all ihren Funktionen (Selbst- oder Fremdverstehen, Unterhaltung oder Vergewisserung und Planung) und Formen (teil- oder gesamtbiographisch, außeralltäglich oder alltagspraktisch) vollzieht sich biographische Thematisierung nicht aus sich heraus, sondern entlang des Repertoires an Typisierungen (vgl. Schütz/Luckmann 1975: 103; Luckmann 1983: 20; Geissler/Oechsle 1990: 9).

„Nur soweit die Thematisierung solche Muster, die im gesellschaftlichen Wissensvorrat verankert sind, übernimmt oder an sie anknüpft, kann sie zur Grundlage von Verstehen im Sinn von Verständigung werden." (Kohli 1981a: 515)

Und ebenfalls in all ihren Formen und Funktionen wird biographische Thematisierung pragmatisch vollzogen: wenn ein Problem auftaucht. „Normalisierung [ist] die allgemeinste Funktion" biographischer Thematisierung, sie „dient dazu, Brüche im sozialen Gewebe zu ,reparieren'" (Kohli 1981a: 518). Diese können allgemein in einem Stocken dessen bestehen, was selbstverständlich erwartet und idealisiert wird und konkret im Problematischwerden der Statuszugehörigkeit oder des „,Mitfahren[s]' in einer Karriere" (Kohli 1981a: 515).

Die biographische Thematisierung dient also als Ressource zur Orientierung und der ,Reparatur' von Brüchen. Dies kann sie vor allem deshalb leisten, weil, wie eingangs erwähnt, „neue, auch riskante Erfahrungen an einen inneren Erfahrungscode" angeschlossen werden, „der seinerseits die selektive Synthese vorgängig verarbeiteter Erfahrungen darstellt" (Alheit 2003: 25). Dies bedeutet, dass Biographien interpretative Prozesse darstellen und dabei festgelegt und flexibel zugleich sind (vgl. Fischer-Rosenthal 2000: 115). Hiermit gehe ich zur Frage über, *wie* Einzelne ihr Leben ordnen. Dabei geht es mir a) um die Interpretationsmodi und b) die manifeste (darstellende, textuelle) Struktur der Anordnung von Lebensgeschichten.

Die Struktur biographischer Selbstauslegung

a) Interpretationsmechanismen

Biographien sind Ergebnisse interpretativer Vorgänge, die als „biographische Arbeit" bezeichnet werden (Fischer-Rosenthal 1995: 256). Sie stellen selektive und monothetische, strukturierte Zugriffe auf in Interaktionen gewonnene Erfahrungen dar (vgl. Schütz/Luckmann 1975: 130; Mead 1987a: 341; Fischer 1978: 319). Dabei ist eine Reihenfolge von Erfahrungen und ihr Zusammenhang zu einer Einheit nicht gegeben; sie werden erst und nur durch Vorgänge gebildet, die auf Sozialität zurückgehen (vgl. Mead 1987a: 339; vgl. Dilthey 1968: 194; Schütz/Luckmann 1975: 33).

Bei der Kontinuität in der Lebenszeit handelt es sich um eine Idealisierung, auf Grundlage derer Individuen deuten und handeln. Richten Individuen an ihr ihre Deutung und Handlung aus, ist es eine *„praktische* Annahme mit praktischen Folgen" (Kohli 1981a: 512, Herv. i. O.). Durch die Überführung einer Annahme in Handlungen und deren Bestätigung – durch Reaktionen Anderer, die auf Basis der gleichen Annahme handeln – werden gleich einer *self-fulfilling prophecy* Fakten geschaffen und als solche gespeichert. Vergangenheit, Gegenwart und Zukunft werden also unhinterfragt als kontinuierlich erwartet und durch diese Annahme entlang interaktiver Regeln und intersubjektiver Typisierungen wiederum kontinuiert.

Dies macht die persönliche Biographie zu einem Prozess der Konstitution von Wirklichkeit, sofern sich ein solcher dadurch kennzeichnet, dass Annahmen über die Wirklichkeit die weitere Deutung von Wirklichkeitsmerkmalen, Äußerungen und Handlungen in sozialen Prozessen steuern, womit wiederum Wirklichkeit aufrecht erhalten, produziert und strukturiert wird (vgl. Schütz/Luckmann 1975; Berger/Luckmann 2004). In Anlehnung an die Herstellung von Geschlecht durch soziale Prozesse, dem „doing gender" (West/Zimmermann 1987), wird deshalb zuweilen von einem „doing biography" gesprochen (Völter 2006), aufgrund dessen man eine Biographie „(ebenso wenig wie ein ‚Geschlecht' oder einen sozialen Status) nicht einfach ‚hat', sondern sie immer erst interaktiv herstellt" (Dausien/Kelle 2005: 207). Bei der Biographie geht es um die Herstellung sowie Erkenn- und Anerkennbarkeit einer Ordnung, die durch ein ‚Als Ob' zustande kommt (vgl. Goffman 1975: 73 ff.; Fischer 1999: 159 f.).

Es ist gerade der interpretative Prozess durch ein nicht fixiertes Subjekt, der die Fähigkeit beinhaltet, sich selbst zum Objekt zu werden und seine Handlungen vorzubereiten und zu beurteilen (vgl. Mead 1987b), das „empirisch Sichere" (an der Realität geprüfte Erfahrungen) und Unsichere aufeinander anzuwenden (Dewey 1995: 78-79).

Werden Vergangenheit, Gegenwart und Zukunft, das empirisch Sichere und das Unsichere *aufeinander* angewendet, bedeutet dies, dass es „keine *endgültige* Verkettung von vergangenen, gegenwärtigen und zukünftigen Ereignissen" gibt (Mead 1969: 67, Herv. DS). Es wird nicht die immer gleiche Vergangenheit auf neu Auftretendes angewendet, vielmehr steht die Vergangenheit in einer wechselseitig konstitutiven Beziehung zur Gegenwart.

> „Die Vergangenheit besteht aus den Relationen der früheren Welt zu einer auftauchenden Sache – Relationen, die daher zusammen mit der Sache aufgetaucht sind." (Mead 1987a: 346)

Biographien sind deshalb keine statischen Ablagerungen von Ereignissen und Erfahrungen (vgl. Fischer 1978: 319), sondern stellen synthetisierte, rekursiv interpretierte Erfahrungszusammenhänge dar. Vom gegenwärtigen Standpunkt aus vollzieht sich eine Verknüpfung der Erlebnisse zu einem neuen Ganzen, bei Biographien handelt es sich um emergente Entwicklungsschleifen. Zum einen kann im Prozess der Erfahrungsaufschichtung ein neuer Standpunkt nicht mehr verlassen werden, weshalb die Vergangenheit einer laufenden Re-Interpretation unterliegt. Überdies macht die Reparatur eines Bruches und die Kontinuierung zweier Zeiten oder Zustände eine Neu- oder Um-Interpretation der Vergangenheit notwendig: Sie wird auf „Vordermann" gebracht, weil sich die Wirklichkeit sowohl auf die Gegenwart als auch die Vergangenheit beziehen muss (Berger/Luckmann 2004: 171; vgl. Strauss 1974: 157 ff.). Dies bedeutet, dass die Einordnung dessen, was Vergangenheit und was Gegenwart ist, vom gegenwärtigen Standpunkt und vom aktuell gültigen Wissen aus vorgenommen wird und immer vorläufig ist (vgl. Mead 1969: 67, 1987: 354; Strauss 1974: 99; Fischer 1978: 319; Dewey 1995).[18] Weil das aktuell gültige Wissen und die von hier aus vorgenommene Einordnung von Gegenwart und Vergangenheit bzw. die „Gegenwartsschwelle" die Sicht auf die Lebensgeschichte bestimmt, nennt Wolfram Fischer diese Schwelle „Interpretationspunkt" (Fischer 1978: 319).

Biographien sind also Synthetisierungen von Erfahrungen und bedeuten deshalb permanente Modifikationen. Solche Modifikationen können durch vorgezeichnete Abfolgen und soziale Typisierung verkleinert oder versteckt werden (vgl. Strauss 1974: 157; Kohli 1973: 47 f.; Berger/Luckmann 2004: 174). Hierzu gehören neben standardisierten Übergängen wie in Form des Normallebenslaufes auch entwicklungspsychologische Übergänge (Kindheit, Jugend, Erwachsenen-

---

18 In den Theorien des Pragmatismus, des symbolischen Interaktionismus und der Phänomenologie wird der Daseinszusammenhang immer als rekonstruktiv und vorläufig verstanden (vgl. z. B. Mead 1987a, 1987b, 1968; Dewey 1995; Joas 1992; Berger/Luckmann 2004; Schütz/ Luckmann 1975).

alter und Alter) (vgl. Rosenthal 1995: 134 ff.). Denn diese sind einerseits psychologisch und biologisch typisiert, andererseits durch die Chronologisierung institutionalisiert, also in der Schablone des dreigeteilten Lebenslaufes markiert. Modifikationen können aber auch in Form von Wendepunkten hervorgerufen werden. Ein Wendepunkt liegt vor, wenn ein Ereignis den Einzelnen „zu Bestandsaufnahme, Revision, Neubewertung, Neuverstehen und Neubeurteilung zwing[t]" (Strauss 1974: 99-100). Die Rekonstruktion von Erfahrungen bei Auftreten von etwas Neuem ist notwendig, um es zu klären und zu kontrollieren (vgl. Mead 1969: 257; Schütz/Luckmann 1975: 127). Bei Wendepunkten handelt es sich um Interpretationspunkte, die allerdings eine umfassendere Re-Interpretation beinhalten als minimierte bzw. latente Wandlungen (vgl. Berger/ Luckmann 2004: 172 f.)

Wandlungen sind demnach ein strukturierender Faktor in der Aufordnung der Lebensgeschichte. Ein Wandlungsprozess kann als Haltung verstanden werden, die zum Erfahrungsstrom der Lebensgeschichte eingenommen wird und für die Verknüpfung von Ereignissen in einer bestimmten Zeitperiode konstituierend wirkt. Fritz Schütze nennt dieses Erfahrungs- und Ordnungsprinzip deshalb „Prozeßstruktur des Lebensablaufes" (vgl. Schütze 1984: 92 f.).

Wandlungsprozesse sind jedoch laut Schütze nicht die einzigen Prozessstrukturen, also Erfahrungs- und Ordnungsprinzipien gegenüber Lebensphasen. Er nennt drei weitere (vgl. Schütze 1984: 92, ausführlich Schütze 1981): *biographische Handlungsschemata* im Sinne von biographischen Handlungsentwürfen, bei denen das Erfahrungsprinzip in der Verwirklichung oder dem Scheitern dieser Entwürfe besteht, *institutionelle Ablaufmuster*, die hier in Abschnitt 2.1 besprochen wurden und bei denen das Karriereschema den Erfahrungsablauf koordiniert und *Verlaufskurven*, in denen die Verkettung von Ereignissen als nicht-intendiert, äußerlich und übermächtig erfahren wird und das Individuum ihnen nicht mehr handlungsschematisch begegnen kann. Eine Verlaufskurve entwickelt sich über mehrere Phasen von einem Verlaufskurvenpotential („biographische Verletzungsdispositionen", „Quellen für Schwierigkeiten der Alltags- und Lebensgestaltung") bis hin zum Einrasten der Verlaufskurve, das u. a. einen kompletten Zusammenbruch der Alltagsorganisation und Selbstorientierung beinhaltet (Schütze 2006: 215). Schütze beschreibt diesen Zustand als einen, in dem die biographische Perspektivität verschwindet.

„Er [der Betroffene] entwickelt ein Lebensgefühl, das ihn von seiner Existenzsituation und seiner bisherigen Lebensgeschichte abspaltet. Er richtet seine Orientierungs- und Aktivitätsaufmerksamkeit in starrer Weise auf Probleme der unmittelbaren Lebensbewältigung aus, die durch die fremdartigen Ereignisse aufgeworfen sind, und verliert dabei den Überblick über das gesamte Aktivitätstableau." (Schütze 1981: 89)

Dass in diesen Zuständen aber schließlich sowohl die Lebens- als auch die Alltagsorganisation zusammenbrechen kann, gilt Peter Alheit als Zeichen ihrer Interdependenz:

> „Solange es nicht gelingt, die beschädigte Lebensperspektive wieder ‚in Ordnung zu bringen', stehen auch die alltagszeitlichen Handlungsorientierungen zur Disposition. Umgekehrt ist der konsistente biographische Selbstplan bedroht, wenn ihm die Folie alltagszeitlicher Realisierung entzogen wird." (Alheit 1988: 377)

Verlaufskurven werden, ebenso wie Wandlungsprozesse, vom Biographieträger als überraschend erlebt und durch (sich verstärkende) Widersprüche zwischen antizipierten und eingetroffenen Ereignissen wirksam (vgl. Schütze 1981: 91). Demgegenüber werden Handlungsschemata und institutionelle Ablaufmuster geplant und erwartet (vgl. Schütze 1984: 93 f.), stehen aber insofern mit Wandlungs- und Verlaufskurvenprozessen in Verbindung, als dass letztere durch Abweichungen von ersteren ausgelöst werden können.

Wie an der Prozessstruktur einer Verlaufskurve und der Abhängigkeit zwischen Alltags- und Lebenszeit deutlich wird, kann das Dominantwerden der alltagszeitlichen Perspektive ebenfalls als Erfahrungs- und Ordnungsprinzip begriffen werden. Allerdings zeigt Fischer an Umgangsweisen von Menschen, die lebensbedrohlich erkrankt sind (Fischer 1986), dass gegenüber dem Wirksamwerden einer Verlaufskurve Umschichtungen und Neuordnungen zwischen Alltags- und Lebenszeit auch vorgenommen werden können, um Brüche zu beheben und wieder handlungsfähig zu werden (vgl. Fischer 1986: 166).[19] Hier wird zum einen die Zukunftsdimension zugunsten einer Konzentration auf den Alltag oder – bei älteren Patient/-innen – auf die Vergangenheit suspendiert. Zum anderen wird Zeit eingeklammert: „Ich lebe und plane, ‚als ob' ich für immer lebte" (Fischer 1986: 168). Mit Blick auf die reparierende Funktion eines Lebens in allein der Vergangenheit, der Gegenwart oder einem ‚Als Ob' kann sowohl eine fehlende Synchronisierung von Alltags- und Lebenszeitperspektive, wie sie Alheit oben anspricht, als auch das Verlorengehen der Zukunftsperspektive und des ‚In den Tag hinein'-Lebens nicht als bedrohend, sondern gerade als Reparatur einer Bedrohung betrachtet werden.

Dass die Biographie permanenten Modifikationen unterliegt und durch Erfahrungshaltungen strukturiert wird, findet sich auch im konkreten Aufbau autobiographischer Erzählungen wieder, dem sich nun zugewandt wird.

---

19 Dies ist vor allem deshalb ein interessantes Ergebnis, da das Modell der Verlaufskurve ursprünglich und mehrheitlich an tödlichen Krankheitskarrieren erforscht wurde (vgl. Glaser/ Strauss 1970).

b) Struktur lebensgeschichtlicher Darstellungen

Als „Historiker" seiner selbst (Schütze 1976b: 9) rekonstruiert der Biographieträger seine Geschichte in chronologischer Reihenfolge und in monothetischem Herausgriff der aus dem gegenwärtigem Standpunkt wesentlichen Begebenheiten – das, was aus seiner Sicht zur Genese der aktuellen Situation gehört – zu einer Globalstruktur (vgl. ebd.: 12). Bei der lebensgeschichtlichen Großerzählung besteht diese Globalstruktur in der Regel aus

1) einer Exposition oder Orientierung,
2) einer Komplizierung oder dem Auftauchen von Krisenfaktoren,
3) der Konfrontation mit diesen bzw. der Krise oder einem Höhepunkt,
4) der Krisenschlichtung oder Auflösung und
5) einem Endzustand bzw. einer Konklusion (vgl. Schütze 1976b: 12; Fischer 1978: 321).

Inhaltlich konstituiert sich diese Globalstruktur entlang einer Globalevaluation. Eine solche kann als aktueller Fix- oder Fluchtpunkt der gesamten Geschichte verstanden werden und steuert die Auswahl an Interaktionsgeschichten (Fischer 1978: 322).[20] Die Globalevaluation ist die grundsätzliche Perspektive, unter der der Autobiograph seine Geschichte und die darin berichteten Erlebnisse sieht und verstanden wissen will (vgl. Fischer 1978: 323; Schütze 1976b: 9, 1984: 93). Oft erfolgt sie deshalb wie eine „Ouvertüre" in Form eines gerafften und komprimierten Durchlaufes zu Beginn einer lebensgeschichtlichen Erzählung (Oevermann et al. 1980: 44).

Die Gestalt biographischer Erzählungen stimmt mit dem Erfahrungsstrom überein (Schütze 1984: 78); es besteht eine Homologie zwischen der Aufschichtung von Erlebnissen und ihrer Aufordnung in Erzählungen. Schütze stützt sich bei seiner Homologie-These auf den Aspekt der Biographie als Rückgriff auf in Interaktionen gewonnenen Erfahrungen, der auch die „Sachverhaltsdarstellung" (Kallmeyer/Schütze 1977) betrifft. Begreift man Biographien als einer „narrativen Erfahrungsstruktur" folgend (Kohli 1994: 221), dabei auf Interaktionsgeschichten zurückgehend und deshalb als Dialog mit einem sowohl konkreten als auch dem generalisierten Gegenüber (Mead 1987a: 339; vgl. Dilthey 1968: 194; Schütz/Luckmann 1975: 33), können sie auch in ihrer erzählten (textuellen) Form als „Derivate sequenzierter sozialer Kooperationen" betrachtet werden (Oevermann 1993: 116): Die Ordnungsprinzipien bei der Erzählung

---

20   „Interaktionsgeschichten" sind Interaktionshistorien: Gemeint sind fortgesetzte Interaktionen, in denen Erfahrungen und Erwartungen, die das Selbst und Andere betreffen, gebildet und bestätigt wurden. Der Erzähler erzählt nicht direkt über sich selbst sondern via sequenzierte Interaktion.

„gehen auf allgemeine Ordnungsprinzipien der Erfahrungsaufschichtung zurück, die in ihrem Entstehen und in ihrer Durchformung wiederum nicht ohne die interaktive Einübung der elementaren Formen des Beschreibens, Argumentierens und Erzählens in frühen Phasen der Ontogenese zu denken sind" (Schütze 1984: 80).

Dies bedeutet, dass Sinnzusammenhänge zwar durch den Erzählprozess konstituiert werden, aber die Erzählung nicht beliebig, sondern eine Zusammenstellung „intersubjektiv erbrachter Leistungen [ist], die in bestimmten Interaktionssituationen gefordert waren" (Fischer 1977: 61-62; vgl. Leitner 1982: 37; Fischer-Rosenthal/Rosenthal 1997: 137; Schäfer/Völter 2005: 174).

Damit beinhalten biographische Erzählungen nicht nur Interaktionen und sind entlang dieser strukturiert. Sie bürgen auch für Intersubjektivität bzw. intersubjektive Klarheit. Dies leisten nicht allein Orts-, Zeit- und Personenangaben sowie Grenzmarkierungen für Phasen und Erfahrungshaltungen, sondern auch Verfahren, die laut Schütze im Prozess der Sachverhaltsdarstellung angewendet werden, weil Strukturen einer Erzählung „nicht nur angedeutet, sondern auch durchgeführt werden [müssen]" (Kallmeyer/Schütze 1977: 187). Diese Verfahren werden als Zugzwänge des Erzählens bezeichnet: Der *Detaillierungszwang* beschreibt die Anforderung, dem Zuhörer unbekannte Informationen oder Zusammenhänge mitzuliefern. Der *Gestaltschließungszwang* beinhaltet, begonnene Sequenzen abzuschließen und der *Kondensierungszwang* sorgt für die Konzentration auf für den gewählten Erzählstrang relevanten Ereignisse, womit eine andauernde, sich an der Globalevaluation ausrichtende Beurteilung der Ereignisse vorgenommen wird (vgl. Kallmeyer/Schütze 1977: 188).

Biographische Erzählungen werden, so lässt sich zusammenfassen, nach Schemata aufgeordnet, die mit der Gestalt lebensgeschichtlicher Erfahrungsaufschichtung korrespondieren. Die lebensgeschichtliche Erfahrungsaufschichtung wurde hier als synthetisierter, rekursiv interpretierter Erfahrungszusammenhang und in diesem Sinne emergente Entwicklungsschleife bezeichnet.

Indem in der Biographie neue Erlebnisse mithilfe eines bereits vorhandenen, synthetisierten Erfahrungszusammenhangs bearbeitet und somit das empirisch Bestimmte und das Unbestimmte aufeinander angewendet werden (vgl. Dewey 1995: 78-79), kann mithilfe der solchermaßen bestimmt-flexiblen Biographie Kontingenz bearbeitet werden und Orientierung erfolgen. Biographien beruhen also auf Wirklichkeitsauslegungen, die die weitere Wirklichkeitsauslegung sowie Handlungen steuern. Genau dies entlastet von übermäßigen, zu Lasten des routinisierten Alltags gehenden Reflexionen und Infragestellungen. Dementsprechend werden biographische Thematisierungen nur durch Störungen selbstverständlicher Erwartungen verursacht und dienen der Normalisierung: der Lösung, Erklärung, Kontrolle und Bewältigung problematischer Situationen.

Gilt die explizite Ausrichtung der Aufmerksamkeit auf die eigene Biographie bis zum Auftreten problematischer Situationen als unnötig, weist Martin Kohli darauf hin, dass die Momente, die durch den Lauf der Lebenszeit eine Bilanzierung hervorrufen, bei einem (z. B. durch Arbeitslosigkeit) gebrochenen Verlauf früher eintreten als regulär (vgl. Kohli 1977: 642). Die Wahrscheinlichkeit solch gebrochener Verläufe hat zugenommen, die Kontinuitätsgarantie im Lebenslauf wird brüchig. Deshalb konstatiert Kohli eine Zunahme biographischer Aufmerksamkeit.

> „Wenn es also eine Krise ist, auf die die Biographisierung der Lebensführung gegenwärtig antwortet, so ist sie gerade dadurch konstituiert, daß institutionelle Normalitäts- bzw. Kontinuitätsmuster bestehen, die verletzt oder problematisch werden; d. h. die bisher unproblematische Geltung der biographischen Schemata ist die Voraussetzung für die Krise und wird empirisch durch ihr Eintreten bestätigt."
> (Kohli 1988: 41)

Heute gilt – in Verweis auf ihre Funktion der Reparatur von Brüchen – eine verstärkte biographische Arbeit als Mittel der Orientierung, die nicht mehr entlang und auf Grundlage des Normalprogramms, sondern als Zeichen seiner De-Institutionalisierung und Ablösung begriffen wird.

3.3 Nach der Normalbiographie: Biographische Arbeit als Ersatzfunktion

Martin Kohli räumt an verschiedenen Stellen und bereits einhergehend mit der These zur Institutionalisierung des Lebenslaufs Möglichkeiten des Übergangs zu einem wieder neuen Regime ein (vgl. z. B. Kohli 1985, 1988). In diesem, so Kohli, spitzt sich eine Biographisierung, also Selbststeuerung und -reflexion zu, verallgemeinert sich und löst sich von der Normalbiographie ab. So setzt er u. a. die eigene Individualität „oder besser gesagt: die permanente Suche nach ihr" an die Stelle des normalbiographischen Schemas (Kohli 1988: 45). Dies ist jedoch nicht als Ablösung eines Regimes durch ein gänzlich anderes zu verstehen, sondern als Fortsetzung der durch den institutionalisierten Lebenslauf entstandenen Ansprüche individueller Autonomie (vgl. Kohli 1985: 21).

Schließlich aber bleibt die Frage nach einer solchen Entwicklung von Individualität entlang der normalbiographischen Schemata hin zu einer vollständigen Biographisierung von Kohli unbeantwortet. Einerseits spielt er die Möglichkeiten eines Übergangs zur Biographisierung als Steuerungsersatz für den Normallebenslauf immer wieder durch. Andererseits macht er ebenso oft darauf aufmerksam, dass die „klassische Dreiteilung" der Biographie nicht im Begriff ist, sich aufzulösen (Kohli 2000: 372) und kein „Bedeutungsverlust des institutionalisierten Lebenslaufs" zu verzeichnen ist (Kohli 2003: 541). In dieser offen bleibenden, von Kohli also nicht klar beantworteten Frage nach einem neuen biographischen Regime weist er darauf hin, dass sich, weil er die Institutionalisierung des Lebenslaufs im gleichen Prozess verortet wie die von Individualität (Kohli 1994: 221), letztere unter den Bedingungen eines deregulierten Arbeitsmarktes sowohl entfalten als auch verschwinden kann.

> „Deregulierung bzw. Flexibilisierung kann beide Folgen haben: eine Befreiung des Individuums aus den Fesseln institutioneller Programme, aber auch eine Erosion der Grundlagen für Individualität." (Kohli 1994: 225)

So benennt Kohli dann auch die Möglichkeit einer „Rückkehr" zur situationalen, sich auf die unmittelbare Not konzentrierenden Lebensform bei erzwungener Destandardisierung, wie sie sich auf dem Arbeitsmarkt und im System der sozialen Sicherung abzeichnet (Kohli 1986: 202). Mit Schelsky und dessen Bezugnahme auf Gehlen gedacht, würden sich die im Hintergrund erfüllten menschlichen Bedürfnisse dann in den Vordergrund stellen. Da sie durch ihre Institutionalisierung „trivialisiert" wurden, würde ihre nunmehr Frontstellung im Leben als herabwürdigend wahrgenommen, was sich „dann auch in sozialen Gruppen- und Prestigebewertungen niederschlägt" (Schelsky 1965: 264).

Ist mit Kohli die Frage nach einer neuen biographischen Lebensform nicht eindeutig zu einer Seite hin beantwortbar, kennzeichnet sich die aktuelle soziologische Diskussion über die Normalbiographie dadurch, dass sie mittlerweile ausschließlich als vergangene Form der Herstellung lebenszeitlicher Kontinuität bezeichnet wird.

> „Sowohl normativ als auch faktisch gibt es kaum noch klare ‚Normalitätsfiktionen' und verbindliche Entwicklungslinien bei den Biographiekonstruktionen. So löst sich die klassische ‚Drei-Phasen-Struktur' des Lebenslaufs zunehmend auf, wobei dies für berufliche und private Strukturbildungen gleichermaßen gilt." (Bonß et al. 2004: 214)

Den sicher höchsten Bekanntheitsgrad über die soziologische Fachöffentlichkeit hinaus ist in Bezug auf eine ausgeweitete biographische Perspektivität, die sich nicht mehr an vorgezeichneten Mustern orientiert, den Konzepten der „Bastelbiographie" (Beck/Beck-Gernsheim 1993), der „Multioptionsgesellschaft" (Gross 1994), der „Bastelexistenz" (Hitzler/Honer 1994), der „Patchwork-Identität" (Keupp et al. 2002) und dem „biographischen Inkrementalismus" (Schimank 1985, 2002) zuzusprechen.

Ulrich Beck und Elisabeth Beck-Gernsheim (1993; Beck 1986: 205 ff.) verorten die „Bastelbiographie" innerhalb eines (erneuten) Individualisierungs-
schubes, der „erstens eine *Auf*lösung und zweitens eine *Ab*lösung industriegesell-
schaftlicher Lebensformen durch andere [meint], in denen die einzelnen ihre
Biographie selbst herstellen, inszenieren, zusammenschustern müssen" (Beck/
Beck-Gernsheim 1993: 179, Herv. i. O.). Hiermit wird die Normalbiographie
zum „Auslaufmodell" (ebd.).

Eine Eigenherstellung und -inszenierung der Biographie besteht laut dieser
Perspektive auch darin, biographische Arbeit zu unterlassen. Denn das Zulassen
von Kontingenz fällt hier in die Serie individuell getroffener Entscheidungen, die
Biographien heute darstellen.

> „Wer, hin- und hergerissen zwischen widersprüchlichen Anforderungen, das Planen
> aufgibt und die Antwort beim Zufall sucht – der oder die fällt stets eine Ent-
> scheidung." (Beck/Beck-Gernsheim 1993: 182)

Diese Bestandsaufnahmen bauen auf Annahmen einer erneuten Modernitätsepoche auf, die als reflexive Moderne bezeichnet wird (vgl. Beck et al. 1996).
Grundgedanke dieser Zeitdiagnose ist, dass der Modernisierungsmodus umge-
stellt ist und genau dies den Übergang von der ersten zur zweiten Moderne
ausmacht. Während sich die erste Moderne durch Rationalisierung und eine
immer weitere Steigerung kennzeichnete und dies die gesellschaftliche Entwicklung antrieb, vollzieht sich gesellschaftliche Dynamik in der zweiten Moderne
durch die Nebenfolgen der ersten, insbesondere ökologische Bedrohungen (vgl.
Beck 1996: 27; Beck/Holzer 2004). Beck gilt dieser Übergang als Umstruk-
turierung der Gesellschaft, die sich zum einen in einer Umstellung von Reich-
tums- auf Risikoproduktion und einer entsprechenden Verteilungslogik zeigt –
„Not ist hierarchisch, Smog ist demokratisch" (Beck 1986: 48). Zum anderen
bildet sich der Übergang in eine andere Moderne durch eine Enttraditio-
nalisierung der industriegesellschaftlichen Lebensformen ab, worunter auch die
Transformation von der Normal- zur Bastelbiographie gehört (vgl. ebd: 216).
Beck weist darauf hin, dass diese neue Epoche noch nicht eindeutig auf den
Punkt gebracht werden kann (vgl. Beck 1985: 90, 1996: 27). In ähnlicher Weise
argumentiert Peter Gross, der die „Bastelmentalität" als Transformationszustand
begreift: „Etwas ist vorbei, etwas anderes noch nicht in Sicht. Es ist Wartezeit",
die er allerdings nicht als Ruhezeit verstanden wissen will (Gross 1985: 77).
Vielmehr fordert das Warten einen Umgang mit einem „dadaesk" erscheinenden
Leben (ebd.: 78), das er dann schließlich mit der „Multioptionsgesellschaft"
umreißt (Gross 1994).

Die Multioptionsgesellschaft operiert mit dem Versprechen, nichts sei
unmöglich (Gross 1994: 10) und meint hierbei u. a. die Vervielfältigung der

biographischen Möglichkeiten und die Unvorhersehbarkeit und Improvisiertheit der Lebensverläufe (vgl. Gross 1994: 59 f.). Laut Gross existieren in der Multioptionsgesellschaft keine gesellschaftlichen Handlungsvorschriften: „Die Limitierungen und Verbote von Möglichkeiten in der Lebenswirklichkeit lösen sich sukzessive auf" und „völlig ungebunden ist die Welterzeugung im Kopf" (ebd.: 63), „beliebig die Weltverständnisse" (vgl. ebd.: 64 ff.).

Die Annahme vervielfachter biographischer Möglichkeiten und dabei aber eine etwas genauere Definition eines biographischen Bastelns bieten Ronald Hitzler und Anne Honer an: Im Gegensatz zur biographischen Konstruktion, die ein „langwieriges und komplexes Gestalten nach (mehr oder weniger) festen, handlungsleitenden Regeln [meint]" (Hitzler/Honer 1994: 310), beschreiben sie mit dem Begriff des Bastelns ein

> „Gelegenheitstun aus quasi ‚privaten' Motiven, ein durchaus zwischen Dilet-
> tantismus und Genialität changierendes Werkeln und Wirken. Sinnbasteleien be-
> zeichnen mithin all jene kleinen, alltäglichen Unternehmungen des individualisierten
> Menschen, unter, zwischen und am Rande der großen Weltdeutungsprozeduren sein
> eigenes Leben zu bewältigen" (Hitzler/Honer 1994: 310).

Dabei sprechen sie dem Basteln ein hohes Maß an Problemlösungsfähigkeiten zu, ebenso ein hohes Maß an Flexibilität, was das Wechseln u. a. von Berufen, Arbeitsplätzen und Familien angeht: das Leben wird als „Teilhabe an verschiedenen sozialen Teilzeit-Aktivitäten *montiert*" (Hitzler/Honer 1994: 310-311, Herv. i. O.), wobei die Integration dieser Teilzeiten dem Einzelnen selbst obliegt. Der Bastler ist

> „darauf angewiesen, die Drehbücher seines individuellen Lebens selber zu schrei-
> ben, die Landkarten für seine Orientierung in der Gesellschaft selber zu zeichnen,
> über seine Biographie, seine Persönlichkeit, sein Selbstverständnis selber Regie zu
> führen" (Hitzler/Honer 1994: 312).

Auch wenn das Basteln insgesamt mehr dem Heimwerken als dem Ingenieurs-
wesen gleicht, das Ergebnis mehr eine „Dauerbaustelle" als ein „Gesamtkunst-
werk" ist, stellen sich hierbei „manche von uns begabter an, andere pfuschen ihr Lebtag herum" (Hitzler 2000).

Auf Teilzeit-Biographien spricht auch Uwe Schimank an und hebt diese deutlich hervor: Laut Schimank verstehen Einzelne ihre Biographie als „chronisch" provisorisch und verwerfen ihre biographischen Entwürfe, wenn diese nicht mehr tragfähig sind (vgl. Schimank 2002: 234, vgl. 1985: 461). In kriti-
scher Abgrenzung zur Mehrzahl biographietheoretischer Konzepte, denen Schimank handlungs- und identitätstheoretisch teleologische Prämissen attestiert

(vgl. ebd. 228, 244 ff.), versteht er den Einzelnen in der funktional ausdiffe-
renzierten Gesellschaft

> „nicht länger als jemand, der seine Biografie in stetig strebender Bemühung an
> einem vorgegebenen und unwandelbaren Entwicklungsziel orientiert; sondern Bio-
> grafie wird als ‚Sich-Durchwurschteln', als ad hoc und opportunistisch verfahrende
> Bewältigung konkreter biografischer Problembewältigung begriffen" (Schimank
> 2002: 233).

Biographische Entscheidungen werden dann auch bei Schimank – siehe das
Gelegenheitstun aus privaten Beweggründen bei Hitzler/Honer – aus situativen
Präferenzen und Bedingungen heraus getroffen und dabei als vorläufig verstanden (vgl. Schimank 2002: 234). Die eigene Biographie wird darum als „chro-
nisches Provisorium" gesehen.

Dass Provisorien akzeptiert werden und ein entsprechend schrittweises *trial
and error*-Prinzip angewendet wird, bezeichnet Schimank als „biografischen
Inkrementalismus" (Schimank 2002: 244). Im Gegensatz zu ganzheitlichen
Konzepten ist der biographische Inkrementalismus laut Schimank in der Lage,
Kontingenz handhabbar zu machen. Da sich die Ereignisse im Leben nicht mehr
teleologisch aufordnen und integrieren (lassen), sorgt ein schrittweises und die
Möglichkeit der Entscheidungsrücknahme beinhaltendes Verfahren für die Be-
wältigung der Disparitäten zwischen räumlichen und zeitlichen Positionen des
Subjekts (vgl. ebd.: 241); es kann „zwischen Lebenserfahrungen und einer diese
Lebenserfahrungen prozesshaft zu vereinheitlichenden Lebensgeschichte ver-
mittel[n]" (Schimank 2002: 244). Wenn man so will, ist der biographische Inkrementalismus, verstanden als biographische Arbeit ‚der kleinen Schritte', die
Methode für das Verfassen des Drehbuchs, das laut Hitzler/Honer (1994: 312)
zur Integration von Teilzeiten dem Einzelnen obliegt, nur dass hier die Plots kurz
und revidierbar gehalten sind und dies für die Einheit der Geschichte keinen
„sprengende[n] sondern mitkonstituierende[n] Umweg" darstellt (Schimank
2002: 246-257).

So flexibel Individuen mit Selbstfestlegungen laut Schimank hantieren, so
sehr beziehen sich die „postmodernen Ängste" dann auch laut Heiner Keupp auf
das „Festgelegtwerden" (Keupp 2006: 7). Keupp konstatiert einen Übergang von
der Normal- zur Patchworkbiographie (Keupp 2004) und deutet dies, ebenso wie
Beck/Beck-Gernsheim, als eine neue Modernitätsepoche: Die Normalbiographie
gehört zur ersten Moderne, in der zweiten Moderne verliert sie an Verbindlichkeit, weshalb die Identitätsarbeit nunmehr „patchworkartig" ist (ebd.: 5). Dies
gilt ihm als Reaktion darauf, dass kaum mehr Deutungs- und Handlungsan-
weisungen existieren und sich die „Möglichkeitsräume in einer pluralistischen
Gesellschaft explosiv erweitert haben" (Keupp et al. 2002: 55). Die Patchwork-

identität dient Keupp zunächst als erkenntnisleitende Metapher, die das An-
fertigen patchworkartiger Formen „aus den Erfahrungsmaterialien des Alltags"
meint (ebd.: 8) und erst in einem zweiten Schritt darüber Auskunft geben soll,
wie diese Identitätsarbeit vonstatten geht: Mit dem Ziel der Sinnkonstitution, der
Kontinuierung von Lebensereignissen, der Handlungsorganisation und Selbst-
verortung (vgl. Keupp 2006: 12) gestaltet sie sich derart, dass verschiedene Teilidentitäten, ausgehend von „situativen Selbsterfahrungen" (ebd.: 13), durch
„matching" (Keupp et al. 2002: 54) miteinander abgestimmt und in Einklang
gebracht werden. Dieses *matching* hat eine „innere und äußere Dimension":

> „Eher nach außen gerichtet ist die Dimension der *Passungs- und Verknüpfungs-*
> *arbeit.* Unumgänglich ist hier die Aufrechterhaltung von *Handlungsfähigkeit* und
> von *Anerkennung* und Integration. Eher nach ‚innen', auf das Subjekt bezogen, ist
> *Synthesearbeit* zu leisten, hier geht es um die Verknüpfung der verschiedenen Be-
> züge, um die Konstruktion und Aufrechterhaltung von *Kohärenz* und Selbstanerken-
> nung, um das Gefühl von *Authentizität* und *Sinnhaftigkeit.*" (Keupp 2006: 12,
> Herv. i. O.)

Keupp will sein Konzept der Patchworkidentität zwar nicht als „Chamäleon"
verstanden wissen und die hierzu gegebenen Erläuterungen lassen zunächst auf
die Annahme von flexibel und gleichsam aber festgelegten, eben nicht beliebig
zu verarbeitenden biographischen Versatzstücken schließen (Keupp 1997: 17 f).
Doch dann wird das *matching* wieder in eine „überraschende, oft wilde Verknüpfung von Formen und Farben, selten auf bekannte Symbole und Gegenstände [zielende]" Vorgehensweise übersetzt (ebd.: 18).
        In anderen Arbeiten werden veränderte biographische Perspektivität und
biographische Thematisierung nicht derart konzeptionell ausgearbeitet. Doch
auch laut diesen scheinen ein Ende der Normalbiographie und ein in Eigenregie
unternommener Umgang mit Unsicherheiten und Widersprüchen evident. Den
Versuch, verschiedene biographische Modelle und Phasen zu integrieren, das
Einkalkulieren mehrerer Handlungs- und dementsprechend Umschaltmöglich-
keiten und das Experimentieren mit unterschiedlichen biographischen Entwürfen
zeichnet z. B. auch die „Zeitpioniere" aus, die von Wolfgang Hörning et al. beschrieben worden sind (Hörning et al. 1990: 159-160). Laut zahlreicher anderer
Autor/-innen existieren zur Orientierung keine Lebenslaufmuster und „Normformtypisierungen" mehr (Kraus 2006: 244). Stattdessen wird die „Kohärenz-
zumutung an das Individuum weitergegeben" (ebd.). Daraufhin „[werden] autobiographische Konstruktionen aus der Not heraus betrieben, mit der Vielheit des
Lebens umzugehen" (ebd.: 242; vgl. Kraul/Marotzki 2002: 7 ff.). Entsprechend
zunehmender Instabilitäten und weil „eine sogenannte Normalbiographie ihre
normative Kraft weitestgehend eingebüßt hat" (Kraul/Marotzki 2002: 8), wird

biographische Arbeit als immer notwendiger beschrieben (vgl. ebd.; Völter 2006: 264). Es werden zunehmende Gelegenheiten zur autobiographischen Thematisierung und eine „Ausweitung der Bekenntniskultur" festgestellt (vgl. Burkart et al. 2006; Kraus 2006; Schroer 2006).

Dabei gilt die Auseinandersetzung mit der eigenen Lebensgeschichte häufig nicht nur als Reaktion auf eine zunehmende biographische Unsicherheit, sondern gleichzeitig als deren Bewältigung: Für Richard Sennett sind persönliche Bekenntnisse und Geschichten, die entlang von problematischen Situationen erzählt werden, ein wirksames und zunächst einzig greifbares Mittel, um mit der Auflösung von Linearität im flexiblen Kapitalismus fertig zu werden (vgl. Sennett 1998: 179). Hans J. Pongratz sieht die Leistung biographischer Thematisierung in der Produktion von Sinn und Kontinuität.

> „Mit der Konstruktion einer biographischen Erzählung erfüllen Menschen ihren persönlichen Lebenslauf mit Sinn und gewinnen ungeachtet der Wechselfälle des Lebens innere Stabilität." (Pongratz 2004: 43)

Autobiographische Arbeit soll „das leisten, was das Leben selber kaum noch bieten kann, die Erfahrung von Kohärenz und Sinn" (Kraus 2006: 255). Als nie definitives Werk sind biographische Thematisierungen „experimentelle Erzählungen, weil in ihnen neue Formen der Zusammenhangsbildung erprobt werden" (Kraul/Marotzki 2002: 8; Kraus 2006: 247), mit ihnen der Umgang mit Unsicherheit gewährleistet sowie ein flexibles Selbst organisiert, aber auch verschiedene Selbste ausgelebt werden können (Schroer 2006: 52). Denn Widersprüche und Diskontinuitäten sind im ‚Genre' der biographischen Arbeit thematisierbar und können offen gelegt werden und diese Einsicht in die Biographie als Konstruktion kann von den Einzelnen phantasievoll für die Subjektkonstitution verwendet und damit für die Lebens*führung* im ‚eigenen Sinn' eingesetzt werden (vgl. Kraus 2006: 255-256). Vor allem die unter Rückgriff auf den Poststrukturalismus formulierte Kritik an der Einheit des Subjekts fundiert eine offene Haltung gegenüber ‚dadaeskem' und disparatem Leben; (auch) die Annahme einer Postmoderne geht davon aus, dass Unsicherheit in dieser eine positive Wendung erfährt.

> „Während die Moderne beispielsweise gegen Ambivalenzen, Kontingenz und Ungewissheit angekämpft hat, versucht die postmoderne Haltung, diesen Merkmalen des modernen Lebens eine positive Wendung zu geben." (Schroer 2006: 54)

Also wird eine offene Zukunft nicht mehr allein als Unsicherheit, sondern als Chance und Freiheit begriffen, die dem Bedürfnis nach ständiger Neuorientierung entgegenkommt (vgl. Pelizäus-Hoffmeister 2008: 26). Deshalb sind, so

Wolfgang Bonß et al., die erweiterten Möglichkeitsräume und eine hierdurch entstehende „objektive Kontingenz" nicht gleichbedeutend mit einer größeren Unsicherheit auf der subjektiven Ebene (Bonß et al. 2004: 212).

Die gesteigerten Möglichkeiten an Selbstkonzepten und die erhöhte Kontingenz und gesunkene Planbarkeit werden auch bereits in den Thematisierungsformen und den Erzählstrukturen identifiziert: Hier wird der „lineare Zeitbegriff als narrativer Organisator aufgegeben" (Kraus 2006: 246) und zu sehen sind – an Schimanks Inkrementalismus erinnernde – „serielle Autobiographien" (ebd.: 255). Auch wenn sich dieser Wandel nicht nur in einer Avantgarde zeigt (vgl. ebd.: 242), gewinnt biographische Arbeit als zu erlernende *Kompetenz* und *Qualifikation* an Bedeutung. „Kompetente Selbstthematisierer" müssen wissen, wann eine Selbstthematisierung angemessen erscheint, weil hierfür die Alltagspraxis unterbrochen werden muss und deshalb nicht allzu häufig erfolgen kann (Burkart et al. 2006: 335). Eine kontinuierliche „latente Selbstaufmerksamkeit" kann hingegen zu einer „produktiven Antizipation" und dem „Wenden von Krisen", dabei zu einem Gleichgewicht zwischen lebens- und alltagszeitlicher Aufmerksamkeitsausrichtung führen (ebd.). Kraul/Marotzki sehen deshalb die biographische Arbeit als eine „zentrale Kategorie pädagogischen Handelns" an (Kraul/Marotzki 2002: 9), Alheit bezeichnet die Biographizität als „Schlüsselqualifikation" (Alheit 2003: 25, vgl. auch Geissler 2004:113). Auch Rüdiger Preißer fragt nach der Herstellung und Förderung biographischer Arbeit in Bildungsprozessen (Preißer 2004).

Die biographische Arbeit gilt jedoch nicht nur als Schlüsselkompetenz, um Unsicherheit und Kontingenz zu bearbeiten. Viel mehr werden auch hieraus wiederum Kompetenzen abgeleitet: Aus der Beschäftigung mit diskontinuierlichen Verläufen entstehen persönliche Ressourcen und Schlüsselqualifikationen wie Anpassungs- und Risikobereitschaft, die – nicht nur, aber vor allem – in der Arbeitswelt brauchbar sind (vgl. Klatt/Nölle 2006; Wolf/Kastner 2006; Vormbusch/Kels 2007; Kels 2008). Monika Wohlrab-Sahr hatte in den 1990er Jahren bereits vermutet, dass sich die Maßstäbe und Bewertungsmodi einer „erfolgreichen Biographie" verschieben.

> „Die als erfolgreich angesehene Biographie wäre dann nicht allein die, die es am ehesten schafft, institutionelle Karrierepfade ohne größere Brüche zu durchlaufen, sondern vielleicht gerade die, der es gelingt, geeignete Formen des Umgangs mit Unsicherheiten und Strukturbrüchen zu finden, also *Diskontinuitäten* zu handhaben." (Wohlrab-Sahr 1995: 235-236, Herv. i. O.)

Es wird jedoch nicht in allen Zeitdiagnosen davon ausgegangen, dass das reale Brüchigwerden des Normallebenslaufs bereits umstandslos in biographische Idealvorstellungen und erfolgreiche Strategien der Einzelnen übersetzt wird.

Ebenso wie Ulrich Beck, dem die reflexive Moderne nicht als „reflektierte", besser steuer- oder planbare Epoche gilt (vgl. Dörre 2002: 57; Beck/Holzer 2004) und der die Pluralisierung nicht nur als Freiheit, sondern auch als vor allem Zwang zur Wahl beschreibt (vgl. Beck 1986: 211), hatte auch Peter Gross die „Multioptionsgesellschaft" als Zustand beschrieben, in dem der Einzelne „weder mehr [weiß], was er eigentlich will, noch glaub[t], was er eigentlich soll" (Gross 1994: 109). Auch Zygmunt Bauman, laut dem sich die Postmoderne dadurch kennzeichnet, dass kein lineares Zeitmuster mehr existiert und identitäre Festlegungen vermieden werden, stattdessen ein serielles „Entledigen" von Identitäten praktiziert wird (vgl. Bauman 1999: 160), spricht dabei von einer Spaltung der Gesellschaft in „Touristen" und „Vagabunden" (Bauman 1999: 161 ff.) und zeichnet so nicht nur eine Positiv-Variante der postmodernen Identität: Während für die Touristen das ziel- und planlose „Unterwegssein" wichtig und ein „Zuhause von außen ein Traum, von innen ein Gefängnis" ist (ebd.: 164), bedeutet für den Vagabunden „Freisein, nicht mehr herumwandern zu müssen" (ebd., vgl. Bauman 2003).

Es finden sich weitere Arbeiten, die Zweifel an der Umsetzung neuer biographischer Muster hegen. Beispielsweise wurde der umfangreich rezipierte postfordistische Typus des Arbeitskraftunternehmers (Pongratz/Voß 1998), der sich durch ein verstärktes „Selbst-Management von Alltag und Biographie" kennzeichnen sollte (ebd.: 150), von den Autoren einer neueren empirischen Überprüfung unterzogen (Pongratz/Voß 2004). Diese ergab, dass v. a. „die berufsbiographischen Orientierungen weiterhin ungebrochen auf die etablierten Sicherungsstrukturen [vertrauen]" (ebd.: 211). Zudem haben die „Beschäftigten wenig Ideen, wie sie neuartigen Erwerbsrisiken begegnen könnten" (Pongratz 2004: 37; vgl. auch Kühn/Witzel 2004: 239 ff.). Ein Spannungsverhältnis zwischen Produktivkraftentwicklung und Produktionsverhältnissen und damit „Ungleichzeitigkeiten einer dialektischen Entwicklungsdynamik" können laut den Autoren bei den Beschäftigten eine Divergenz zwischen Flexibilitäts-orientierung auf der einen und Sicherheitsorientierung auf der anderen Seite hervorrufen (Pongratz/Voß 2004: 223).

Hanns-Georg Brose betrachtet die Divergenz zwischen einer brüchig werdenden realen Gültigkeit der Normalbiographie und den Orientierungen auf der Ebene der Einzelnen allerdings als eine, die ebenfalls das Normalprogramm erodiert. Brose sieht bereits in den 1980er und 1990er Jahren Anzeichen für eine Normalisierung von Diskontinuitäten im Erwerbsverlauf (vgl. Brose et al. 1993: 70; vgl. Brose 1984), vermutet dabei aber noch eine Aufwertung der Normalbiographie (vgl. Brose/Hildenbrand 1988a: 18). Demgegenüber bergen heute eine Normalisierung von Abweichungen und ein kontrafaktisches Festhalten an der Normalbiographie ein „subversives Potential" für die Institution des Lebenslaufs (Brose 2003: 599). Die Abweichung kann „sich nicht mehr *gegen* die Norm profilieren" und sie verliert hierdurch ihre stabilisierende Wirkung (ebd., Herv. i. O.). Deshalb plädiert Brose dafür, dass Destabilisierungstendenzen des Lebenslaufs durch die Sozialwissenschaften anerkannt werden, statt „so etwas wie eine Ultrastabilität der Institution des Lebenslaufs" zu behaupten (Brose 2003: 293).

Derartige Plädoyers finden sich auch bei anderen Autor/-innen. Beispielsweise sieht Pongratz, wenn – wie nun festgestellt – an den ‚herkömmlichen' Sicherheitsstrukturen festgehalten wird, die „Gefahr, dass die Normalitätsfiktion den Blick auf die Realität trübt" (Pongratz 2004: 37) und stellt dem die sozialstaatliche Absicherung und „kulturelle Normalisierung" von Diskontinuitäten entgegen (ebd.: 43). Alain Supiot verlangt, dass die „Vorstellung einer linearen beruflichen Karriere aufgegeben" wird und stattdessen Brüche und Neuorientierungen normal werden (Supiot 2000: 298). Hier lassen sich auch Plädoyers nennen, die sich – auch und gerade mit Bezug auf die veränderten Erwerbsbiographien und dem Schwinden der Normalbiographie – für „Möglichkeiten jenseits der Erwerbsarbeit", zumindest jenseits der Normalarbeit aussprechen und dazu ermahnen, die „Transformation der Vergesellschaftung rechtzeitig zu antizipieren und anzugehen" (Bonß 2001: 353, 2006). Dies gilt als Weg, um nicht über das Festhalten an Normalitätsfiktionen „eine ziemlich harte Bruchlandung mit katastrophalen Folgen für die Gesellschaft" zu riskieren (Dettling 2000: 205). Für die pädagogische und sozialarbeiterische Praxis wird ebenfalls gefragt, ob es unter den Bewältigungsstrategien von Patchwork-Biographien Normalisierungsformen gibt, die eine „Krise stützen oder gar hervorrufen können" (Schmidt 2007: 187). Als am ehesten den „veränderten gesellschaftlichen Verhältnissen entsprechender" biographischer Modus gilt so schließlich eine Strategie, die Unsicherheit mehr als Chance denn als Risiko begreift (Bonß et al. 2004: 231).

Beim Hinweis auf eine dementsprechende Problemlage wird jedoch nicht immer bei einem Ende der Normalbiographie angesetzt, sondern auch bereits bei ihrem begrifflichen Beginn. Die „Normalbiographie", so Axel Bolder, ist ein gesellschaftliches Konstrukt, das „nie zu einer soziologischen Kategorie [hätte] werden dürfen" (Bolder 2004: 20, vgl. 2006: 66). Es sind zunächst arbeitspolitische Interessenslagen in der Aushandlung einer kapitalistischen Produktionsweise und in einem zweiten Schritt Sozialwissenschaftler/-innen gewesen, für die Stabilität und Planbarkeit eine Bedeutung haben. Infolge dieser beiden Faktoren wurde das Modell erfunden und damit Wirklichkeit konstruiert.

„Und hier liegt nun die zweite Begründung des Konstrukts der Normalbiographie: in der Verwechslung nämlich von Ideal- und Realtypus und in einer fatal mangelhaften historischen Kontextualisierung durch eine Generation an Soziologen, die ihre eigene, durchaus untypische bewußte Lebenserfahrung zur Norm erhob." (Bolder 2004: 18)

Die Normalbiographie wird hier als Folge und Determination durch sozial-wissenschaftliche Begriffsbildung begriffen. Ähnliches hat auch Uwe Schimank angemerkt. In seiner Auseinandersetzung mit dem biographischen Inkrementalis-mus macht er langfristige biographische Stabilität nicht in den Bemühungen der Einzelnen aus, sondern erklärt sie zu einem „Artefakt einer falsch angelegten Theorie" (Schimank 1985: 448). Schimank zufolge besteht dieses Artefakt in einer substantiell-teleologischen Identitätsannahme der Biographietheorie.

Zwischen situativ-seriellen und kontinuierlich-planerischen biographischen Handlungsmodellen vermitteln zwar Jens Zinn und Felicitas Eßer, indem sie beide Muster als aktuell möglich und sinnvoll für die Herstellung biographischer Sicherheit bezeichnen. Doch gilt zunächst auch hier die Bedeutsamkeit bio-graphischer Stabilität einem „Subjektmodell der (einfachen) Moderne" zu-gehörig und als soziologischer Standpunkt, der „in ordnungstheoretischer Theorietradition den Idealen von Eindeutigkeit, Kohärenz und Sicherheit *nach-trauert*" (Zinn/Eßer 2003: 60, Herv. i. O.).

Ähnlich wird von Maria Wolf et al. „die Dichotomie zwischen depressiver versus euphorischer Identitätsbewältigung zu überschreiten [gesucht]" (Wolf et al. 2009b: 9) und ein unspezifischer und deshalb nur schwer anzuwendender Begriff vorgeschlagen: Konglomerationen sollen „ein Gefüge teils homogener, teils heterogener, teils widersprüchlicher Erfahrungen [bezeichnen], die durch Ent- und Absicherungspraktiken eine lebenstaugliche Existenz ermöglichen" und in dieser Weise zu Handlungen befähigen (ebd.). Hiermit soll die Identität als durch den Alltag entstandenes Konglomerat verschiedenartiger Elemente be-schrieben werden. Die theoretischen Grundlagen für diese Konzeption werden anhand von Norbert Elias' Figurationssoziologie, Michel Foucaults Subjektana-lysen, Pierre Bourdieus Praxeologie sowie Dietmar Kampers historischer Anthropologie erörtert. Dies ist der Beginn zur Erarbeitung des Konzepts, an welchem bereits konkrete Überlegungen (etwa zur Alltagspraxis der Erziehung oder des Konsums), v. a. aber noch zu bewerkstelligende empirische Unter-suchungen und weitere theoretische Ausarbeitungen anschließen: Der Sammel-band (Wolf et al. 2009a) ist der erste Band einer Reihe, in der weitere For-schungsarbeiten zu „Konglomerationen" folgen sollen.

3.4 Zusammenfassung

„Biographisierung" bezeichnet den Umstand, dass Einzelne die Haltung einnehmen, „ihre Orientierung und Entscheidungen im Leben selbst finden zu
können oder zu müssen" (Kohli 1988: 36) und wurde im Übergang zur Moderne
das Instrument für die Einzelnen, Kontingenz zu bearbeiten. Das „interpretative
Genre" der Biographie – biographische Arbeit – ermöglicht, sich selbst zu thematisieren und sich, auch und gerade in Hinblick auf verschiedene, teils wider-
sprüchliche Einbindungen in die Gesellschaft, zu organisieren (Fischer-Rosenthal 1995: 256).

Vergesellschaftung und Individualisierung fallen in der Institutionalisierung
des Lebenslaufs insofern zusammen, als dass die Karriere als eine Kombination
aus Selbst- und Fremdselektion die Erfahrung von Individualität in der Zeit ermöglicht und zugleich „abgestimmt ist auf das, was als Sozialstruktur der Gesellschaft ohnehin gegeben ist" (Luhmann 1994: 198). Dies bedeutet:

> „Individuals are not alone in being subject. Organizations and social institutions
> operate under constraints of temporality as well and, subsequently, develop bio-
> graphically normative patterns." (Fischer-Rosenthal 1995: 257)

Laut Martin Kohli ist es der Normallebenslauf, der als „Sequenzialität im Sinn
eines geordneten (und chronologisch festgelegten) Ablaufs der wesentlichen
Lebensereignisse" (Kohli 1994: 220) nicht nur auf gesellschaftlicher, sondern
auch auf subjektiv-biographischer Ebene zu verorten ist (Kohli 1985: 20-21), das
Leben der Einzelnen in die Arbeitsgesellschaft integriert sowie als das ‚gute'
Leben gilt. Die Normalbiographie begreift Kohli als entlastende, „selbstständ-
lich gegebene Schemata der Wirklichkeitskonstruktion", deren Problematischwerden erst eine explizite Thematisierung der Biographie auslöst (Kohli
1988: 40). Biographische Perspektivität und die interpretative, biographische
Arbeit gilt ihm entsprechend als implizit, in ihrer expliziten Form als Hilfs- oder
Ersatzmittel zur Reparatur von Brüchen in der Statuszugehörigkeit oder dem
Ablaufprogramm (vgl. Kohli 1981a: 515). So ist es die Krise der normalbiographischen Schemata, die eine Biographisierung notwendig macht (vgl. Kohli
1988: 41).

Dementsprechend wird eine verstärkte und verallgemeinerte Biographisierung festgestellt, die als Antwort darauf zu begreifen ist, dass die Normalbiographie immer seltener Realität ist.

> „Je weniger Karrieren im Durchlaufen vorhersehbarer Etappen bestehen, sondern oft
> bereits zu Beginn komplizierte Hürdenläufe sind, um so mehr gewinnen insti-

tutionelle Maßnahmen und psychosoziale Mechanismen an Relevanz, die auf die Reparatur von Strukturbrüchen zielen." (Wohlrab-Sahr 1995: 235)

Bereits Peter Alheit thematisiert die Tendenz zur lebenszeitlichen Perspektive, die im Alltag existiert, dahingehend, dass sich hier Verschiebungen andeuten (vgl. Alheit 1988: 380 f.). Brose/Hildenbrand beschreiben diese Dispositionen derart, dass sich

> „lebens- und alltagszeitliche Strukturen stärker ineinander schieben. Situationen bekommen potentielle biographische Relevanz und werden unter dem Gesichtspunkt selektiver Risiken und Irreversibilität behandelt" (Brose/Hildenbrand 1988a: 21).

Brose/Hildenbrand diskutieren dies in den 1980er Jahren ebenso wie Alheit allenfalls an und stellen noch die Vermutung an, dass die Normalbiographie enttäuschungsfest sein könnte, dass also reale Brüche im Normallebenslauf „nicht notwendigerweise seine normative Geltung in Frage stellen" (Brose und Hildenbrand 1988a: 18).

Demgegenüber gilt die Normalbiographie heute als real ebenso wie normativ nicht mehr gültiges Muster der Lebenslauforganisation und die biographische Arbeit wird als permanente und universelle Praxis zur Bewältigung von Unsicherheiten identifiziert, die nicht mehr auf gesellschaftlicher Ebene gelöst werden. Nicht nur in der wissenschaftlichen Diskussion sondern auch in alltagsweltlichen und medial-öffentlichen Zusammenhängen ist diese Gegenwartsdiagnose auf große Resonanz gestoßen: Die in der letzten Zeit vielfach thematisierte digitale Bohème wirbt für ein „intelligentes Lebens jenseits der Festanstellung" (Friebe/Lobo 2006). Ebenso sind in der auf ein breiteres Publikum zielenden belletristischen und Sach-Literatur sowie den Zeitungs-Feuilletons Patchwork-Karrieren, das *Selfmaking* von Biographien sowie eine Unendlichkeit an Möglichkeiten und eine dementsprechende Lebenskunst mittlerweile selbstverständliche und in Fülle bearbeitete Themen (vgl. z. B. Molitor 2000; Schmid 2000; Bloemer 2005; Fuchs/Huber 2007; Ullmaier 2007; Haubl 2009, *Frankfurter Allgemeine Sonntagszeitung vom 23. Mai 2010*).

Die Normalbiographie ist verabschiedet und die Biographisierung ist dabei nicht mehr allein der Indikator einer Krise normalbiographischer Schemata, sondern bereits die erfolgreiche Antwort auf diese. Haben Beck und Gross das Basteln und den Realisierungsdruck gegenüber einem *Anything goes* noch als Anforderung beschrieben und dessen Erfolg offen gelassen (vgl. Gross 1985, 1994; Beck 1986; Beck/Beck-Gernsheim 1994), machen Hitzler/Honer und andere Autor/-innen eine Praxis aus, die sich zwischen „Dilettantismus und Genialität" (Hitzler/Honer 1994: 310), zwischen „Begabung" und „Pfuschen" (Hitzler 2000) bewegt und wieder andere stellen die sichernde oder mit Disparitäten erfolgreich verfahrende Leistung der Biographie gar nicht mehr oder gar nicht erst in Frage (vgl. z. B. Kraul/Marotzki 2002; Kraus 2006).

Die Vermutung, dass „die Leistung der Bewältigung von Unsicherheit als zentrales Merkmal der Biographie in den Vordergrund rücken [dürfte], je weniger Personen in ihrer Erwerbsbiographie an vorweg definierte Karrierepfade anschließen können" (Wohlrab-Sahr 1995: 236; vgl. Kohli 1978: 27), ist also mindestens auf der Ebene der biographietheoretischen Annahmen eingetroffen: Biographie wird momentan fast ausschließlich über ihre Leistung thematisiert, Unsicherheiten bewältigen zu können. Unabhängig davon, ob ein solcher biographischer Modus bei den Einzelnen schon angekommen ist, haben alle Perspektiven die Annahme gemeinsam, dass biographische Selbstreflexion die Rolle eines funktionalen Äquivalents zur frühen Bindung durch die Normalbiographie übernommen hat. Das interpretative Genre der Biographie war mit der Institutionalisierung des Lebenslaufs wichtig und möglich geworden, insofern es auf strukturelle Anforderungen von Rationalisierung, sozialer Ordnung und Kontingenz antwortete. Inzwischen hat aus den hier vorgestellten Perspektiven die Fähigkeit, das Leben zusammenhängend zu betrachten, ihre eigene Institutionalisierung überholt: An die Stelle der Normalbiographie tritt die biographische Selbstthematisierung und -reflexion, da sie nunmehr die wesentliche Grundlage zur Herstellung von Kontinuität und Sicherheit darstellt.

Die Feststellung einer solchen Leistung biographischer Arbeit beruft sich auf ihren Charakter als interpretativer Vorgang. Weil die Biographie keine fixe, unwiderrufbare Verknüpfung von Erfahrungen darstellt, kann sie umgedeutet, „neue Formen der Zusammenhangsbildung" können ausprobiert werden (Kraul/ Marotzki 2002: 8-9). Machte die kontinuierliche Sicherung des Lebens „unabhängig von den Wechselfällen der jeweiligen Situation" (Kohli 1994: 225) und die Normalbiographie eine prinzipiell unsichere Zukunft erwartungssicher sowie unbegrenzte Möglichkeiten begrenzt, erfüllen Individuen heute „mit der Konstruktion einer biographischen Erzählung ihren persönlichen Lebenslauf mit Sinn und gewinnen *ungeachtet der Wechselfälle* des Lebens innere Stabilität" (Pongratz 2004: 43, Herv. DS). Sie bearbeiten Unsicherheit aus sich heraus, bzw. nutzen diese produktiv, um Erfahrungszusammenhänge aufzulösen und neu zu verknüpfen (vgl. Zinn/Eßer 2003: 60 ff.; Schroer 2006: 54). Mit anderen Worten: Für Biographizität gibt es, so die ersten Zeitdiagnosen (Beck, Gross) und für Biographizität *braucht* es, so der aktuelle Stand, die kontinuierliche Sicherung des Lebenslaufs und „Normformtypisierungen" (Kraus 2006: 244) als Handlungs- und Orientierungsgrundlage nicht mehr. Will man den Individualisierungsprozess als dynamische Entwicklung sehen, die irgendwann „gegen das chronologische Korsett drückt", durch das sie erst ermöglicht wurde (Kohli 1985: 21, 1986: 188), stellt, so die Überlegung von Monika Wohlrab-Sahr, „die

von Kohli beschriebene ,Institution des Lebenslaufs' möglicherweise ein Über-
gangsphänomen dar", das die „Individualisierung ohne Ende" noch begrenzte
(Wohlrab-Sahr 1993: 62-63). Heute hat man sich in der Soziologie entschieden:
Wenn nicht gerade für eine ,Individualität ohne Ende', dann für eine Dauerreflexion als „niemals zum Ende kommende Praxis der Individualisierung"
(Brose/Hildenbrand 1988a: 16). Statt des Schwindens biographischer Perspektivität bei Entzug ihrer Fundamente (vgl. Schelsky 1965: 264; Mayer/Müller
1989: 47; Mayer 1988: 39) hat sie sich ausgeweitet und von ihren Grundlagen
gelöst, kann deren Entzug kompensiert, zumindest verkraftet werden. „Die viel-
beschworene ,Krisis der Normalität' erledigt sich in ihrer Abschaffung" (Gross
1994: 92).

4 Arbeitsgesellschaft und Biographie: Zwischenfazit und Forschungsperspektiven

Nahezu alle Studien, in denen sich derzeit mit der subjektiven Verarbeitung prekärer Erwerbslagen auseinandergesetzt wird, kommen zu dem Ergebnis, dass sich Prekarität deutlich auf der biographischen Ebene auswirkt: Die Ungewissheit über den weiteren Fortgang der Erwerbsbiographie wird als Belastung und Bedrohung empfunden und sie erschwert und verhindert Lebensplanung. Die Studien berichten von einem wahrgenommenen Treiben an die Ränder der Gesellschaft und von Hoffnungen prekär Beschäftigter auf eine Normalisierung ihrer Biographien, sofern eine lebenszeitliche, die unmittelbare Gegenwart übersteigende Perspektive überhaupt noch vorhanden ist: In einigen Studien ist der verzeitlichte Blick auf das eigene Leben bei prekär Beschäftigten nicht mehr aufzufinden. Eine systematische, rationale Lebensführung ist hier dem „Leben von der Hand in den Mund" und der „Kultur des Zufalls" gewichen (Castel 2000: 358; vgl. Bourdieu 2000).

Aber welche individuelle und gesellschaftliche Bedeutung hat (normal-) biographische Perspektivität oder ihr Verschwinden und was hat dies mit der Integration oder Ausgrenzung in der Arbeitsgesellschaft zu tun?

Um diese Fragen zu beantworten, wurde das Feld der Arbeitssoziologie verlassen und das der Lebenslaufsoziologie betreten. Ein Leben „von der Hand in den Mund" und eine „Kultur des Zufalls" kann aus einer lebenslaufsoziologischen Betrachtungsweise von der Institutionalisierung des Lebenslaufs abgegrenzt werden. Diese steht für eine Entwicklung, die zu einer verzeitlichten und vorausschauenden Perspektive der Einzelnen führte und als Normallebenslauf mit einer kontinuierlichen Erwerbsphase im Erwachsenenalter *die* Sicherungskonstruktion darstellt, weil mit ihr Zukunftsungewissheit absorbiert und Kontinuität hergestellt werden kann. Die Normalbiographie gibt den Hintergrund für eine lebensgeschichtliche Perspektive und individuelle Lebensplanung ab. Martin Kohli weist deshalb darauf hin, dass eine Flexibilisierung sowohl zu einer Freiheit vom institutionellen Ablaufprogramm als auch zu einer Auflösung der Basis von Individualität führen kann (vgl. Kohli 1994: 225). In diesem Zusammenhang benennt er die Möglichkeit der Rückkehr einer situationalen

Lebensführung durch Deregulierung und Destandardisierung auf dem Arbeits-markt und im System sozialer Sicherung (vgl. Kohli 1986: 202).

Vor diesem Hintergrund ist es möglich, die Ergebnisse der Arbeitssozio-logie zu problematisieren: Ist das Individuum über normalbiographische Perspektivität mit der Arbeitsgesellschaft verzahnt und sind alltägliche Bedürf-nisse durch kontinuierliche Sicherheit trivialisiert, sodass ein darauf aus-gerichtetes Leben als herabwürdigend und nicht als ‚gutes‘ Leben bezeichnet wird, könnten eine bedrohte Lebensplanung und verschwundene biographische Perspektiven in der Tat den „Kern der sozialen Frage am Beginn des 21. Jahr-hunderts" anzeigen (Dörre 2007: 2).

Verfolgt man jedoch den Strang der soziologischen Annahmen über Bio-graphien weiter und betrachtet ihn im Vergleich zur Prekaritätsforschung, wird Kohlis Anfang der 1990er Jahre formulierter Hinweis auf beide Folgen – einer Ausweitung oder einer Erosion der Individualität – zur prägnanten Zusammen-fassung des aktuellen Stands der Dinge, wenn es um die Frage nach den subjektiven Auswirkungen brüchig werdender Erwerbsverläufe geht: Weist die aktuelle Prekaritätsforschung deutlich in Richtung einer Erosion biographischer Perspektivität und Planung, die durch das Fehlen kontinuierlicher Erwerbsbio-graphien und Brüchen in der Normalbiographie zustande kommt, ist in aktuellen Arbeiten, die die Biographie betreffen, diese Normalbiographie als Auslauf-modell und Fiktion einer vorübergegangenen ersten Moderne verzeichnet. Die Individuen haben hiernach längst auf die verschwundene Dreiteilung des Lebens und ihrer tragenden Säule, der kontinuierlichen Erwerbsarbeit im Erwachsenen-alter geantwortet: Mit der Patchwork-Identität. Die Normalbiographie wurde verabschiedet, weil sie nicht länger benötigt und nicht länger gewünscht ist. Und statt dass sie geschwunden ist, hat sich biographische Perspektivität ausgeweitet; permanente biographische Reflexion ist der neue erfolgreiche Modus, um Un-sicherheit zu handhaben.

Abbildung 6: Arbeitsgesellschaft und Biographie – Stand der Forschung

	Arbeitssoziologie: Bedrohte Biographie	Lebenslaufsoziologie: Lebenslauf als soziale Institution	Zeitdiagnosen: Patchwork-Biographie
Gesellschaftliche Entwicklung	Prekarisierung	Institutionalisierung von Lebenslauf = Institutionalisierung von Individualität	Pluralisierung
	↓	↓	↓
Stellenwert Normalbiographie	Exklusionserleben; Hoffnung auf Normalisierung der Biographie	Normallebenslauf vermittelt zwischen Individuum und Gesellschaft	Ablehnung/Verabschiedung normalbiographischer Schemata
Stellenwert Lebensplanung	Bedrohte/blockierte Lebensplanung	Individuelle Lebensplanung = leise Form der Lebenslaufpolitik = Arbeitspolitik	Kompensation/Begrüßung von Instabilitäten und Unsicherheit
Verbleib der biographischen Perspektive		Biographische Perspektivität = individualisierende Vergesellschaftung auf der Grundlage kontinuierlicher Sicherheit	
	Verschwinden biographischer Perspektivität: Zukunft kann nicht mehr ‚gedacht' werden	← Individualisierung oder Erosion ihrer Grundlagen →	Ausweitung biographischer Perspektivität

Während also auf der einen Seite zumindest prekär Beschäftigten das Gefühl für einen über den Alltag hinausreichenden Zeit- und Sinnrahmen verloren gegangen oder die Lebensplanung blockiert und bedroht ist, wird auf der anderen Seite eine Ausweitung der lebenszeitlichen Thematisierung festgestellt, die auf das Schwinden der verlässlichen lebenszeitlichen Schritte kompensatorisch reagiert.

Zwischen diesen beiden Strängen findet jedoch kein Dialog statt. Dies liegt einerseits daran, dass die biographische Dimension prekärer Beschäftigung in der *Arbeitssoziologie* ebenso wie in der öffentlich-medialen Debatte kaum diskutiert wird. Die Vernachlässigung biographischer Aspekte in der Arbeitssoziologie und in arbeitspolitischen Debatten wurde bereits zu früheren Zeiten kritisch vermerkt (vgl. Härtel et al.1986; Vetter 1986; Voß 1984; Becker-Schmidt 1982; Knapp 1981). Andererseits hat die *Lebenslaufsoziologie* ihr theoretisches und empirisches Interesse bislang zwar zahlreich auf die Veränderungen u. a. der Erwerbsbiographien, nicht aber auf die Prekarisierung des Arbeitsmarktes gerichtet. Die Biographieforschung hat sich in den 1980er und 1990er Jahren der ansteigenden und auf hohem Niveau stagnierenden Arbeitslosigkeit (vgl. z. B. Heinemeier et al. 1981; Heinemeier 1991; Alheit 1994) sowie der damals noch als neu geltenden Zeitarbeit gewidmet (vgl. Brose 1984; Brose et al. 1993; Wohlrab-Sahr 1993, 1995). Demgegenüber hält sie sich heute bei den zentralen Debatten um die Arbeitsgesellschaft zurück. Gerade auch die hier dargestellten Überlegungen zur Veränderung biographischer Perspektivität kommen ohne jeden Bezug zur Prekarisierung des Arbeitsmarktes und den hierzu vorliegenden Studien aus.

Thematisiert also die Arbeitssoziologie biographische Aspekte nur auflistend und ohne Verhandlung lebenslaufsoziologischer Informationen, sind in der Lebenslaufsoziologie das Thema der Prekarisierung und empirisch fundierte Abschiedsszenen einer Normalbiographie nicht existent. Die biographische Dimension prekärer Beschäftigung ist damit benannt, aber nicht erforscht.

Weil Arbeitsorganisation Lebenslauforganisation und Arbeitspolitik Lebenslaufpolitik ist (Kohli 2000: 362) und der Umgang mit Unsicherheiten über die Lebensgeschichte und nicht über den Status erfolgt, kann die Frage nach der subjektiven Verarbeitung von Prekarität nicht ohne die lebensgeschichtliche Ebene erschlossen werden.

> „Only a story – and not a statement of one's position in society – seems to be able to encompass the complexity of one's self over time, including biographical transformations and contradictions." (Fischer-Rosenthal 1995: 257)

Darin liegen die Chancen für ein tiefergehendes Verständnis der Folgen von Prekarisierung und eine Vertiefung dessen, was der Hinweis, bei Prekarität kämen „Biographien und Erwerbsverläufe ins Spiel" (Vogel 2005: 215) bedeuten kann. Bietet für den Einzelnen seine Geschichte und nicht der Zustand „prekär" Aufschlüsse für den Umgang mit Unsicherheit, bietet sie dies auch für die Soziologie. Weil mithilfe der Biographie am schärfsten analytisch auf das eigene Leben zugegriffen werden kann, kann die Methode biographischer Analysen, wie sie Akteur/-innen zur Lösung von Handlungsproblemen anwenden, für das Verstehen von Einzelnen in ihrer Auseinandersetzung mit objektiven Sachlagen, hier: prekärer Erwerbsarbeit, soziologisch genutzt werden.

Denn prekär Beschäftigte können als das gegenwärtig anschaulichste Beispiel für Abschiede von der kontinuierlichen Erwerbsbiographie gelten. Als „Grenzgänger" bewegen sie sich zwischen Perspektiven stabiler Integration und denen eines Ausschlusses (vgl. Vogel 2007: 1). Erwartet werden kann deshalb, dass hier – in der Zone der Prekarität – eine subjektive Auseinandersetzung mit den Stabilitätsversprechen stattfindet, die Erwerbsarbeit für sie nicht mehr einlöst und/oder auf Dauer nicht mehr einzulösen droht. Weil „sich an solchen Stellen lebensgeschichtliches Wissen prägnant artikuliert, wo Orientierungswissen für soziale Gruppen erwartbar oder faktisch problematisch wird" (Fischer 1978: 324), kann hier exemplarisch eingefangen werden, wie sich Abschiede von der Normalbiographie bei den Einzelnen gestalten. Darüber hinaus kann davon ausgegangen werden, dass die biographisch blockierenden, resignierenden oder aber auch stabilisierenden Wirkungen prekärer Beschäftigungsverhältnisse sowie die Haltungen der Einzelnen gegenüber ihren Erwerbslagen, von denen die empirischen Befunde berichten, Ergebnisse von Prozessen sind, die in Form von Bilanzierungen, Evaluationen, Re-Interpretationen, Wandlungsprozessen, Wendepunkten, Verlaufskurven usw. erhoben und rekonstruiert werden können.

Dies soll im nun folgenden Teil dieser Arbeit geschehen. Vom aktuellen Stand der Forschung aus soll ein Schritt zurückgegangen werden, indem anhand von Methoden der Biographieforschung rekonstruiert wird, wie sich prekär Beschäftigte mit kürzeren oder länger andauernden Abschieden von der normalen Erwerbsbiographie konkret auseinandersetzen. Fehlt in der Prekaritätsforschung ein vertiefender Einblick in biographische Aspekte und in der Lebenslaufforschung eine Beschäftigung mit erwerbsbedingter Prekarität, kann durch einen Zugang, der aus der Perspektive der Biographieforschung prekäre Arbeit zu greifen sucht, eine spezifische und gleichsam umfassendere Ebene subjektiver Verarbeitung von Prekarität sichtbar gemacht werden: Die Auseinandersetzung mit einem *Leben* jenseits der Festanstellung.

5 Untersuchungsansatz und Forschungsprozess

In diesem Kapitel werden die Leitfragen sowie die Methoden der Untersuchung vorgestellt.

5.1 Problemstellung und Leitfragen

Im ersten Teil der Arbeit wurden Studien zur subjektiven Verarbeitung prekärer Beschäftigung und zentrale Thesen und Argumentationslinien der Biographietheorie auf ihre Aussagekraft zur biographischen Dimension prekärer Arbeit befragt. Dabei konnte herausgearbeitet werden, dass der Biographie nach bisherigem Stand der Forschung eine bedeutsame Rolle zukommt, wenn es um die Organisation der Arbeit geht, weitergehende Klärungen jedoch unterbleiben: Als Folge des Wegbrechens kontinuierlicher Erwerbsbiographien wird auf der einen Seite ein Schwinden und auf der anderen Seite eine kompensatorische Ausweitung biographischer Perspektivität konstatiert, ohne dass die genaueren Umstände dessen, was dort jeweils beschrieben wird, bekannt werden und damit die biographische Dimension prekärer Arbeit mehr als nur angedeutet wird.

Diese Forschungslücke kommt zustande, weil die biographische Perspektive zum einen allein als Dynamik im Sinne eines erwerbsbiographischen Weges und zum anderen als Perspektive im Sinne einer Zukunftsaussicht und entsprechender Selbstwirksamkeitsüberzeugungen gefasst wird. Dies führt gemeinsam mit der theoretischen wie analytischen Trennung von Arbeit und Lebenslauf zu einem Modell, in dem neben Integration, Sicherheit und Anerkennung der Einzelnen *auch* ihre Biographie durch Prekarisierung bedroht ist. Eine systematische Kopplung und Unterlegung der einen mit der anderen Perspektive ist bislang vernachlässigt worden; über die biographische Perspektive in ihrer Beziehung zu Integration, Sicherheit und Anerkennung der Einzelnen liegen derzeit kaum Kenntnisse vor. Deshalb sind die hier verfolgten Leitfragen:

1) Wie, wann und mit welcher Tragweite setzen biographische Revisionen und Improvisationen ein, wenn ein Weg – die kontinuierliche Erwerbsphase im Erwachsenenalter – nicht begehbar erscheint?

2)   Wie vollzieht sich die soziale Positionierung beim Biographieträger, wenn
      die stabile Laufbahn mit ihrem „sozial-integrativen Effekt" in Form von
      Leistungsmotivation und Befriedigungsaufschub (Kohli 1978: 1) und ihren
      verlässlich terminierten und gesellschaftlich geregelten Lebensphasen nicht
      existiert?
3)   Wenn Biographizität als subjektiv ordnende und planende Kontrolle über
      sich selbst beim Einzelnen verschwindet und einer „Kultur des Zufalls"
      weicht: Verschwindet sie sang- und klanglos? Als bewusste Entscheidung?
      Aus Resignation? Und in welchem Zusammenhang steht dies wiederum zur
      sozialen Positionierung bzw. Integration oder Ausgrenzung?
4)   Welche Bedeutung erlangen normalbiographische Schemata im exempla-
      rischen Fall ihres Problematisch-Werdens, der erwerbsbedingten Prekarität?

5.2 Untersuchungsgruppe, Sampling und Feldzugang

Abgeleitet aus der im ersten Kapitel vollzogenen Eingrenzung prekärer Arbeit
wurden Leiharbeiter/-innen und befristet und geringfügig Beschäftigte („Mini-
Jobber/-innen") befragt, wenn ihr Beschäftigungsverhältnis die einzige Einnah-
mequelle darstellt, die Entlohnung keine (dauerhafte) eigenständige Existenzsicherung ermöglicht (materiell-reproduktive Dimension), ihre Einbindung in die
Sozialversicherung und das Arbeits(schutz)recht gar nicht oder nur teilweise gegeben ist (rechtlich-institutionelle Dimension) und kaum Aufstiegs- und Prestigechancen vorhanden sind (Status- und Anerkennungsdimension). Es wurde
sich auf Geringqualifizierte und Facharbeiter/-innen konzentriert, ebenso auf
semiprofessionell ausgebildete Angestellte im Bereich medizinisch-sozialer
Dienstleistungen, weil sich mehrheitlich diese Personen laut Datenlage (dauerhaft) in der Zone der Prekarität bewegen. Personen mit Hochschulabschluss gehören deshalb nicht zur interessierenden Gruppe, werden aber kontrastiv einbezogen.[21]
       Beim Feldzugang wurden verschiedene Möglichkeiten probiert. Zunächst
wurde ein institutioneller Zugang über Gewerkschaften, Schuldnerberatung,
Arbeitsagenturen und Arbeitgeber (wie etwa Zeitarbeitsfirmen) gewählt. Hier
zeigte sich zwar – mit Ausnahme der Arbeitgeber und einzelner Arbeitsschutz-

---

21   Darüber hinaus wurde darauf geachtet, dass die befragten Personen in Deutschland auf-
      gewachsen sind. Eine Migration in der Lebensgeschichte verdient aufgrund ihres prägenden
      Charakters gesonderte Aufmerksamkeit, die (aus Kapazitätsgründen) in dieser Studie nicht ge-
      währleistet werden konnte. Ohnehin bedarf es zur Untersuchung des Zusammenhangs
      zwischen Migration und prekärer Beschäftigung einer eigenen Studie (vgl. hierzu etwa Dörre
      et al. 2006: 42 ff.; Scherschel 2008).

Verbände – ein großes Entgegenkommen seitens der Organisationen, der Erfolg einer Fallrekrutierung blieb jedoch aus.[22] Daraufhin wurde ein persönlicher Zugang zum Feld gelegt: Es wurde im privaten und kollegialen Umfeld nach Personen gesucht, auf die die o. g. Kriterien zutreffen. Eine direkte Bekanntschaft wurde selbstverständlich ausgeschlossen.[23] Auch die vermittelnden Personen kannten die in Frage kommenden Interviewpartner/-innen nur indirekt. Es kamen sechs Interviews in Berlin, Hamburg, Baden-Württemberg, Niedersachsen und Nordrhein-Westfalen durch Schlüsselpersonen zustande. Weitere fünf Interviews wurden durch Zeitungsanzeigen im Stellenmarkt lokaler Werbeblätter in Niedersachsen gewonnen.

Die Datenerhebung, -auswertung und Theoriearbeit erfolgte in dieser Arbeit parallel. Deshalb sind, anders als es aus Gründen einer allgemeinverständlichen Darstellung hier erscheint, die Kriterien der Methoden- und Datenwahl aus dem Untersuchungsprozess heraus gesteuert und nicht vorab festgelegt worden.[24]

Dies heißt auch, dass es keine gesonderte, einmalige Feldphase gab, in der alle Interviews en Block geführt wurden, sondern immer wiederkehrende und damit den gesamten Untersuchungsprozess begleitende Feldphasen. So erstreckt sich der Zeitraum der Datenerhebung (und eben gleichzeitig der Auswertung und Theoriearbeit) von 2005 bis 2008: Der explorative Feldeinstieg fand im Sommer 2005 statt. Weitere, auf die bis dahin entwickelten Erkenntnisse zugeschnittene Erhebungen folgten im Herbst 2007 und die letzten Interviews sind von März bis Juni 2008 geführt worden. Insgesamt beträgt die *Anzahl der Interviews* elf. Zu kontrastiven Zwecken befinden sich darunter zwei Interviews mit unbefristet und hoch vergüteten Beschäftigten mit Hochschulabschluss, und eines mit einer Studentin auf dem zweiten Bildungsweg – d. h. mit Personen in prekären Erwerbslagen, wie sie hier definiert worden sind (s. Kap. 2.1), liegen acht Interviews vor.

---

22 Auf die Handzettel, die von den Einrichtungen zur Gewinnung von Interviewpartner/-innen ausgelegt wurden, gab es keine Rückmeldungen.

23 Abgesehen von Schwierigkeiten, die sich hier in Bezug auf den Datenschutz auftun würden, wirken sich (zumal lebensgeschichtliche) Befragungen mit persönlich bekannten oder gar verpflichteten Personen weder sachdienlich auf die Untersuchung noch auf die betreffende persönliche Beziehung aus.

24 Selbst der Gegenstand der Arbeit wurde im Lauf der Untersuchung verändert. Das, was im ersten Teil der Arbeit behandelt worden ist, ist deshalb eigentlich keine Vorarbeit zur empirischen Analyse, sondern bereits das Ergebnis einer solchen. Die biographische Dimension prekärer Erwerbslagen ist in der hier angestrengten Untersuchung zuerst von den Befragten zum – federführenden – Thema gemacht worden. Gegenstand und Methoden wurden dem angepasst. Dieser zyklisch-iterative Prozess ist in begrenztem Rahmen jedoch kaum nachvollziehbar darzustellen und wurde hier in eine Struktur gebracht, an die das Publikum gewöhnt ist.

5.3 Erhebung

Wenn, wie im dritten Kapitel herausgearbeitet (3.2), die Einzelnen Veränderungen und Widersprüche vor allem über Geschichten und nicht einen
sozialen Status bearbeiten, kann das Gefüge der Unsicherheit in der Zone der
Prekarität und die Frage nach ihrer subjektiven Bearbeitung am ehesten am
Material einer Geschichte erschlossen werden. Wie im dritten Kapitel beschrieben, ist die biographische Arbeit das Terrain, in dem sich der Einzelne seiner
selbst und der Welt versichert. Entsprechend dem Umstand, dass sich, so wurde
in Bezug auf Mead erwähnt, der Einzelne nur als Objekt betrachten und diesem
Objekt in Geschichten begegnen kann, vollzieht sich biographische Arbeit (wie
jede Wirklichkeits-Versicherung, vgl. Berger/Luckmann 2004: 163 ff.) in Interaktionsgeschichten. Dies kann forschungstechnisch genutzt werden:
    Die Biographieforschung arbeitet bevorzugt mit der narrativen Methode.
Dies geht zum einen auf das Verständnis von Biographie als Dialog mit sowohl
einem empirischen als auch dem generalisierten Anderen zurück. Das schließt
zum anderen die Annahme ein, dass die Ordnungsprinzipien bei der Erzählung,
analog zu denen des Erlebens, in sozialen Kooperationen geübt worden bzw. entstanden und deshalb intersubjektiv nachvollziehbar sind (vgl. Schütze
1984: 79 f.). Lebensgeschichtliche Erzählungen gelten deshalb, auch und gerade,
wenn die mehrfach formulierte Kritik zu ihrem Realitätsgehalt mitgedacht wird
(vgl. z. B. Bude 1985; Bourdieu 1990; Corsten 1994), als gewissermaßen 'reins-
tes' und umfangreichstes Zeugnis von Wirklichkeit: Anders als über interpretative Protokolle und dem Miteinander-Sprechen sind Erlebnisse für die
Sozialforschung nicht erfassbar (vgl. Nassehi 1992; Oevermann 1986: 47 ff.,
1993: 131) und die narrative Methode, mit der sich die Biographieforschung die
Verfahren der Wirklichkeitskonstruktion zu eigen macht, das – in einem zeitlich
und kapazitär begrenzten Untersuchungsrahmen wie den einer Dissertation –
effektivste Verfahren, subjektiv erlebte Zusammenhänge und Erfahrungsauf-
schichtungen zu erforschen.
    Es wurden also *narrative Interviews* geführt (vgl. Schütze 1983). Im ex-
ternen (nach der biographischen Erzählung und den hierauf abzielenden Nach-
fragen erfolgenden) Teil wurden außerdem Fragen gestellt, mit denen der Zugriff
auf den Alltag und den Umgang mit Prekarität auf dieser Ebene eruiert werden
sollte. Nach Beendigung des Interviews wurden gesondert soziodemographische
Daten wie Alter, Schulabschluss, Ausbildung, Beruf der Eltern, Einkommen
usw. erfragt sowie ein tabellarischer Lebenslauf erhoben.[25]

---

25 Üblicherweise werden die 'objektiven' lebensgeschichtlichen Daten aus der Erzählung heraus-
    gefiltert und nicht gesondert erhoben. Gegen das gesonderte Erheben der objektiven Daten,
    sofern es nach der biographischen Narration erfolgt – spricht m. E. jedoch nichts. Im Gegenteil

Alle Interviews fanden in den Wohnungen der Befragten statt, dauerten im Schnitt zweieinhalb Stunden, sind intensiv vor- und nachbereitet,[26] auf Tonband aufgezeichnet und vollständig transkribiert worden.

5.4 Auswertung

Einzelfallanalyse
Die Gestalt einer biographischen Perspektive, ihre Konstitution und Veränderung lassen sich erschließen, wenn die Analyse der Sequenzialität der Daten folgt, die die Befragten selbst produzieren (vgl. Schütze 1976a, 1983). Ein Aufbrechen und Neu-Ordnen der Daten, wie es – früher oder später – sowohl in der Qualitativen Inhaltsanalyse (vgl. Mayring 1989, 2000, 2008) als auch im Textauswertungsverfahren der Grounded Theory (vgl. Corbin/Strauss 1990) vorgesehen ist, ist nicht zielführend, wenn biographische Prozesse rekonstruiert und die Wege ergründet werden wollen, die eine biographische Verarbeitung prekärer Erwerbslagen bei den Einzelnen nimmt. Das bedeutet, dass die Daten nicht aufgebrochen und durch Kodes oder Kategorien neu geordnet werden, sondern die sequentielle Ordnung des Textes beibehalten und rekonstruiert wird. Denn wie erwähnt wird bei lebensgeschichtlichen Erzählungen davon ausgegangen, dass die Struktur der Erzählung, was die thematischen, zeitlichen und die Abfolgen und Wahlen der Textsorten angeht, nicht nach Belieben generiert wird.

Vor diesem Hintergrund wurde ein sequenzanalytisches Auswertungsverfahren gewählt, das die objektiv-hermeneutische (Oevermann et al. 1979, 1980: 29 ff.) mit der erzählanalytischen (Schütze 1983, 1976a, 1976b) und einer thematischen Analyse kombiniert, wie es als integratives Verfahren von Wolfram Fischer-Rosenthal und Gabriele Rosenthal vorgeschlagen wird (vgl. Rosenthal 1987, 1995; Fischer-Rosenthal 1996). Dieses Verfahren gewährleistet den Blick auf zeitliche und thematische Zusammenhänge und die vom Biogra-

---

kommt sie dem später zu beschreibenden Analyseverfahren entgegen und birgt dabei den Vorteil, unter Umständen auch lebensgeschichtliche Daten notiert zu haben, die der Interviewpartner in seiner Erzählung nicht benennt und so der *case history* (vgl. Rosenthal 2005: 48 ff.) näher zu sein. Vor allem die chronologische Datenabfolge ist hierüber einfacher zu erfassen, da lebensgeschichtliche Erzählungen zuweilen ohne Jahres- und Monatsangaben auskommen.

26 Dies meint die ,Betreuung' der Interviewpartner/-innen: Die Vorstellung des Interview-Ablaufs, das Einholen des Einverständnisses für die Tonband-Aufzeichnung, Informationen zur Verwendung der Daten (z. B. Veröffentlichung, Vorträge), die Zusicherung der Einhaltung der Persönlichkeitsrechte und des Datenschutzes sowie Informationen zur Studie, den Untersuchungsprozess und die Erkenntnisinteressen. Nach den Interviews erhielten alle Befragten die transkribierten Interviews und wurden über Fortgang und Abschluss der Studie in Kenntnis gesetzt.

phieträger gewählten Textsorten. Durch diese unterschiedlichen Perspektiven vollziehen sich darüber hinaus diverse, jedes Mal sequentiell vorgehende analytische Textdurchläufe, in denen die während der Arbeit am Text generierten Thesen und Strukturbilder einer wiederholten Überprüfung unterliegen – sie müssen sich an mehreren Durchgängen durch den Text und dabei auf den unterschiedlichen Ebenen (der zeitlichen und thematischen Verknüpfungen sowie der Textsorten) bewähren. Das Verfahren erhöht damit die Validität der zu den jeweiligen Fällen getroffenen Aussagen im Vergleich zur einzelnen Verwendung hier integrierter Methoden.

Jeweils fünf analytische Durchgänge wurden an den Interviews vollzogen.

Abbildung 7:   Schritte der Einzelfallanalyse

1. Sequentielle Analyse der objektiven biographischen Daten
2. Sequentielle Textsorten- und Themen-Analyse
3. Rekonstruktion der erlebten Lebensgeschichte
4. Sequentielle Feinanalyse
5. Kontrastierung der erlebten mit der erzählten Lebensgeschichte

(vgl. Rosenthal 1987, 1995, 1995: 215 ff.; Fischer-Rosenthal 1996)

Die Auswertung ist also geprägt von einer auf verschiedenen Ebenen angewendeten objektiv-hermeneutischen Sequenzanalyse. Das wiederkehrende und damit den ganzen Analyseprozess bestimmende Prinzip ist das Entwerfen und Verwerfen von Bedeutungs- und Anschlussmöglichkeiten: Es werden sequentiell (unabhängig vom weiteren tatsächlichen Verlauf) möglichst viele und möglichst kontrastierende Geschichten entwickelt, die konsistent zu einem Datum, einer Textsorte, der Art der Themendarstellung und einer Äußerung passen. Dann werden aus den Lesarten Anschlussmöglichkeiten abgeleitet und in Konfrontation mit dem jeweils tatsächlichen Kontext (tatsächliches Handlungsproblem, tatsächliche Wahl) getestet.

Unter der Bedingung, dass sich Strukturhypothesen, die entlang der Schritte entwickelt, mitgenommen und ex post nach jedem weiteren Schritt aktualisiert (verworfen oder modifiziert) werden, bis zum Schluss bewähren – sich also keine widersprechenden Textstellen finden lassen und sich die angenommene

Systematik auf den verschiedenen Ebenen und in unterschiedlichen Kontexten reproduziert – kann sukzessive die Fallstruktur erschlossen werden.[27] [28]

Acht Interviews und damit alle in die Untersuchungsgruppe fallenden Fälle wurden nach dem beschriebenen Vorgehen analysiert. Die o. g. drei Interviews, die mit hoch vergüteten und unbefristet Beschäftigten sowie einer Studentin geführt worden sind, wurden zu Beginn der Untersuchung global hinsichtlich ihrer biographischen Daten und ihrer thematischen und zeitlichen Anordnung analysiert (vgl. Rosenthal 2008: 92 ff.). Dies geschah, um die Untersuchungsgruppe entlang der Problemstellung einer biographischen Bearbeitung prekärer Erwerbslagen fundiert ein- und abgrenzen zu können.[29]

Abschließend wurden die Einzelfallrekonstruktionen zu Typen verdichtet und abstrahiert.

---

27 In Bezug auf das Erschließen dieser Struktur gibt es immer wieder Missverständnisse: Häufig werden sie als aus der Psychoanalyse bekannte unterbewusste bzw. verdrängte Motive oder aufzudeckende Geheimnisse verstanden (vgl. Wohlrab-Sahr 1999: 49). Die Differenz zwischen der expliziten und latenten Ebene ist hier jedoch nicht die einer psychoanalytisch zu fassenden Unbewusstheit (vgl. Oevermann 1993: 147 f.). Vielmehr wird auf den Umstand abgezielt, dass eine Handlung mehr Sinn enthält und produziert als der Handelnde (im Handlungsprozess) vergegenwärtigen kann und also intentional präsent hat (Bedeutungsüberschuss). Den subjektiv gemeinten Sinn versteht die Objektive Hermeneutik daher als „Derivat von regelerzeugten Sinnstrukturen" (Oevermann 1993: 115). Es handelt sich um latente, sozial gültige Regeln der Bedeutungs- und Kohärenzgenerierung, die der Einzelne routiniert befolgt (vgl. Oevermann 1993: 148). An anderer Stelle (Kap. 3.2) wurde bereits benannt, dass die Wahrnehmung einer Abfolge von Erfahrungen und ihre Verknüpfung zu einer Einheit auf Sozialität zurückgehen (vgl. Mead 1987a: 339; vgl. Dilthey 1968: 194; Schütz/Luckmann 1975: 33). Individuelles Handeln beinhaltet „schon vorausgesetzte, auf individuelle Handlungen nicht reduzierbare Sozialität" (Joas 1992: 278). Implizit oder verborgen ist diese insofern, als dass, wie Heinz Bude formuliert, es eine Deckung von Sinn und Intention in der Handlungssituation nicht geben kann. „Es sei denn, der Handelnde handelt nicht mehr" (Bude 1984: 11). Gleichwohl verwendet Oevermann Theoreme aus der Psychoanalyse (vgl. z. B. Oevermann et al. 1976: 379 f.; Leber/Oevermann 1994) und nach Logik der Objektiven Hermeneutik ist auch das psychoanalytisch gefasste Unbewusste anders als über materiale Ausdrucksgestalten (Symptomhandlungen) nicht greifbar und mit der Objektiven Hermeneutik rekonstruierbar – sie sind als latente Sinnstrukturen zu verstehen (vgl. Oevermann 1993: 147 ff.). Unterbewusstes ist demnach latente Sinnstruktur, latente Sinnstruktur jedoch nicht (immer) das Unterbewusste.

28 Im Anhang wird das Verfahren der Einzelfallkonstruktionen an einem Beispiel illustriert. Um den Rahmen der Arbeit nicht zu sprengen – bereits einer der Auswertungsschritte produziert Auswertungsdokumentationen und -memos im Umfang von 20-30 Seiten – wird allerdings nur ein Ausschnitt der Analyse eines Falles aus der vorliegenden Untersuchung gezeigt.

29 Vgl. hierzu Abschnitt 5.2 und die Fußnote 24.

Typen- und Theoriebildung
Geht es bei den Einzelfallanalysen um die Explikation der jeweiligen Fallstruktur und stehen sie für einzelne Logiken, zielt die Konstruktion eines Typus
auf ein abstraktes Modell, in dem mehrere Fälle aufgehen, weil sie „trotz ihrer
unterschiedlichen Ausprägung einer gemeinsamen Logik folgen" (vgl. Wohlrab-
Sahr 1994: 274).

Die Konstruktion der Typen geschieht durch internes und externes Vergleichen: Zum einen werden Erscheinungen in einem Fall miteinander verglichen und auf diese Weise organisiert. Dabei werden die den Fall tragenden
Momente von solchen abgesondert, die variieren können, ohne dass sich die
Grundstruktur des Falles ändert (vgl. Lewin 1967: 25 f.). Diese Grundstruktur ist
der Maßstab, mit dem dann zum zweiten ähnliche und verschiedene Fälle miteinander verglichen werden (externer minimaler und maximaler Vergleich).
Damit werden die Parameter überprüft, was zur gegenseitigen Abgrenzung verschiedener Typen führt (vgl. Wohlrab-Sahr 1994: 273 ff.).

Ein Typus ist ein heuristisches Instrument, um einen Wirklichkeitsaus-
schnitt zu erklären und weitere Thesen abzuleiten. Er steht für das Schließen von
einem konkreten Fall auf alle gleichartigen Fälle, einen „Übergang von diesem
hier und jetzt vorliegenden Fall zu ‚einem solchen Fall'" (Lewin 1967: 18),
womit nicht auf die Gesamtmenge geschlossen wird. So werden hier keine Be-
stimmungen nach Häufigkeit oder äußeren Elementen vorgenommen, stattdessen
führen die Grundstrukturen zur Bestimmung von Typen.

Der Anspruch, sich vollständig von den analysierten Fällen zu entfernen
(Idealtypus), ist sehr hoch. Deshalb werden, wie in den meisten empirischen
Untersuchungen, Realtypen produziert. Sie sind anhand des erhobenen Daten-
materials in realen Fällen feststellbar und nicht, wie beim Idealtypus gedacht,
rein gedankliche Konstrukte. Anders als über die theoretische Auslegung
unterschiedlicher Möglichkeiten, und damit immer auch unterschiedlicher Fälle,
ist eine Einzelfallrekonstruktion zwar nicht möglich.

> „Bei jeder konkreten Fallrekonstruktion wird nicht nur der im sequenzanalysierten
> Protokoll verkörperte manifeste Fall zur Explikation gebracht, sondern es werden
> darüber hinaus andere, weitere Fälle bestimmt, die dieser Fall seinen objektiven
> Möglichkeiten nach in seiner weiteren historischen, kulturellen und sozialen
> Umgebung, seinem Milieu, prinzipiell hätte werden können, aber nicht geworden ist
> (...) so daß man mit *einer* Fallrekonstruktion immer schon mehrere Fälle kennt und
> nach kurzer Zeit in der fallrekonstruierenden Untersuchung einer Fallreihe zu einem
> bestimmten Untersuchungsthema sich alle weiteren Fälle als ‚deja vues' erweisen."
> (Oevermann 2002: 14-15, Herv. i. O.)

Demnach braucht es zur Bestimmung von Typen im Grunde nur eines konkreten (empirischen) Falles, entlang dessen weitere entworfen werden können.

Trotzdem wird in der vorliegenden Untersuchung ein Vergleich mehrerer Fälle zwischengeschaltet. Dies geschieht, ebenso wie bereits die Erhebung von mehr als einem Fall, nicht entlang einer quantifizierenden Logik.[30] Doch können über den Vergleich mehrerer konkreter Fälle rekonstruierte Prozesse leichter voneinander abgegrenzt und in ihrer konkreten Variation überprüft und ggf. modifiziert werden. Der Vergleich ist damit als heuristischer Schritt zu verstehen, der die analytisch hoch angesetzte rein gedankliche Konstruktion ersetzen und die Loslösung von den Einzelfällen vereinfachen soll. Gleichwohl handelt es sich dabei um „*konstruktivistische* Realtypen" (Fischer-Rosenthal/Rosenthal 1997: 156, Herv. DS), um Konstruktionen zweiter Ordnung, die sich an der Fragestellung vorliegender Untersuchung und den hierdurch aufgespannten Rahmen orientieren (vgl. ebd.; Schütz 1971: 68, 1974: 266 f.).

Schließlich sind es die Typen als eine auf den rekonstruktiven Analysen basierende Modellbildung, entlang derer dann allgemeine theoretische Aussagen getroffen werden sollen. Gemäß der Forschungslogik der empirisch fundierten Theoriebildung – Grounded Theory – werden theoretische Gebilde während des gesamten Forschungsprozesses (Parallelität von Datenerhebung, -auswertung und Theoriearbeit) heuristisch und konzeptionell verwendet.

> „Hat man erst einmal mit der Arbeit begonnen, entwickelt sich die theoretische Sensibilität kontinuierlich fort. Sie verfeinert sich immer weiter, solange der Soziologe in theoretischen Termini auf seine Kenntnisse reflektiert und möglichst viele verschiedene Theorien darauf hin befragt, wie sie mit ihrem Material verfahren und konzipiert sind, welche Positionen sie beziehen und welche Art von Modell sie gebrauchen." (Glaser/Strauss 1998: 54)

Dabei wird auf die Auswahl und Ausarbeitung eines theoretischen Konzepts hingearbeitet, das plausibel und funktionsfähig zur Erklärung des in den Blick genommenen Wirklichkeitsausschnittes ist (vgl. Corbin/Strauss 1994: 278) und ein analytisches Instrument liefert, um ihn weiterhin untersuchen und ausbuchstabieren zu können.

Mit dem Fallvergleich und der Bildung von Typen wird das Ziel verfolgt, über die reine Beschreibung gefundener Ausformungen, wofür Einzelfallbeschreibungen stehen können, zu einer theoretisch möglichen Erklärung zu gelangen.

---

30 Dies gäbe die Größe des Samples ja in der Tat nicht her bzw. müsste begründet werden, warum nun, trotz anders lautendem Erkenntnisziel, ‚gezählt' wird. Eine solche – unkommentierte – Quantifizierung wird jedoch in vielen qualitativen Studien vorgenommen.

6 Die biographische Wirkung und Bearbeitung prekärer Arbeit: Befunde

Wie im vorherigen Kapitel beschrieben, wurden zunächst Einzelfälle analysiert, deren Rekonstruktionen noch eben diesen verhaftet waren. Zwar handelt es sich bei Fallrekonstruktionen bereits um ein höheres analytisches Maß als es zum Beispiel eine Paraphrasierung von Interview-Texten darstellt. Gleichwohl befinden sich rekonstruierte Fälle gewissermaßen auf einer deskriptiven Ebene. Um zu einer theoretisch verallgemeinernden und von der beschreibenden zur erklärenden Ebene zu gelangen, wurden die Einzelfälle zueinander in minimalen und maximalen Kontrast gestellt, um Gemeinsamkeiten und Unterschiede in den Grundstrukturen herausarbeiten zu können.

Im Ergebnis konnten verschiedene Muster an biographischen Wirkungs- und Bearbeitungsweisen prekärer Erwerbslagen in ihrer inneren Logik nachgezeichnet werden. Diese Muster werden nun vorgestellt. Vorab ist Folgendes anzumerken:

Erstens handelt es sich bei den vorzustellenden Modellen nicht um personale Typen, sondern um von den Einzelfällen abstrahierte Prozesse, welche die biographische Deutung und Bearbeitung prekärer Erwerbslagen abbilden sollen. Zur Konkretisierung der Muster werde ich diesen aber personale Einzel- als Referenzfälle und somit auch die deskriptive Ebene wieder zur Seite stellen. In ihrer Funktion können sie als Illustration und insofern als Leseangebot betrachtet werden. Ebenso soll damit ausschnittweise die Basis transparent gemacht werden, auf der abstrahiert und verallgemeinert wurde.[31]

Zweitens werden bei der Vorstellung der unterschiedlichen Modelle der biographischen Wirkung und Bearbeitung prekärer Erwerbslagen objektive Daten hinzugezogen und benannt. Dies kann den Eindruck erwecken, es wären, anders als in Kap. 5 dargelegt, Fälle nach ihren äußeren Merkmalen und ihrem manifest greifbaren Gehalt sortiert. Deshalb soll hier noch einmal betont werden, dass die über den Fallvergleich vorgenommene Herausarbeitung der Muster über die

---

31 Bei den Referenzfällen handelt es sich um die jeweilige Gesamtinterpretation. Diese stellt am Ende einer Einzelfallrekonstruktion so etwas wie ein Dossier über einen Fall dar, sie enthält die am Textmaterial entwickelten und entlang der Fragestellung kondensierten Erkenntnisse über einen Fall.

innere Logik und *nicht* über objektive Daten erfolgte, sondern diese ex post bzw. ‚unterwegs' als Kontextwissen hinzugezogen und nach ihrer Erklärungskraft befragt wurden. Sofern bereits bei Einzelfallrekonstruktionen dieses Wissen – besonders deutlich im Schritt der sequentiellen Analyse der objektiven biographischen Daten – eine erhebliche Rolle spielt und sofern es insgesamt um das Verstehen von Einzelnen in ihrer Auseinandersetzung mit objektiven Sachlagen geht (vgl. Kohli 1978: 24; vgl. Fischer/Kohli 1987: 31), sind die objektiven Gegebenheiten nicht von den Deutungs- und Handlungsmustern der Einzelnen zu isolieren. Die biographische Dimension prekärer Arbeit wurde hier auch deshalb zum Fokus der Untersuchung, weil die Biographie eine Instanz der sich wechselseitig konstituierenden Vermittlung zwischen Individuum und Struktur ist. Vor diesem Hintergrund wäre zur Frage der biographischen Wirkung und Bearbeitung prekärer Erwerbslagen und den hierzu aufgeworfenen zentralen Fragen mindestens irritierend, wenn man den Kreis zum Kontext der Erwerbslage nicht am Ende wieder schließen und damit die Wechselwirkungen zwischen den ‚äußeren' Bedingungen und den subjektiven Wirkungs- und Bearbeitungsmodi außen vor lassen würde.

Die Parameter, die auf in 5.4 (*Typen- und Theoriebildung*) beschriebene Weise zur gegenseitigen Abgrenzung verschiedener Typen geführt haben, sind damit schließlich folgende:

- Kontext: objektive biographische Daten
- Allgemeine Bedingungen: Strukturelle, kulturelle (gesellschaftliche) Faktoren
- Struktur und Funktion biographischer Arbeit: Die Reichweite und ‚Leistungsfähigkeit' biographischer Arbeit
- Relevanz normalbiographischer Schemata
- Konkrete Deutung und Bearbeitung der Erwerbslage: theoretische und handlungsschematische Schlussfolgerungen

6.1 Typ I: Der schwierige Abschied von der Normalbiographie

Der erste Typus beschreibt den Prozess der biographischen Wirkung und Verarbeitung prekärer Erwerbslagen, wie er sich bei Erwachsenen jungen und mittleren Alters (bis zum 50. Lebensjahr) vollziehen kann, die einen Hauptschulabschluss, höchstens die mittlere Reife sowie eine Berufsausbildung abgeschlossen haben. Nach langen Phasen der Arbeitslosigkeit sind sie als Zeitarbeiter/-in oder Mini-Jobber/-in beschäftigt bzw. wechseln sie zwischen kurzen Beschäftigungs- und ebenso kurzen Arbeitslosigkeitsphasen.

Prekäre Erwerbslagen halten Einzelne in diesem Muster besonders deutlich dazu an, sich explizit ihrer Lebensgeschichte zuzuwenden. Nichts ist hier deutlicherer Bestandteil des gegenwärtigen Handelns als die biographische Perspektive und die Entwicklung sowie Verfolgung eines bestimmten Lebensentwurfes. Als ausgesprochene ‚Virtuosen' der biographischen Selbstthematisierung und der biographischen Beobachtung ihrer selbst und anderer stellen sie grundsätzlich Kontinuität innerhalb ihrer Lebensgeschichte her. Im Strang ihrer Erwerbsbiographie bleibt es jedoch bei einer *unabgeschlossenen* biographischen Aufmerksamkeit, Auslegung, Bilanzierung und bei Bewältigungsmechanismen, die lediglich als Ad-Hoc-Strategien verstanden werden können: Sie werden angewendet, um Schlimmeres – etwa das Wirksamwerden einer Verlaufskurve – zu vermeiden. Die biographische Aufmerksamkeit wird deshalb auf einem gewissen Niveau gehalten, also weder verkleinert (erledigt) noch vergrößert. Dabei wird die Normalbiographie, in ihrem konkreten Gebrauch ins Stocken geraten, in ihren grundlegenden Bedeutungen geradewegs belebt und auf den Punkt gebracht.

In den Interviews wird sich mit unverkennbarer Spontaneität, Selbstverständlich- und Nachdrücklichkeit im lebensgeschichtlichen Rahmen bewegt – gerade so, als wäre (von dem Interview) nichts anderes erwartet worden und als wäre die biographische Perspektive die konkurrenzlos naheliegend einzunehmende.[32] Es sind Situationen ‚bei der Arbeit' (am Fließband ebenso wie in Pausen beim Gespräch mit Kolleg/-innen), die dauerhaft betriebene Bewerbungstätigkeit, die Begrenztheit materieller und kultureller Ressourcen, ökonomische und sozialpolitische Begebenheiten (Arbeitslosenzahlen, Reform der Sozialversicherung etc.), die mit autobiographischer Bedeutung aufgeladen bzw. in ihrer biographischen Symbolik erkannt und thematisiert werden.

Daher werden auch Fragen nach dem Alltag entweder im biographischen Zeitindex beantwortet oder sie werden früher oder später in diesen eingebettet, wobei das Maß und die Struktur der alltäglichen, da alltagsrelevanten biographischen Selbstthematisierung überschritten wird: Die Bezüge, die vom Alltag aus in den biographischen Rahmen gezogen werden, sind keine Rekurse. Sie stellen keine Rückgriffe auf die lebenszeitliche Perspektive dar, um von da aus wieder auf den Alltag zurück (zu sprechen) zu kommen und/oder etwas im unmittelbaren Alltag zu Bewältigendes begreifbar zu machen oder zu begründen. Die lebenszeitliche Perspektive ist zwar etwas, aus der – vergangenheitsbezogen – Erklärungen und Anspruchsbegründen eruiert werden. Die Ansprüche und das

---

32 Dies ist – trotz des Erhebungsinstruments immerhin biographischer Interviews – deshalb bemerkenswert, weil Befragte erfahrungsgemäß über das Interesse an ihrer Autobiographie erstaunt sind und sich dies auf den Beginn, die Länge und den Fluss der Eingangserzählung, manchmal auch des gesamten Interviews auswirkt.

zu Erklärende sind aber wiederum auf die lebenszeitliche Perspektive bezogen. Ein (aus der Sicht der Befragten und gerade nicht dem an dieser Stelle intendierten Impuls der Interviewerin folgend) ,Wieder auf das eigentliche Thema zurückkommen' ist deshalb das, was bei den alltagsbezogenen Fragen im externen Nachfrageteil geschieht. Der Lebenslauf und die lebenszeitliche Perspektive ist etwas, was prekär Beschäftigte des ersten Typus andauernd beschäftigt und auf das sie bei jeder Gelegenheit zurückkommen.

Die permanente und leicht zu stimulierende biographische Selbstthematisierung bezeichnet hier eine ständige Beschäftigung mit der Frage, wie es weitergeht und ein Festhalten und Warten auf eine Festanstellung, auf die sich (als Ziel) die alltagspraktischen Handlungen ausrichten. Dabei handelt es sich nicht um ein naives Versunkensein, romantisches Phantasieren oder einen geschönten, verschleiernden Zugriff auf die eigene Zukunft. Denn zum einen gibt es eine durchaus realistische Einschätzung der eigenen Möglichkeiten.[33] Die aufmerksame Beobachtung des eigenen und anderer Lebensläufe dient ja gerade u. a. dem Ermessen der eigenen Zukunft. Zum anderen gibt es keine Erwartungssicherheit, sondern eine hohe Aktivität, um zu einer solchen zu gelangen: Handlungsschematisch ist alles darauf gerichtet, in dauerhafte Beschäftigung zu kommen, „dabei" zu bleiben, „rein" oder „zurück" zu kommen. Hierfür kann ein unhinterfragtes Ausführen der Maßnahmen seitens der Arbeitsagentur stehen, ein „Reinhauen" bei der Akkord-Arbeit am Fließband, Gespräche und Kontakte zu Vorgesetzten in Einsatzbetrieben. Ebenso gehört hierzu die Regelung anderer (privater) Lebensbereiche, die in bestimmter Ausgestaltung das Dabei-Bleiben sichern, unterstützen oder symbolisch dafür stehen: Eine Disziplinierung in Bezug auf das private Haushalten, die Familie, in Bezug auf den Alkoholkonsum und das private Umfeld sowie das Aufrechterhalten ,normaler' Freizeitaktivitäten wie z. B. Vereinsarbeit.

Mit einer erfolgreichen Bewältigung kann die biographische Aufmerksamkeit in diesem Typus jedoch nicht gleichgesetzt werden. Zwar führt die andauernd betriebene biographische Arbeit erkennbar dazu, dass die Haltung zur eigenen Lebensgeschichte und zur offenen Zukunft nicht kippt und eine negative Verlaufskurve nicht einrastet – die Funktion der Selbstvergewisserung durch biographische Thematisierung (vgl. Kap. 3.2). Doch kann hierüber die biographische Aufmerksamkeit nur zu einem Teil erklärt werden. Insgesamt bleibt sie auf veralltäglichtem Niveau und wird zwar – durch die Selbstvergewisserung –

---

33 Als „realistisch" beschreiben auch Dörre et al. eine bestimmte Gruppe prekär Beschäftigter (Dörre et al. 2006: 55, s. Abb. 4) und in einer Studie über sog. Ein-Euro-Jobber/-innen wird ebenfalls hervorgehoben, dass sich selbige durch eine realistische Einschätzung ihrer Chancen auf dem Arbeitsmarkt kennzeichnen lassen (vgl. Wiedemeyer/Diemer 2007; Wiedemeyer 2009).

nicht in Erleiden und dem Strom einer Fallkurve, aber auch nicht soweit aufgelöst, dass man die problematische Situation gelöst oder erst einmal ‚beiseitegeschoben' hätte. Denn die Selbstvergewisserung bearbeitet das Problem des Kippens der biographischen Haltung, bewahrt vor Schlimmerem (Panik und dadurch Gefährdung der Alltagsroutine, kompletter sozialer Abstieg durch ‚Hängenlassen', Verlust des Selbstbewusstseins usw.). Die veralltäglichte lebenszeitliche Perspektive hingegen beschäftigt sich mit dem Problem nicht mehr greifender institutioneller Kontinuitätsmuster im Lebenslauf, das zwar die wahrgenommene Gefahr eines Kippens beinhaltet, aber nicht vollständig darin aufgeht – also nicht gelöst oder zumindest „erst einmal" erledigt oder dessen Lösung verschoben wird, wenn die Verlaufskurve nicht einrastet. Anders gesagt: die prekäre Erwerbslage hat ein den Betroffenen nicht verborgenes Verlaufskurven*potential*, das zu bearbeiten sie in der Lage sind, das Hauptthema und Motiv ihrer biographischen Thematisierung ist hiermit aber nicht vollständig erfasst, folglich bleibt die biographische Thematisierung erhalten. Dementsprechend finden auch im textstrukturellen Sinn keine Abschlüsse der expliziten Beschäftigung mit der Lebensgeschichte oder Auflösungen des Spannungsbogens statt.

Mit der biographischen Thematisierung kann hier also nur graduelle Stabilität hergestellt und Verlaufskurvenpotential kontrolliert werden. Allerdings stehen die biographische Thematisierung und die Kontrolle des Verlaufskurvenpotentials unter einem Ultimatum. Dieses besagt, dass man auf unbestimmte Dauer die Deutungen und Handlungen zur Kontrolle des Verlaufskurvenpotentials nicht aufrecht erhalten kann/will. Eine Zurückweisung des Biographizitäts-Codes, der zur subjektiv ordnenden und planenden Kontrolle über sich selbst verpflichtet (vgl. Kohli 1994), wird angedroht. Das Fehlen der kontinuierlichen Erwerbsphase im Erwachsenenalter wird verknüpft mit

- dem Aufgeben jeglichen Sich-Kümmerns um biographische Perspektiven,
- „vom Leben nichts haben" und
- einem kompletten Ausstieg im Sinne einer Exklusion.

Dementsprechend wird die fortdauernde Sicherung des Lebens als Grundlage für Biographizität von den Befragten in genau dieser Funktion angerufen. Sie bekennen sich unhinterfragt zur kontinuierlichen Erwerbsphase im Erwachsenenalter „bis zur Rente" und weisen, sollte diese weiterhin nicht eintreffen, die Anregung und Verpflichtung zu einer biographischen Selbstauffassung zurück – womit sie das Verschwinden der biographischen Perspektive mit dem Fernbleiben der Normalbiographie gleichsetzen und beides im ‚Draußen' der Gesellschaft verorten. Die Gefahr und die Anzeichen dafür, in dieses ‚Außerhalb' zu treiben, werden zielsicher erkannt und bearbeitet. Dies ist vor allem auch deshalb der Fall, weil dieser Ort nicht diffus ist, sondern, beruhend auf eigene Erfahrungen, konkret imaginiert wird: In der Regel stellt er den Ort da, von dem aus in prekäre Beschäftigung gelangt worden war.[34]

Dies erklärt auch, warum die biographische Perspektive nicht einfach verschwindet, sondern dieses Verschwinden selbst zum Thema gemacht wird und dabei in Widerstreit gerät mit dem, wofür Biographizität und Normalbiographie gemeinsam stehen: „Noch was vom Leben haben". Die Normalbiographie, entlang derer Lebenszeit strukturiert und bewertet wird, die als das Maß eines ‚guten' und runden Lebens und als gelungene soziale Integration gilt, ist hier nicht eine biographische Möglichkeit unter vielen, sondern *Leben*, das einzige, das man kennt. Vom Status einer solchermaßen definierten lebenszeitlichen Perspektive als *Leben überhaupt* kann selbige nicht einfach aufgegeben werden, obschon sie bedroht ist und ihre Aufrechterhaltung zur Disposition steht.

Referenzfall: Ernst Opp

Ernst Opp wird 1962 als das zweitälteste von vier Kindern in Niedersachsen geboren. Sein Vater ist gelernter Schlosser und arbeitet in der Montage, dies häufig im Ausland. Ernst Opp ist daher gemeinsam mit seiner Familie während seiner Kind- und Schulzeit häufig umgezogen, u. a. ins Ausland (Spanien, DDR). Die Mutter von Ernst Opp hat – höchstwahrscheinlich (EO ist sich hier nicht sicher) – keinen Beruf erlernt. Ob es in der Familie Aufstiegsaspirationen gab, lässt sich weniger aus den objektiven Daten als aus dem Interview entnehmen: EO sagt, seine Eltern wünschten für ihren Sohn, nach der Rückkehr von einem zweijährigen Aufenthalt in der DDR, den Besuch des Gymnasiums. Ernst Opp macht jedoch 1978 den Hauptschulabschluss, wird dann mehrfach, v. a. wg. Diebstahls und Fahrens ohne Führerschein inhaftiert, sodass die Jahre seit seinem Schulabschluss bis 1983 eine Kriminalitäts- und Inhaftierungsgeschichte darstellen.

Nach seiner Haftentlassung heiratet Ernst Opp und bekommt einen Sohn. Erst 1988, fünf Jahre nach seiner letzten Entlassung aus der Haft, beginnt Ernst Opp eine Ausbildung: wie sein Vater lernt er Schlosser/Metallbauer, geht danach für ein Jahr in den Montagebau und arbeitet für drei Jahre als Produktionshelfer in einem großen Automobilzulieferbetrieb. Während der Anstellung in

---

34   Wie im zweiten Kapitel bemerkt (2.1), kann es kein ‚Außerhalb' der Gesellschaft geben, die Vorstellung von der Existenz von etwas Asozialem mit diesem und ähnlichen Begriffen jedoch nahegelegt werden (vgl. Kronauer 2007: 2). An entsprechender Stelle wurde erklärt, dass es in der vorliegenden Arbeit um die Deutung gesellschaftlicher Teilhabe und v. a. die ihres Schwindens geht; es handelt sich also um analytisch verwendete Begriffe.

diesem Betrieb beschließen Ernst Opp und seine Frau, sich in der Gastronomie selbständig zu machen. Hierfür wird ihnen jedoch der Kredit verweigert, Ernst Opp verliert zudem seine Anstellung im Zulieferbetrieb und es kommt zur Trennung von Frau und Kind. Hieraufhin zieht Ernst Opp in eine andere Stadt, macht eine erneute Berufsausbildung als Elektroniker und ist danach neun Jahre lang arbeitslos, wobei er in dieser Zeit einmal für fast fünf Monate in einer Diskothek in der Türkei arbeitet. Insgesamt ist EO seit 1996 dreizehn Mal umgezogen, bis auf den Auslandsaufenthalt fanden diese Umzüge innerhalb des Landkreises statt.

2004 steigt er in den Direktvertrieb, wie ihn Firmen wie „Avon" oder „Hara" anbieten, ein und macht, finanziert durch ein Darlehen der Arbeitsagentur, den PKW-Führerschein. Fortan, von 2005 bis heute, arbeitet er permanent in kurzzeitigen (2-5 Monate) Arbeitsverhältnissen: Zunächst arbeitet er als Kurierfahrer. Zwar absolviert er in dieser Zeit einen Taxi-Fahrschein und anschließend eine zweimonatige Tätigkeit als Taxifahrer. Meist arbeitet er jedoch im Wechsel einerseits als Produktionshelfer über Zeitarbeit und andererseits als Kurier- oder Paketfahrer.

Ernst Opp ist aufgewachsen und lebt heute in einer Region, die als Industrie-Region bzgl. der Arbeitslosigkeit und anderen wirtschaftlichen Faktoren bereits seit den 1950er Jahren, spätestens ab den 1980er Jahren als strukturschwach gilt. Die Beschäftigungsquote geht (im Jahr 2008) in den Städten und Ortschaften der Region nicht über 40 Prozent hinaus, die Arbeitslosigkeit liegt in Niedersachsen bei 8 Prozent. Insbesondere Personen, die für Handwerk und das produzierende Gewerbe ausgebildet sind, verzeichnen eine hohe Arbeitslosigkeit und viele Zeitarbeitsfirmen haben sich in den letzten zehn Jahren in der Region angesiedelt.

Ernst Opp lebt heute, mit 46 Jahren, allein (geschieden), sein Sohn lebt bei der Mutter.

Ernst Opp beginnt seine lebensgeschichtliche Erzählung mit seiner Inhaftierungsgeschichte, die im Jugendalter stattfand und bezeichnet diese Geschichte als sein „Lebensdrama" (EO: 1: 29).[35] Anders als man hätte erwarten können, spaltet sich Ernst Opps biographische Gesamtsicht jedoch nicht in ein Leben in der Haft und ein Leben nach der Haft auf. Eine grundlegende Veränderung erfährt sein Blick auf die eigene Lebensgeschichte aufgrund eines anderen Ereignisses: dem Erwerb des Führerscheins und dem aus seiner Sicht dann erst losgegangenen Erwerbsverlauf, einhergehend mit einem Dilemma, wie im Folgenden deutlich werden wird.

---

35   Diese Quellenangaben bezeichnen die Befragten (EO), die Seite (1) und die Zeile (29) im Interviewtranskript.

Ernst Opp macht den Führerschein mit 43 Jahren, nachdem er neun Jahre lang arbeitslos war. Der Führerschein steht in Zusammenhang damit, dass Ernst Opp in den Direktvertrieb einsteigt („Avon"). Obgleich bzw. weil dies ursprünglich gerade aufgrund des fehlenden Führerscheins geschah –

> „Ja, das ist jetzt, ich bin im Direktvertrieb. Also, es gibt ja viele Direktvertriebsfirmen, da hab ich auch einige mir ausgesucht und äh, bevor ich den Führerschein gemacht habe, hab ich mir gedacht: Mensch, *irgend etwas* muss passieren, du hast keinen Führerschein, du hast kein Auto, also musst du irgendwas von zuhause machen." (EO: 23: 1017-1020)

– kann diese Selbständigkeit als Startschuss für eine Kette an Aktivitäten hinsichtlich der Erwerbslaufbahn verstanden werden, wovon sich dann der Führerschein als besonders wichtig erweist.

> „Naja und irgendwann hab ich dann gesagt: Mensch, irgendwas muss passieren! Ne? Ich hab mich dann nebenberuflich selbst ge-, äh selbständig gemacht, ich hab da Leute kennen gelernt, die mir ne Sache angeboten haben, wo ich heute sage, die ist unglaublich. Die kann wirklich jeder machen, man braucht kein Geld, man ist selbständig. Man kann alles machen und äh aufgrund dessen hab ich dann gesagt: Mensch, jetzt brauchste den Führerschein." (EO: 2: 88-93)

> „Ja gut. Und bis ich dann die Leute da kennen gelernt habe, mich nebenbei selbständig gemacht habe. Und dann hab ich gesagt, o.k., jetzt fängste mal langsam an, einen Führerschein zu machen, ne? Ja, und seit dem, wie gesagt, ne?" (EO: 8: 318-320)

Entlang dieser Selbständigkeit und des Führerscheins sortiert Ernst Opp seine Lebensgeschichte. Es ist ein Datum, an dem er alle anderen Ereignisse festmachen kann, auch im Sinne von ‚sich an ihre Zeitpunkte erinnern'. Von dort aus re-interpretiert Ernst Opp seine Vergangenheit, seine Gegenwart und seine Zukunft. Auch der von ihm selbst beschriebene, das äußerliche Erscheinungsbild einschließende Wandlungsprozess – „ich erkenn mich selbst nicht wieder" – fällt in die Zeit der Selbständigkeit und des Führerscheins (EO: 18: 791 ff.) und schließlich markiert er sein Leben vor dem Führerschein als „mein Leben vorher" (EO: 8: 321).

Der Führerschein verbleibt dann als das Thema, auf das er immer wieder zu sprechen kommt und das er mit dem Erwerbsverlauf und der aktuellen Erwerbslage verknüpft. Dies kann auf mehrere, an der Erzählung und an der Erzählstruktur festzumachende Funktionen bzw. Bedeutungen zurückgeführt werden, die der Führerschein und der Besitz des Autos für Ernst Opp einnehmen:

Ernst Opp begründet seine Langzeitarbeitslosigkeit damit, dass er keinen Führerschein hatte. Den Umstand, dass er „nie einen Führerschein gekriegt" hat, erklärt er wiederum mit seiner Inhaftierungsgeschichte (EO: 2: 79 ff.). Und während „ohne Führerschein selten was mit Arbeit war" (EO: 6: 257), hatte er nun, seit dem er den Führerschein hat, „auch plötzlich von heut auf morgen immer wieder Arbeit gekriegt. Ja, immer wieder" (EO: 3: 100 f., vgl. EO: 8: 326).

Mit Blick auf die objektiven biographischen Daten könnte man zwar sagen, dass Ernst Opp mit Führerschein niemals so lange in einer Firma beschäftigt war wie zu der Zeit ohne Führerschein – war er zuvor vier Jahre und davon drei Jahre lang bei einem Arbeitgeber beschäftigt, sind seine Arbeitsverhältnisse seit dem Führerschein selten über zwei Monate hinausgegangen. Es bildet aber die lange Zeit der Arbeitslosigkeit das „Leben vorher", aus dem er dank des Führerscheins „immer wieder" in Arbeit trat und mit dessen Fehlen er retrospektiv dann auch den Verlust der letzten längeren Anstellung begründet:

> „Wir sind dann nach L-Stadt gezogen, haben eine Kneipe gekauft, von da aus kam ich auch morgens nicht mehr zur Frühschicht. Also ganz eigenartigerweise Knotenbahnhof L-Stadt und Sie kommen nicht nach M-Stadt morgens, dass Sie morgens um sechs anfangen können zu arbeiten. Ging nicht, ne?" (EO: 7: 282-285)

Die nur kurzfristigen Beschäftigungsverhältnisse und das geringe Gehalt als Zeitarbeiter sind dann allerdings auch das, was Ernst Opps überaus positiv bewertete Entscheidung, sich Führerschein und Auto zuzulegen, konterkariert, womit ich zur unmittelbaren Gegenwartsperspektive auf seine Erwerbslage komme.

> „Aber schließlich und endlich hab ich ihn [den Führerschein] gehabt und dann hab ich auch plötzlich von heute auf morgen *immer wieder* Arbeit gekriegt. Ja. Immer wieder, aber wie gesagt, immer wieder solche, wo ich verliehen wurde. Man brauchte jetzt natürlich ein Auto. Ne? Steuern, Versicherung und als Führerscheinanfänger ist das ja nun nicht so leicht, äh, so billig, ne? Und da ging das nämlich schon mal mit los, ne?" (EO: 3: 100 ff.)[36]

Was nun „los geht" ist die Kosten-, Einkommens- und Schuldenproblematik in der Unterhaltung des Autos als die für ihn wichtigste Ressource. Wo es losgeht, also an den Textstellen, in denen Ernst Opp diese Problematik bespricht, wechselt er stets unmittelbar die Zeitform (von der Vergangenheit) ins Präsens, die Textsorte (von der Erzählung/dem Bericht) in die Argumentation oder die Beschreibung und sowohl die Eingangserzählung als auch der Nachfrageteil wird

---

36   Transkriptionszeichen in den Interviewzitaten: s. Anhang A1.

mit diesem Thema als offenes Ende und aktuelles, ungelöstes Handlungsproblem abgeschlossen.

Denn Ernst Opp hat die Initiative ergriffen und einen Führerschein gemacht – aus seiner Sicht sein Dauerticket für Erwerbsarbeit. Hierfür hat er bei der Arbeitsagentur ein Darlehen bekommen und deshalb Schulden dort. Dadurch, dass Ernst Opp in den jeweiligen Arbeitsverhältnissen nicht ausreichend und nicht dauerhaft genug Geld verdient, um seine Fahrt- und Autokosten zu decken (Steuer, Versicherung, ADAC, Sprit, Wartung) sowie seine Schulden abzubezahlen, werden diese immer größer und er weiß nicht, so sagt er, was er machen soll.

Lag die Verantwortung dafür, keinen Führerschein zu haben, noch bei ihm (Inhaftierungsgeschichte), ist dieser, neben zwei Berufsausbildungen – die allerdings kaum thematisiert, aus denen keine erwerbsbiographischen Optionen abgeleitet werden – nun aber auch das letzte und einzige, was er habe tun können, um seine Erwerbslage zu verbessern. Die momentane Problematik liegt, wie er sagt, nicht in seinem Verantwortungs- und Entscheidungsbereich. Dieses „Dilemma", das Ernst Opp immer wieder laut, redundant und energisch vorträgt, ist sein aktuelles Handlungsproblem, für das er keine Lösungsentwürfe bereit hat.

„So, aber ich bin-, ich wieder-, ich will-, ich werd wahnsinnig in der Hütte, weiß aber ganz genau, geh ich los arbeiten, ((lacht)), da werd ich zwar nicht wahnsinnig in der Hütte, da werd ich wahnsinnig bei der *Arbeit*. Ne? Also das ist Jacke wie Hose. Und da kommt man immer tiefer in so'n Dilemma und weiß gar nicht mehr irgendwann: Was soll ich machen, ey? Ne? Wie komm ich denn da raus? Was soll ich denn *machen*? Ich *versuch* doch alles. Aber irgendwann ist doch mal vorbei!" (EO: 16: 687 ff.).

„Und da kann ich noch soviel sparen, haushalten, machen, was ich will, ich krieg das Geld nicht zusammen, weil ich eben nicht das Einkommen habe, um das machen zu können und deswegen weiß ich ganz genau, wenn das jetzt wirklich hier in die Hose geht, dieser Job hier. Ne? Aus Gründen, welche auch immer, die nicht in meiner Verantwortung liegen, weil das Arbeitsamt mir meinetwegen kein Fahrgeld gibt, ich kann nicht mehr fahren. Und der Job ist dann weg. Dann geb ich Ihnen mein Wort drauf, dann künd-, dann meld ich die Karre ab. Dann *meld* ich die ab, ich hab keine Steuern mehr zu bezahlen, keine Versicherung mehr zu bezahlen, ne? Das sind jetzt wieder 200 Euro, die weg sind, ADAC nochmal 78, sind schon 300 Euro. Ich weiß ja gar nicht, wo ich das Geld hernehmen soll, ne? Dann meld ich die Karre ab, dann hab ich die Kosten nicht mehr, dann komm ich aber auch zu keiner Arbeit mehr. Dann sagen die zwar: Herr Opp, bewerben Sie sich drei Mal die Woche. Dann ist das Bewerben nämlich leicht, man weiß sowieso, man kommt nirgends hin. Dann schreib ich gleich in die Bewerbung: Kein Auto. Fertig. Nicht mobil, zack, dann komm ich da auch nicht hin, dann krieg ich den Job sowieso nicht." (EO: 20: 854-869).

„Aber ich kann die Leute auch verstehen. Die dann irgendwann sagen: Ich hab kein Bock mehr, ey. Ich hab echt kein Bock mehr, ich reiß mir den Arsch für nichts und wieder nichts auf, ich kann die mittlerweile gut verstehen. Ich sag das auch oft, dann mach ich nichts mehr. Aber das ist unglaublich leicht zu sagen. Und unglaublich schwer, durchzuziehen. Da muss man sich nämlich damit abfinden, den Rest seines Lebens in der Bude zu sitzen, ne? Nichts mehr zu machen, man muss sich damit abfinden. Das kann ich machen, wenn ich 80 bin, dann kann ich mich damit abfinden. Ich bin noch keine 50. Ich hab vom Leben noch nichts gehabt, ne? Erst den Scheiß mit Knast und Straftaten, dies und das, ne? Dann Theater mit Ehefrau und allem möglichen und-, ich hab mein ganzes Leben nur Theater gehabt, ich hab noch nicht viel Spaß gehabt am Leben! Und ich denke, da ist noch, da muss noch irgendwas kommen! Und deswegen *kann* ich nicht, auch wenn ich sage, ich mach es dann so und so. Wenn es dann wirklich soweit kommt, ich kann mich nicht hinsetzen. Und sagen: Es ist e-, halt eben so. Ne? Das geht nicht bei mir. Ich mein gut. Lange genug hab ich ja im Knast gesessen, wie ich an Kohle kommen würde, *weiß* ich ja. Ne? Aber das ist nicht das Ziel meines Lebens. Ich weiß, wie es mir ja damals ging, ich hab kein Bock mehr auf diesen Scheiß. Und ich versuche wirklich das Möglichste. Und *immer* wieder, *immer* wieder, *immer* wieder fällt man auf die Schnauze. *Immer* wieder. Ne? Man kommt einfach nicht weiter, man reißt sich den Arsch wirklich immer weiter auf und man *kommt* einfach nicht weiter. Ne? Und das ist das Problem. Ne?" (EO: 21: 911 ff.)

„Das Problem" stellt sich für Ernst Opp vor allem auch deshalb, weil das Abmelden des Autos und damit ‚auf Eis legen' des Führerscheins für ihn einer Abmeldung aus dem geregelten, gesellschaftlich einigermaßen integrierten Leben und einer Anmeldung zurück in die Vergangenheit gleichzukommen scheint. Er würde damit aus seiner Sicht nicht nur ganz sicher aus dem Erwerbsleben ausscheiden, sondern zudem in ein bestimmtes Lebensmilieu (zurück-)geraten: Die Konsequenz eines Ausstiegs aus der aktuellen Erwerbsproblematik, die sich mit dem Abmelden des Autos vollziehen würde, wäre, dass er sich „hängenlassen" würde. „Hängenlassen" bedeutet für Ernst Opp: Der Aufenthalt in dem sozialen Umfeld aus seiner Zeit vor und während der Inhaftierungsgeschichte an Orten, an denen sich die Ausgeschlossenen der Stadt aufhalten (bestimmte Stadtparks). Er, so konkret ist die Vorstellung des Sich damit Abfindens und Aufgebens, „weiß, wie man dann aussieht" und er „weiß auch, wie man dann riecht" und er „weiß vor allen Dingen auch, wie man dann lebt"

(EO: 22: 961-964). Nach der Abmeldung des Autos, so scheint ihm, würde er unweigerlich „so enden".

„Das waren immer zwei, drei Monate zwischendurch nur, aber ich hab immer ge-sucht und immer was gefunden und mir kann wirklich keiner sagen, dass ich nicht arbeiten will. Ich weiß, ich komme da hin, ich hab ein Auto, ja gut, aber wie lange hab ich denn ein Auto? Lass doch mal nen Schaden jetzt dran sein von tausend Euro. Dann ist vorbei ((laut))!" (EO: 8: 327)

„Ja, zu sagen: Ich melde mein Auto ab, ich reiß mir nicht den Arsch auf, um das irgendwie zu halten. Damit ich auch die Möglichkeit habe, *wenn* ich irgendwo Arbeit kriegen kann, wo ich dann auch das verdiene, was ich benötige, also Leih-arbeitsfirmen würd ich nie wieder hingehen. Nie im Leben wieder. Ich weiß, was ich an Geld brauche, um das Leben zu führen, einiger*maßen* zu führen, damit ich locker zur Arbeit komme, damit ich jederzeit das Auto reparieren kann, *damit* ich den Job behalte, ne? Ich weiß, was ich an Geld brauche und wenn ich das nicht kriege, dann geh da nicht arbeiten. Aber das *bedeutet*, wenn ich nicht *arbeiten* gehe, muss ich das Auto abmelden. Das geht nicht anders. Und dann-, es liegt doch nicht mehr in meinem Entscheidungsbereich, ob ich jetzt sage, ich will da nicht-, ich will nicht so enden oder=oder ich will dies und das noch machen. Es liegt doch gar nicht in meinem Entscheidungsbereich. Ne? Wenn ich den Job jetzt nicht kriege und wenn ich's Auto abmelden *muss*, und wenn ich den Job nicht kriege, wird es so aussehen." (EO: 22: 972 ff.)

„Ich verkauf das Auto, wupp, da werd ich auf jeden Fall soviel Kohle kriegen, dass ich mir wieder einen Roller kaufen kann, jetzt habe ich einen Führerschein, jetzt brauch ich den nicht mal mehr drosseln. Ne? Der kost mich 50 Euro im Jahr, oder 60. Der kost mich in der Woche vielleicht fünf Euro Sprit, ne? Dann komm ich locker aus mit der Kohle. Ne? Dann sauf ich halt ein bisschen mehr, dann riskier ich natürlich halt wieder von den Bullen erwischt zu werden, den Lappen wieder zu ver-lieren, ne? Ist mir scheißegal, wenn ich-, wenn man besoffen ist, immer, dann denkt man darüber doch nicht nach. Schwierig ist es immer, besoffen zu werden, wenn man kein Geld hat, ne? Das ist immer das Schwierige dabei. Aber schaffen ja Hunderttausende ja auch. Ich frag mich immer, wie schaffen die das jeden Tag, ne? Das wär für mich, mich damit abzufinden, weil es ist ja dann zwangsläufig, ne?" (EO: 23: 994 ff.)

So sind die Auseinandersetzung mit der aktuellen Erwerbslage, hierbei vor allem der Führerschein und das Auto, unmittelbar mit Fragen des sozialen Abstiegs und des sozialen Status verbunden. Im Kontext dieses sich „hängenlassenden" Lebensmilieus beschreibt Ernst Opp gegen Ende des Interviews dann auch einen Bekannten, der es als einziger aus dieser Lebenssituation „geschafft habe" und während sich die Aufzählung der Indikatoren dafür, dass dieser Jemand es (da raus) geschafft habe, ansonsten mit der Aufzählung dessen deckt, was für Ernst Opp zu Beginn seiner Erzählung eine gute Resozialisierung nach der Haft ausgemacht hätte („Wohnung, Arbeit, Familie", EO: 2: 60-61), wird sie nun wie selbstverständlich um Führerschein und Auto ergänzt: „Der hat ein Haus, der hat eine Familie, verheiratet, ein Auto, Führerschein und Arbeit" (EO: 22: 955 ff.).

In diesem Zusammenhang scheint Ernst Opp auch Freizeitaktivitäten mit Vorsicht anzugehen. Sicherer erscheint ihm, daheim zu bleiben. Es macht ihm zwar keinen Spaß, aber er hat zwei Gründe hierfür: Einerseits hat er kein Geld zum Weggehen. Angesichts dessen, dass er zuvor, in der gleichen Sequenz, schildert, dass ihm das früher (vor dem selbst beschriebenen, auch äußeren Wandlungsprozess zur Zeit des Führerscheinerwerbs) egal gewesen sei, dürfte der andere Grund ausschlaggebender sein: Ernst Opp hat Angst vor dem falschen Umgang, Angst vor zu viel Alkohol bis hin zum, da erscheint er wieder: Führerscheinentzug.

> „Und es macht mir auch kein Spaß mehr, irgendwo hi-, egal, was es ist. Oder ob ich das nun mit ein paar Bekannten losgehe oder peng. Es macht mir einfach keinen Spaß mehr. Ne? Ich hab mich irgendwie so-, ich bin immer froh, wenn ich wieder zuhause bin. Ich hab seit Jahren keinen dicken Kopp gehabt, ich saufe kaum noch, ne? Ich bin eigentlich immer fit und es macht mir wirklich auch keinen Spaß mehr. Man ist natürlich auch viel-, früher, jetzt hab ich einen Führerschein, jetzt hab ich ein Auto und ich weiß ja, wie ich früher drauf war, ne? Früher hatt ich das alles nicht, dann hab ich ein Auto geklaut, dann bin ich besoffen gefahren, dann hab ich meiner Mutter das Auto geklaut, ne? Und das will ich auch nicht riskieren. Ich meine, ich weiß zwar, wenn ich saufe, fahr ich nicht, aber man weiß immer nicht, wie man drauf kommt, mit wem man unterwegs ist und so. Also wenn ich irgendwo hinfahr, dann will ich da auf *jeden* Fall nicht selber mit dem Auto hinfahren. Ne? Weil man weiß wirklich nie, wie's so kommt, ich hab das schon oft genug erlebt und ich kann's mir beim besten Willen nicht erlauben, den Lappen zu verlieren. Deswegen fahr ich nicht groß weg, hab ja auch das Geld gar nicht dafür. Und dann sitz ich wie gesagt, halt eben zuhause. Es macht mir kein Spaß, zuhause zu sitzen. Aber ich weiß auch nicht, was ich machen soll." (EO: 18: 799 ff.)

Ernst Opp befindet sich also in einem Dilemma: „So macht das Leben keinen Spaß, weder mit Arbeit noch ohne" (EO: 8: 349-50). Seine Gegenwartsperspektive ist dementsprechend durch eine Haltung gekennzeichnet, in der er meint, mit dem Führerschein ein Ticket für „immer wieder" Erwerbsarbeit erworben zu haben, was so aus seiner Sicht – in seiner Rückschau – auch stimmt. Nur kann er das Auto auf Dauer nicht finanzieren und fragt sich „Wie komm ich denn da raus? Was soll ich denn machen?" Und dieses Dilemma und die entsprechenden Textsegmente, in denen es um derzeitige Handlungsmöglichkeiten, Handlungsrestriktionen und Handlungsentscheidungen rund um die Erwerbsarbeit, den

Führerschein und das Auto geht, spitzen sich zum Ende des Interviews dahingehend zu, dass deutlich ein Setting für die Handlungsalternativen gezeichnet wird: Das „Hängenlassen" im Stadtpark. Das kommt für ihn nicht in Frage, schließlich habe er noch nichts vom Leben gehabt und wolle sich damit nicht abfinden. Dieses Abfinden und Sich-Hängenlassen aber erscheint ihm als unweigerliche Bedrohung, die er zu kontrollieren versucht, indem er sich weiter auf die an Geld „nichts einbringende", zwiespältige Erwerbslage einlässt, sich allenfalls „mal" und dann nicht zu lange in sein Freizeitmilieu begibt und zwecks besserer Kontrolle auch Wohnortswechsel vollzieht. Aber er weiß nicht, wie lange er das noch kann. Zumal er dieses Aufgeben und sich Hängenlassen bei anderen verstehen kann und Vorteile dessen abwägt: Der Ausstieg wäre in seiner Sicht auch ein Ausstieg aus der Schuldenschleife und aus dem „Theater", das er „bis jetzt doch nur" gehabt habe. Einerseits ist es genau das, was ihn davor abhält, den Wunsch nach einer ausreichend versorgenden und sein Auto deckenden Arbeitsstelle aufzugeben. Andererseits haben seine Bekannten im Park keine Schulden und kein Theater. Im Gefängnis hatte man das übrigens auch nicht, wie er zu Beginn des Interviews – ausgehend von einer süffisanten Bemerkung, die er über seine mehrfache Rückkehr dorthin macht – argumentiert:

> „Dann bin ich entlassen worden, war fünf Wochen draußen. Dann bin ich für 18 Monate reingekommen und dann bin ich entlassen worden und hab gefragt, ob ich die Klamotten da stehen lassen darf ((grinst))."

> I: ((lacht))

> „Ja, nee, man hat ja gar keine Chance. Man hat ja wirklich gar keine Chance. und da drinnen da hat man keine Theater. Gut, mit den Leuten, ein paar Leuten hat man immer Theater, aber hat man ja draußen auch. Sieht man ja jetzt, ne? Es sind halt andere Typen, ne? Man haut sich nicht mehr gegenseitig in die Schnauze, heute macht man das anders, ne? Und man steht auch nur unter Strom. Aber da kriegt man keine Rechnungen, da kriegt man keine Post, ne? Da-, es gibt Leute, die wollen da gar nicht mehr raus, ne? Die haben sich so dran gewöhnt, draußen haben Sie nur Theater, kommen sowieso alle paar Wochen wieder rein. Ne? Die wollen gar nicht mehr raus. Ne?" (EO: 5-6: 220-227)

Die Selbständigkeit und der in diesem Zusammenhang gemachte Führerschein waren der Beginn von aktiven Versuchen, im Erwerbsarbeitsmarkt Fuß zu fassen und „noch was vom Leben" zu „haben", durch den sich seine Gegenwart von „einem Leben vorher" – die Inhaftierungsgeschichte, lange Arbeitslosigkeit, häufiger „nem Kopp" und „selten was mit Arbeit" – unterscheidet. Hierdurch wird die Bedeutung, die der Führerschein in Ernst Opps Leben hat, erklärbar:

Der Führerschein ist das Symbol für Ernst Opps versuchten Wandel hin zu einer stabilen Erwerbslaufbahn und eines normalen Lebens, der aber bedroht ist zu scheitern. Der Führerschein und die damit verknüpfte Erwartung an länger-fristige Arbeit und ein ausreichendes Auskommen sowie das hierbei empfundene Dilemma sind das Sujet seiner lebensgeschichtlichen Erzählung, weil er in der Tat sein Leben hieran aufhängt. Im Nachfrageteil des Interviews fasst er selbst diesen Versuch und die Handlungen, die hierfür zentral stehen, noch einmal zusammen:

„Ja, also wenn ich=wenn ich davon überzeugt wäre, dass ich überhaupt nichts ändern kann, dann hätt ich mich a) nicht selbständig gemacht, dann würd ich b) mir nicht sowas ((zeigt auf Stellenanzeigen)) raussuchen, dann würd ich c) nur noch mit dem Arsch zuhause sitzen, ich würde den Wagen abmelden, damit diese Kosten nicht wieder auf mich zukommen und dann würd ich das genau machen, wie alle anderen Kumpels, die ich auch kenne, ich würd mir jeden Tag ne Kiste Bier holen. Dann hätt ich auf jeden Fall immer Gesellschaft, immer. Ne? Der Tag würde viel schneller im Tran rumgehen, ich bräuchte mich über nichts so rumärgern, über irgendwelche Fahrkosten oder=oder sonst irgendwie was. Dann würd ich das machen. Wenn ich wirklich nicht der Überzeugung wär, ich kann was ändern, aber wenn ich nichts versuche ((lacht)), dann werd ich auch nie was ändern. Ne?" (EO: 19: 826-836)

6.2 Typ II: Eine runde Sache: Konversion in den Ruhestand

Dass bei prekär Beschäftigten die Zeit für den imaginierten Lebensplan voraneilt bzw. die Zeitspanne zwischen Ein- und Austritt aus dem Erwerbsleben zu-sammenzuschrumpfen droht und die biographische Aufmerksamkeit verall-täglicht und nicht aufgelöst wird, gilt nicht, wenn diese Zeitspanne ohnehin nur noch recht klein ist. In diesem Fall zeigt sich eine (textstrukturell) ebenso ab-geschlossene wie Kontinuität konstruierende biographische Thematisierung so-wie eine ‚Ausfriedung' mit der prekären Erwerbslage. Dies kommt dem nahe, was Osterland (in einem Vergleich der Lebensperspektiven zwischen jüngeren und älteren Industriearbeitern) als nun mehr erfolgende Konzentration auf den Lebensabend und als „Reduktion der Lebensperspektive" beschreibt (Osterland 1978: 275).

Die Grenze, von der ab eine solche Reduktion der Lebensperspektive er-folgt, ist, so Osterland, „subjektiv nicht beliebig hinauszuschieben" (ebd.: 274), aber in Form eines zufriedenen Ausstiegs aus dem Erwerbsleben auch nicht beliebig vorzuziehen, wie am Typus I zu sehen ist. Für die Konzentration auf den Ruhestand gibt es kulturelle wie gesetzlich geregelte Altersmarkierungen; zur

Institution des Lebenslaufs gehören Altersgrenzen und die Altersschichtung des Arbeitsmarktes (vgl. Kohli 1985: 9). Zum anderen – hierauf zielt Osterland vor allem ab – hängt die Haltung, sein (Erwerbs-)Leben weitestgehend hinter sich zu haben, davon ab, wie hoch auf der Basis der bisherigen Erfahrungen die Chancen eingeschätzt werden, dass noch erwerbsbiographische Erfolge eintreffen oder die Erwerbslage endgültig scheint. Beides zusammen bzw. sich wechselseitig bedingend – ergibt bei diesem Typus die Konstitution des frühzeitigen oder die Konzentration auf den bald nahenden (regulären) Altersruhestand.

In dieser Zusammenhangskonstellation ist ein Austritt aus dem Erwerbsleben auch anhand von Daten des Alterssurveys nachgewiesen: Der Übergang in den Ruhestand gilt als schichtabhängig und die subjektiv negative Bewertung der Erwerbslage „fördert besonders dann den Wechsel in die Nicht-Erwerbstätigkeit, wenn dieser altersbedingt den endgültigen Abschied aus dem Erwerbsleben und den Übergang in den Ruhestand ermöglicht" (Engstler 2006: 120). Deshalb ist die Ausstiegswahrscheinlichkeit in einem deutlichen Zusammenhang mit der Bewertung der Erwerbslage statistisch in der Tat nur bei Erwerbstätigen ab dem 50. Lebensjahr erkennbar (vgl. ebd.).

Der in diesem Zusammenhang konstituierte oder ins Visier genommene Ausstieg aus dem Erwerbsleben geht dann hier mit der Haltung einher, das bisher Erreichte, auch wenn es nicht besonders gelungen sein mag, abzusichern und daran festzuhalten („was ich hab, hab ich"), weil man bei genauer Überlegung und Bilanzierung – im Vergleich zu dem, was z. B. Jüngere erwartet oder was einen bei einem anderen Arbeitgeber oder beim Arbeitsamt erwarten würde – doch recht zufrieden sein kann.

Die absolute Konstruktion von Stabilität in der prekären Erwerbslage gestaltet sich derart, dass eine biographische Thematisierung zum Abschluss gelangt und der Prozess des Abschließens – von einem offenen Handlungsproblem hin zu einer Situation, mit der man gut (weiter-)leben kann – präsentiert wird: Ausgehend von einer Verlaufskurve oder einem Verlaufskurvenpotential wird unter Rückgriff auf biographische Erfahrungen und Ereignisse Kontinuität im gesamtbiographischen Rahmen hergestellt. Dabei wird ebenso zurückgegriffen auf konkret verfügbare und strukturierende Optionen zum Normalisieren diskontinuierlicher Erwerbsverläufe. Diese können eine – auf den Zeitpunkt und die Dauer der (zumal Fest-)Anstellung in der Zeitarbeitsfirma zurückgeführte und nicht mehr missen wollende – relativ starke Verhandlungsposition gegenüber dem Arbeitgeber sein oder ein vorzeitiges Ausscheiden aus dem Erwerbsleben bzw. der Arbeitslosigkeit über die „58er-Regelung": „dass das Arbeitsamt mich in Ruhe lässt".[37]

Erwerbsbiographische Aufstiege oder Erfolge werden nicht mehr erwartet und über das Betrachten von Stellenanzeigen hinaus sind keine Veränderungen mehr geplant. Stattdessen vollziehen sich ein Festhalten an dem, was man jetzt hat, und eine friedliche Einstimmung auf das, was jetzt kommt. Dies heißt nicht, dass eine Übernahme durch einen Einsatzbetrieb oder mehr Einkommen und ein Normalarbeitsverhältnis nicht gewünscht werden. Dies trifft sowohl im Fall von Leiharbeit als auch von Arbeitslosigkeit zu, die unter die 58er-Regelung gestellt ist. Die Erwerbslage wird eben nicht als „gut" bewertet. Sie ist nur – im Gegensatz zum ersten Typus – nicht alternativlos die einzig passende Situation zur Anwendung des integrativ gemeinten Biographizitäts-Codes.

Auf dieser Grundlage ist nicht schlimm, wenn und falls alles so bleibt, wie man es sich jetzt eben eingerichtet, erarbeitet, ausgedacht und ausgehandelt hat. Es gibt Verlaufskurvenpotentiale, die aber bewältigt worden sind. Ebenso wird die Erwerbslage nicht als optimal bewertet, wogegen aber schlechtere ins Feld geführt werden. Die eigene Erwerbslage wird als prekär wahrgenommen, was das verfügbare Einkommen und die Arbeitsbedingungen betrifft, aber es findet eine Relativierung und dadurch Abgrenzung statt – entweder zu „richtigen" ALG II-Empfänger/-innen „draußen auf der Straße" oder zu anderen Zeitarbeiter/-innen, die unter schlechteren Bedingungen arbeiten. Schließlich findet die Abgrenzung auch darüber statt, dass man seinen Weg gefunden hat, wie man mit dem Arbeitgeber oder mit dem Ausstieg aus dem Erwerbsleben umgeht. Es geschieht kein Schönreden des bisherigen Erwerbslebens, aber es wird im Vergleich zu anderen Arbeitnehmer/-innen oder Arbeitslosen bewertet und alles in allem ist man zufrieden (mit sich, dem derzeitigen Leben usw.) und hält nun genau daran fest.

Deshalb geschieht das Arrangieren und Sich-Einrichten in die prekäre Erwerbslage hier nicht resignativ, wie man es bei einem Ausstieg, der in Zusammenhang mit eingeschränkten erwerbsbiographischen Erwartungen steht, erwarten könnte. Entweder liegt eine einfache Absicherung des bisher Erarbeiteten und die Erwartung vor, die verbleibenden Erwerbsjahre mögen genauso weitergehen. Oder es wird eine vollständige Konversion in der Lebensführung und der Deutung des eigenen Lebens begangen: der Übertritt zu einer Lebensphase, die sinnvoller und kompetenter zu einem passt als die Erwerbsphase,

---

37 Arbeitslose werden ab diesem Alter nicht mehr als arbeitslos geführt, wenn sie eine bestimmte Zeit lang nicht in sozialversicherungspflichte Beschäftigung vermittelt wurden und sollen durch diese Regelung vor einer frühzeitigen und damit die Rentenansprüche mindernden Verrentung bewahrt werden. Bei der 58er-Regelung handelt es sich also um einen Puffer zwischen Arbeitslosigkeit und Verrentung, der allerdings als Phase des Frühruhestands gedeutet werden kann.

insofern man Dinge tun kann, die man schon immer und eigentlich lieber tun wollte – wie z.B. ehrenamtliche Tätigkeiten in der Pflege. Diese haben zudem den Nebeneffekt, dass für die Sicherung der Mahlzeiten nicht die Essens-Ausgabe speziell für ALG II-Empfänger/-innen in Anspruch genommen werden muss. Sofern sie in der jeweiligen Einrichtung, in der man sich ehrenamtlich engagiert, bereit gestellt wird, kann man sie als Kantinen-Essen annehmen, was für die gegenwärtige Bewertung der eigenen Lage förderlich ist.

Der Übertritt, ob nun bereits vollzogen oder sich auf diesen eingestellt, stellt zudem einen dar, der als Ruhestand ohnehin bereits institutionell normalisiert ist (vgl. Strauss 1979; Kohli 1978) und zu dem es als frühzeitigen Ruhestand seit ca. 30 Jahren eine Tendenz gibt (vgl. Kohli 2005: 15; Kohli/Rein 1991). Dies ist wichtig, weil die Biographie vor allem aufgrund des möglichen theoretischen (bald nahenden) wie manifesten (vollzogenen) Abschieds vom Erwerbsleben das ‚Maß eines runden Lebens‘ erfüllt, als das die normalbiographische Dreiteilung in Vorbereitungs-, Erwerbs- und Ruhephase gilt und sich daran zeigt, wie Nicht-Erwerbstätigkeit durch den Ruhestand im Unterschied zu einem solchen durch Arbeitslosigkeit bewertet wird (vgl. Kohli 1986: 191). Hierdurch erklärt sich, dass weder eine resignative noch eine offen und problematisch bleibende Reduktion der Lebensperspektive geschieht, sondern eine, in der alles in allem als eine ‚runde Sache‘ erscheint.

Entsprechend in sich abgeschlossen ist in diesen Fällen die biographische Thematisierung und der gesamtbiographische Rahmen erscheint im Gegensatz zu Typ I weder durchdringend und permanent noch selbstverständlich. Die lebensgeschichtliche Erzählung erfolgt letztendlich ‚in sich ruhend‘, unaufgeregt, beiläufig. Von der Verletzung eines Ablaufprogramms und dadurch entstehender Krisen, in denen das hinter- zum vordergründigen und „schlaflose Nächte" bereitenden Thema wird, erfahren wir hier nur aus der Retrospektive. Mit der Reduktion der Lebensperspektive auf die bald nahende oder bereits betretene Ruhephase erscheint der Fortgang der Erwerbsbiographie als ebenso bestimmbar wie kulturell anerkannt. So kann dem bisher Erreichten zwar nicht begeistert, aber im Vergleich zu Schlimmerem zufrieden und versöhnlich, der Zukunft sicher und ‚ruhig‘ begegnet werden.

Referenzfall: Olaf Matthes

Olaf Matthes kommt 1958 in der DDR als Sohn eines Zimmermanns und einer Hausfrau zur Welt. Er absolviert die Polytechnische Oberschule bis zur 10. Klasse und macht eine Ausbildung zum Maschinen- und Anlagenmonteur (Schlosser), bevor er zur Nationalen Volksarmee (NVA) geht und dort sieben

Jahre als Berufssoldat an der Grenze tätig ist. In dieser Zeit heiratet Olaf Matthes, wird geschieden und heiratet ein zweites Mal. Aufgrund der Westverwandtschaft seiner zweiten Ehefrau wird er aus der NVA entlassen. Daraufhin arbeitet er als Schlosser in verschiedenen Fabriken, machte 1985 eine Zweitausbildung zum Forstfacharbeiter, als welcher er fünf Jahre lang arbeitet. Kurze Zeit nach der deutschen Wiedervereinigung geht Olaf Matthes 1991 nach Nordrhein-Westfalen in Westdeutschland, wo er zunächst als Schlosser, dann sechs Jahre lang als Kraftfahrer und zwei Jahre lang als Hofumsetzer in der Lebensmittellagerung arbeitet. Aufgrund einer Alkoholabhängigkeit wird ihm 2001 der Führerschein entzogen und Olaf Matthes begibt sich ein Jahr lang in Entgiftung und Sucht-Therapie. Während dieser Zeit arbeitet er nicht. Seit 2002 ist er unbefristet bei einer Zeitarbeitsfirma angestellt und geht hier verschiedenen Tätigkeiten als Schlosser nach.

Olaf Matthes, heute 50 Jahre alt, lebt geschieden in einer Lebensgemeinschaft in Nordrhein-Westfalen.

Olaf Matthes (OM) stellt seine Erwerbsgeschichte, obgleich sie durchaus wechselnde Tätigkeiten und Arbeitsplätze zu verzeichnen hat, kontinuierlich dar. Selbst das Jahr der Arbeitslosigkeit wird in der Eingangserzählung nicht benannt bzw. übersprungen.

Es liegt hier ein – für die Eingangserzählung bei Lebensgeschichten typischer – Bericht vor, der expandierende Beschreibungen, Raffer von Ereignisabfolgen sowie Hintergrundkonstruktionen und Evaluationen beinhaltet. Auch ist es eine geschlossene Geschichte: Die Erzählungen und das gesamte Interview enden nicht mit einer ergebnisoffenen Situation. Selbst die Frage nach der Übernahme in seinem derzeitigen Einsatzbetrieb und seiner Anstellung in der Zeitarbeitsfirma wird von Olaf Matthes nicht drängend, sondern eher abwägend argumentativ, evaluativ und sozusagen ,in sich ruhend' dargestellt.

Insgesamt erscheint eine Kontinuität, die gewährleistet, immer Arbeit zu haben, auch wenn die Arbeitsplätze und die Tätigkeiten wechseln, für Olaf Matthes wichtig und in einem gewissen Rahmen (er war vornehmlich immer wieder als Facharbeiter und Schlosser, seinem Ausbildungsberuf, tätig) entscheidender gewesen zu sein als die Frage, wo und wie lange er diese Arbeiten ausführte. Olaf Matthes nimmt diese Arbeitsplatzwechsel so hin, wie er Einschnitten und eigenerlebten Sachlagen gegenüber insgesamt eine nüchterne und unaufgeregte Haltung entgegenbringt. Dies ist keineswegs so zu verstehen, dass Olaf Matthes eine Gleichgültigkeit an den Tag legt. Vielmehr bezieht sich dies zum einen auf vergangene Ereignisse und Ereignisabfolgen, bei denen er (zumindest laut den objektiven Daten und subjektiv, weil er keine anführt) schlicht keine Gründe oder Anlässe zu haben scheint, sich mit ihnen auseinanderzusetzen: Sie sind in ihren Konsequenzen nicht durchgreifend problematisch. Zum anderen bezieht sich dies auf seine derzeitige und zukünftige Erwerbslage, deren Konsequenzen sich ebenfalls in einem für ihn tragbaren Rahmen halten.

Der Bericht über die unehrenhafte Entlassung aus der NVA (aufgrund von „zu viel Westverwandtschaft") und damit zunächst über einen Einschnitt in die Berufsbiographie (Abbruch einer Laufbahn) zeigt dies als erstes. Der Umstand, dass dieser Bericht distanziert, fast ironisch erfolgt und dass dieses Ereignis im weiteren Verlauf des Interviews nicht weiter thematisiert wird (auch nicht in anderen Zusammenhängen), lässt darauf schließen, dass dieses Ereignis für Olaf Matthes nicht einschneidend war. Insgesamt spielen die DDR, seine dortige Tätigkeit als Grenzsoldat sowie auch die Wende im Jahr 1989 keine Rolle im Interview mit Olaf Matthes. Ohne die Wende als solche zu thematisieren, berichtet Olaf Matthes, dass er 1991 nach Nordrhein-Westfalen zog, wo er durch Beziehungen eines Freundes Wohnung und Arbeit gefunden hatte.

Die Erwerbslaufbahn ist in ihrer Kontinuität, betrachtet man die objektiven biographischen Daten, in der Tat weder von der Entlassung aus der NVA 1983 noch von der Wende 1989 tangiert worden, was der Grund dafür ist, dass Olaf Matthes seine Erwerbsbiographie eben genau so schildert: unberührt von den Ereignissen der Entlassung aus der NVA und der Wende.

Auch der „Führerscheinentzug durch meinen Alkoholgenuss" wird schließend (das Thema abschließend) innerhalb des Berichts über die Erwerbsgeschichte eingeführt (OM: 6: 215-217). OM schließt an das Ereignis des Führerscheinentzugs an, dass er seit dem als Schlosser bei der Zeitarbeitsfirma tätig ist und benennt somit das den objektiven Daten entnehmbare eine Jahr Arbeitslosigkeit zunächst nicht.

Dies kann damit begründet werden, dass für OM die Arbeitslosigkeit durch das Stichwort „Führerscheinentzug durch meinen Alkoholgenuss" bereits benannt bzw. zunächst abgehandelt ist. Es ist zwar damit so stark gerafft, dass der zum Verstehen der Ereignisabfolge an dieser Stelle wichtige Detaillierungs- sowie Gestaltschließungszwang keine Erfüllung finden. Doch hängt die Arbeitslosigkeit, wie sich in wenige Sequenzen später, als Hintergrundkonstruktion, herausstellt, damit unmittelbar zusammen und ist insofern keine ‚richtige' Arbeitslosigkeit: Olaf Matthes war in dieser Zeit in der Entgiftung und Entwöhnung, er war krank – mit seinen eigenen Worten: „das eine Jahr, wo ich arbeitslos war, war auch krankheitsbedingt, wie gesagt: die Entwöhnungsanstalt" (OM: 7: 268-270).

Die Arbeitslosigkeit stellte also eine krankheitsbedingt notwendige Unterbrechung von Erwerbsarbeit dar, die sogleich aber auch wieder in Arbeit führte:

> „Ich hatte mich bei, wohlgemerkt, ich war vorher in der Entgif-, also Entwöhnungs-,
> da gab es Bewerbungstraining und alles, hab ich da mal, in der Zeitung, ja bloß mal

> hingeschrieben an mehrere Firmen und die haben mir geantwortet, wollten Vor-
> stellungsgespräch und dann hat's gleich geklappt. War's ja noch D-Mark."
> (OM: 7: 256-260)

Die zunächst starke Raffung dieser soeben beschriebenen, durch OM nach-
gelieferte Ereignisabfolge zur Erlebniseinheit ‚Führerscheinentzug durch Alkoholgenuss und seitdem arbeite ich wieder als Schlosser' zeigt, dass auch der
Führerscheinentzug durch die Alkoholabhängigkeit und die Arbeitslosigkeit
seine Sicht auf eine kontinuierliche Erwerbsgeschichte nicht so sehr durchbro-
chen haben, wie man zunächst bei Daten wie Alkoholismus und Arbeitslosigkeit
hätte annehmen können.

Dem Ereignis, dass er dann, in einer Zeitarbeitsfirma, wieder als Schlosser
gearbeitet hat, kann eine Stabilisierungsfunktion zugeschrieben werden, was das
Fortführen einer kontinuierlichen Erwerbsgeschichte und die durch den Alkoholismus erzwungene Unterbrechung von Erwerbsarbeit angeht. Denn OM war
diese Unterbrechung, auch wenn sie krankheitsbedingt und hierdurch plausibel
war, zu lang:

> „...war auch krankheitsbedingt, wie gesagt, die Entwöhnungsanstalt, also ein Jahr
> Entwöhnung. Nur war ich froh, dass ich wieder Arbeit hatte." (OM: 7: 268-271)

So wird OM dann auch den Tag, an dem er bei der Zeitarbeitsfirma angefangen
hat, nicht vergessen. Leicht verlegen argumentiert er auf die Nachfrage zur Bedeutung dieses Tages mit dem Jahr Arbeitslosigkeit zuvor.

> „Ja, das war nach einem Jahr Arbeitslosigkeit, ja, ich weiß auch nicht, warum ich
> das behalten habe, ein Jahr, ersten Oktober, nach einem Jahr wieder Arbeit, das war
> dann, da war ich froh, endlich wieder Arbeit zu haben, ne? Weil das ja auch, da war
> die Zeit, wo es schlecht Arbeit gab. Man hat sich überall beworben und äh 'nee, wir
> brauchen keine oder haben noch und jetzt, ja die haben keine Facharbeiter und
> wollen Facharbeiter haben, ne? So'n besonderer Tag war das auch nicht, das war, ich
> weiß auch nicht." (OM: 7: 242-249)

OM hat bei der Zeitarbeitsfirma Kander eine unbefristete Festanstellung und
arbeitet dort seit sechs Jahren. Hier hat OM lange Zeit Montagetätigkeiten im
Ausland ausgeführt. Diese lehnt er jedoch künftig ab und begründet dies mit der
geringen Auslöse, den Fahrtkosten und vor allem aber mit dem Zeitaufwand des
Pendelns. Der Firma Kander hat er, nachdem der letzte Einsatz auf Montage
beendet war, „Bescheid gegeben", damit sie ihn da nicht mehr hinschicken und
droht hier sonst mit Kündigung. Letzterem schreibt er Wirkung zu, gerade weil
er dort langjähriger und qualifizierter Mitarbeiter ist.

„Ja, weil ich, also ich murr nicht, wenn ich Arbeiten ausführen soll, ich mach die, ich mach's auch meinen Fähigkeiten entsprechend qualitätsmäßig gut und bis jetzt kamen noch keine Klagen von Firmen, wo ich gearbeitet habe. Das ist-, denk ich mal, dass die wissen, was sie an mich haben. Voll einsetzend, ich mach meine Arbeit, so wie-, wie ich's *kann,* wie ich gelernt habe gewissenhaft, auch öhm, vernünftig. Wie gesagt ((?)), wenn ich so einer wäre, komm ich heut nicht, komm ich morgen, komm ich mal, wäre ich bestimmt nicht so lange bei Kander geblieben. Oder noch da bei Kander. Die hätten mich schon längst-, Da war ne Zeit lang, da war wirklich mau mit Arbeit, da haben sie-, ja die haben mich einen Tag entlassen, nächsten Tag schon wieder eingestellt ((lacht))." (OM: 17: 625-635)

Verweist dies zunächst auf eine souveräne Haltung gegenüber dem Arbeitgeber, setzt OM dem Unternehmen aus Angst vor einer Kündigung die „Pistole" nicht zu stark „auf die Brust" (OM: 12: 459-461). Was er nun aber seinerseits an der Firma hat, macht er in Abgrenzung zu anderen Zeitarbeitsfirmen und in Abgrenzung zu Kolleg/-innen, die später eingestellt wurden als er und am Gehalt.

Olaf Matthes guckt sich – im Internet – nach anderen Jobs um. Dies aber nicht hoch engagiert und mit dem festen Plan, seine jetzige Stellung aufzugeben. Man könnte eher sagen, er hält sich auf dem Laufenden und findet dabei nichts, was besser wäre als seine jetzige Anstellung Die Suche ist also die nach einem besseren Angebot und solange dies ausbleibt oder noch ungewiss ist, bleibt er bei Kander, denn „was ich jetzt hab, hab ich" und zeigt sich mit der Aussicht, dort noch weitere Jahre zu bleiben, nicht sonderlich unglücklich. Zeitarbeiter zu sein, ist nicht schlimm.

„Ja, ja. Manche ja. So ‚Leiharbeiter sind Seelenverkäufer'. Ich sag, ja, ist so. Hatte ja damals auch nicht viele Freunde, das waren nur die, die ich so in der Entgiftung kennen gelernt habe. Ja, die sagten dann: Oh. Zeitarbeit. Ich sag: Naja, mal gucken. Mittlerweile sind es jetzt schon sechs Jahre, ne? Muss jeder selber wissen, wo er anfängt und wie er damit klar kommt. Manche kommen überhaupt damit nicht klar, einige versuchen's, klappt nicht. Man muss eben das Gute-, was draus machen, ne? Kann nicht immer sagen, das ist alles schlecht. Es gibt schlechte Firmen, gibt eben auch schlechte Menschen. Man muss sich eben arrangieren mit den Leuten, ne?" (OM: 19: 704-713)

Dass OM als Facharbeiter bei der Firma Kander eingestellt und als Schlosser gebucht und eingesetzt wird, scheint für diese Haltung nicht unwichtig zu sein. Der Status als Facharbeiter wird von OM häufig ins Feld geführt, sowohl in Hinblick auf sein Gehalt als auch mit Bezug auf seine Stellung bei Kander, bei der er zu den Stamm-Facharbeitern gehört. Die langjährige Arbeit als Schlosser bei dem Zeitarbeitsunternehmen verbucht OM schließlich selbstverständlich als

Berufserfahrung und arbeitet in der Selbstbeschreibung nicht als Zeitarbeiter, sondern als „Schlosser!" (OM: 19: 727).

Etwas scheint ihn von der Zeitarbeitsfirma und einer lebenslangen Arbeit dort besonders wegzutreiben, *aber zugleich dort zu halten*: Das Leben, was er jetzt führt. Dieses ist durch seinen derzeitigen Einsatz(betrieb) begründet und hat in ihm Wünsche, Ansprüche und Abwägungen geweckt:

> „Ja, was die für also, was es für Firmen auf dem Arbeitsmarkt gibt, was die- also nach dem Gehalt und so hab ich noch nicht nachgeguckt, was die zahlen, ne? Also da kann man Bewerbungen abschicken, da kann man so gucken, aber ich weiß nicht. Was ich jetzt hab, hab ich. Und den Job jetzt bei -Elektronikkonzern- möcht ich nicht wieder hinschmeißen, den ich jetzt da bei Kander habe. Es kann sein, dass die mich übernehmen, von -Elektronikkonzern- wenn ich da rausgehe, ist es auch wieder kacke, da wieder reinzukommen. Im Moment bin ich sehr glücklich damit, mit dem, was ich da mach." (OM: 8: 295-303)

> „Ja, man kann auch nachmittags noch gemeinsam was unternehmen, man ist ausgeglichen, wollen mal so sagen. Nicht so wie auf Montage, da bleibt nicht viel, sonntags abends war immer schon schwer, wegzufahren. Man hat ein geregeltes Leben, wollen mal so sagen. Man macht seine acht Stunden, manchmal auch neun Stunden, dann kommt man nach Hause." (OM: 8: 307-312)

OM würde gern von seinem derzeitigen Einsatzbetrieb übernommen werden. Er ist hier nicht euphorisch hoffnungsfroh, sondern eher nüchtern. Er schließt eine Übernahme aber auch nicht aus und will deshalb den Fuß in diesem Betrieb halten. Mittlerweile nämlich, früher war ihm das „egal", stören ihn die ständig wechselnden Arbeitsplätze, für die eine Zeitarbeitsfirma steht: immer neue Arbeitszeiten, immer wieder neue Leute, immer wieder neue Eingewöhnung und Einarbeitung und schließlich die Gefahr, doch wieder längere Strecken fahren zu müssen. Man ist, so OM, ja auch nicht mehr der Jüngste und auch der Umstand, dass er nun eine Lebenspartnerin habe, lässt ihn ein sowohl räumlich als auch betrieblich sesshafteres und damit „ausgeglicheneres, geregelteres" Arbeitsleben wünschen.

Es ist ihm auch als Zeitarbeiter, der er zu bleiben nicht schlimm findet, „lieber so, dass man über, sagen wir: über Jahre in einer Firma arbeitet" (OM: 18: 564-685). Denn dem Wunsch, von dem Konzern direkt angestellt zu werden, liegen Differenzen bei Gehalt und Arbeitsbedingungen zugrunde, diese werden aber nicht als wirklich dringend vorgetragen.

> „Wir machen ja nichts anderes als normal da arbeiten, auch wenn man als Leiharbeitsfirmenmensch da arbeitet. Bloß man hat eben andere Sachen an. Da steht -

Elektronikkonzern- drauf, mehr auch nicht. Nur die Arbeitssachen ändern sich."
(OM: 15: 576-580)

„Die Firmen, bei denen man direkt angestellt ist, zahlen ja andere Stundenlöhne wie
die Zeitarbeitsfirmen. Normalerweise dürfte das nicht so sein. Wenn, dann müsste
der Lohn schon so angeglichen sein, dass da kein großer Neid aufkommt. Also, ja
obwohl -Stahlfirma- ist ne Welt für sich, da. Wer -Stahlfirma- nicht kennt, hat die
Welt verpennt, nach dem Motto gesagt, ne? Aber sonst, die sagen ja, sind alle
gleichberechtigt auf Arbeit, aber man merkt, dass man bloß Leiharbeiter ist, ne?
Wird auch so behandelt." (OM: 15-16: 585-592)

Anders aber als in anderen Unternehmen, in denen er als Leiharbeiter tätig war
und bei denen er von Diskriminierungserfahrungen bzgl. seines Status als Leiharbeiter berichtet, sei er beim derzeitigen Einsatz „voll integriert, also, ja, im
Prinzip ist das, als wenn man da schon immer gearbeitet hat" (OM: 16: 611-612).
    Und so steht Olaf Matthes seiner derzeitigen Erwerbslage schließlich wohl-
wollend gegenüber: Es wäre schön, wenn er von diesem Elektronikkonzern
übernommen und bis zur Rente dort arbeiten könnte. Er hat aber bis jetzt keine
schlechten Erfahrungen mit seiner Zeitarbeitsfirma gemacht – direkt angestellt
oder als Zeitarbeiter ist ihm aus seiner heutigen Sicht – am liebsten, über Jahre in
einer Firma angestellt bzw. eingesetzt zu werden. Olaf Matthes hofft, dass er
behält, was er jetzt hat, und dass alles in Ruhe so weiter geht.

„Ich hätt aber auch nichts dagegen, wenn das so weitergeht bis zur Rente."
(OM: 13: 491-492)

6.3   Typ III: Das Öffnen biographischer Horizonte: Konversion ins akademische Milieu

Während sich die biographische Haltung und Aufmerksamkeit im Typus I auf
einen biographischen Rahmen bis zum Renteneintrittsalter erstreckt und eindeutig bestimmt wird (Festanstellung in einer bestimmten Tätigkeit „bis zur
Rente"), zeigt sich in kontrastiven Fällen (Studierende und Fachabiturient/-innen
auf dem zweiten Bildungsweg mit nicht-akademischer sozialer Herkunft) nicht
nur ein unbestimmter biographischer (Zukunfts-) Horizont. Auch kann der Übergang in das akademische Milieu sowie die Kultivierung eines solchen beobachtet
werden: Gerade weil der Übergang zum akademischen Milieu mitten im Vollzug

ist, wird dieser biographisch narrativ ‚vorgeturnt' und macht ihn prozesshaft nachvollziehbar.[38]

Mit dem Eintritt in das Hochschul- und akademische Milieu verschiebt sich der Berufseintritt und die Vorstellung kontinuierlicher Erwerbsarbeit im Erwachsenenalter chronologisch nach hinten und die Zeit, die man braucht, um Unterschiedliches auszuprobieren, wird ebenso normalisiert wie damit einhergehende Diskontinuitäten in der Studien- und Berufslaufbahn oder dem ‚Erwerbsprofil'. Für prekär Beschäftigte im Typus I ist es mit 30 „eh zu spät, noch was Neues anzufangen" und die Zeit für den imaginierten Lebensplan eilt voran bzw. schrumpft die Zeitspanne zwischen Ein- und Austritt aus dem Erwerbsleben bedrohlich. Demgegenüber wissen die Studieninteressierten des Typus III mit den Vorstellungen ihrer Eltern (Arbeiter und mittelständische Kleinunternehmer), „mit dreißig *drin* zu sein" oder mit ihrem früheren Leben einschließlich des früheren Arbeits-Alltags nichts (mehr) anzufangen und entwickeln keine Nervosität über ihre offene Zukunft.

Als prekäre Erwerbslagen werden die eigenen Situationen hier nicht gedeutet. Sie stellen Übergänge dar, die sich mühelos in institutionell verfügbare Statuspassagen-Muster einfügen lassen (Warten auf einen Studienplatz) und bei der Deutung der eigenen Situation als prekär gibt es entweder explizit geäußerte Probleme der Anwendung des Begriffs auf sich selbst oder eine Normalisierung hin zu einer Prekarität, wie sie in Studierenden- und Künstler/-innenkreisen gewissermaßen zum Selbstbild gehört. Die Abgrenzung, die entweder zum früheren Erwerbsleben (Erstausbildung) oder zu elterlichen Vorstellungen bezüglich einer angemessenen Lebensplanung vollzogen wird, beinhaltet deutliche Positionierungen zum standardisierten Ablaufprogramm nicht-akademischer Laufbahnen. Zu verzeichnen ist ein Insistieren auf den Umstand, dass sich, sobald man sich selbst als Student/-in oder Studienberechtigte/-r typisiert hat, der Eintritt in das Erwerbsleben nach hinten zieht und unbestimmbar bleiben darf, wenn nicht sogar muss: Der Biographizitäts-Code, verstanden als gesellschaftliche Anweisung an den Einzelnen, sein Leben selbst zu ordnen, ist hier ein spezifischer und als solcher nicht beliebig zu füllen, will man sich mithilfe der Biographisierung sozial verorten.

Durch diese Unbestimmtheit der Zukunft, sofern sie für das Selbstbild konstitutiv ist, entstehen keine Krisen im Sinne einer Verletzung von Ablaufprogrammen. Ganz im Gegenteil: „Lange Ketten von Such- und Experimentier-

---

38 Wie zu Beginn der Arbeit deutlich gemacht, konzentriert sich diese Untersuchung nicht auf das akademische Milieu. Mit diesem Muster soll gezeigt werden, dass auch ein positiver Umgang mit ungewissen Erwerbslaufbahnen gefunden worden ist und welchen Bedingungen dies unterliegt. Den dritten Typus möchte ich deshalb als im Hintergrund stehende Kontrastfolie zu den anderen beiden Modellen verstanden wissen.

phasen" und ein spezifischer Umgang mit „offenen biographischen Horizonten" können geradewegs dem akademischen und dem „Alternativmilieu" zugeordnet werden (Burkart 1992: 153; vgl. Schlegelmilch 1987). Deshalb ist schließlich die imaginierte und gerade einzulebende Lebensordnung weder beschädigt noch werden Orientierungen ungewiss. Die bisherige Erwerbslaufbahn ist zwar prekär. Doch durch den Übertritt in das akademische Milieu, der bei diesem Typus sowohl individuell (zweiter Bildungsweg) als auch generationell (Bildungs- und Berufsstatus der Eltern) vollzogen wird, wird die Laufbahn in der Retrospektive – aus dem gegenwärtigen Standpunkt heraus – zu nun mehr ins Bild des ‚Typus Studenten' passenden „langen Such- und Experimentierphasen". Prekäre Erwerbsverläufe gehören fortan in hinter sich gelassene bzw. abgelehnte Fahrpläne. Eine Konversion ins akademische Milieu wird (textstrukturell) gezeichnet, von dem aus das, was man früher gedacht und geplant hat, im Handumdrehen zu dem wird, worüber man sich „seit jeher" gerade keinen Kopf gemacht hat.

Referenzfall: Luca Magnolio

Luca Magnolio (LM) wird 1979 als einer von zwei Söhnen eines selbständigen Malermeisters und einer Hausfrau geboren. Er absolviert den Realschulabschluss und auf einem Berufskolleg eine Ausbildung zum Grafikdesigner. Danach leistet er Zivildienst, bevor er, im Alter von 22 Jahren, im Betrieb seines Vaters als Hilfskraft arbeitet, dies drei Jahre lang. Nebenbei arbeitet er in dieser Zeit als Dekorateur. Anschließend macht LM die Fachhochschulreife und arbeitet danach erneut im Betrieb seines Vaters, währenddessen er eine Bewerbungsmappe für eine Kunst-Akademie anfertigt. Von seinem Vater wird er gekündigt, was Luca Magnolio auf einen Grundkonflikt zwischen ihm und seinen Vater zurückführt, und ist deshalb zum Zeitpunkt des Interviews (2005) seit zwei Wochen arbeitslos. Von der Bewerbung bei der Kunstakademie hat er zu der Zeit keine Rückmeldung, eine andere Bewerbung an einer Fachhochschule ist gescheitert, am Tag des Interviews hat LM die Absage erhalten.
LM, 26 Jahre alt, lebt in Süddeutschland in einer Wohngemeinschaft.

LM beginnt seine Erzählung inmitten einer aktuellen Planungs- und Orientierungsphase, die durch die Kündigung im Betrieb seines Vaters sowie die Absage von der Fachhochschule ausgelöst ist. Er gibt bereits mit seiner Eingangssequenz eine Exposition und Vorankündigung auf die Themen, die er im Interview in Bezug auf seine Lebensplanung thematisieren wird:
        Seine berufsbiographische Orientierungsphase und den – damit zusammenhängenden – Konflikt mit seinem Vater.

Bei der Analyse der objektiven Daten wurde festgestellt, dass aus LMs jeweiligen Aus- und Weiterbildungen keine Anstellungsverhältnisse oder andere Anschlüsse folgen. Mit Blick auf den Umstand, dass er immer wieder in der Firma seines Vaters Beschäftigung findet, wurde vermutet, dass LM keine größeren Mühen schildern wird, eine Anstellung als Grafikdesigner zu finden. Stattdessen wurde unterstellt, dass er sich auf die Arbeitsmöglichkeit im Betrieb seines Vaters verlässt und keine Angst in Bezug auf seinen bisherigen und zukünftigen Erwerbsverlauf äußern würde.

Dies konnte bei der thematischen Feld- und Textanalyse bestätigt werden. Luca hat jeweils (nach Zivildienst, nach Fachabitur) relativ schnell im Betrieb seines Vaters gearbeitet, „weil es die beste Möglichkeit erst mal war, Geld zu verdienen" und meint, wenn er jetzt von seinem Vater nicht gekündigt worden wäre, hätte es gut auch ein paar Jahre wieder so weitergehen können, wie er sich kenne (LM: 12: 372-373). Dies wird auch dadurch bestätigt, dass er in der Eingangssequenz erzählt, dass das Arbeitsverhältnis bei seinem Vater „frühzeitig" beendet worden sei, also früher als geplant (LM: 1: 11). „Wenn du halt die Möglichkeit hast, erst mal zu arbeiten, dann nutzt du das wirklich ohne zeitliche Begrenzung" (LM: 12: 370-371). Jetzt muss er sich, so LM, wirklich „Pfeffer in den Po streuen" (LM: 12: 370).

Dieses „Pfeffer in den Po streuen" bezieht sich jedoch zunächst auf eine Orientierung, wie er bereits in der Exposition ankündigt und sich durch das gesamte Interview zieht: Er muss jetzt erst einmal gucken, in welchem Bereich er da jetzt weitermacht. Er recherchiert nach Berufen, die ihn interessieren, bewirbt sich um einen Studienplatz im künstlerischen Bereich. Seine Berufsausbildung als Grafiker spielt eine untergeordnete Rolle. Sie wird zwar thematisiert, jedoch mehr als *eine* und nicht *die* Option.

Das gleiche galt zunächst (thematische Feld- und Textanalyse) auch für das künstlerische Studium. Luca Magnolio schien beruflich nicht festgelegt, bezeichnete im Übrigen auch die Tätigkeit im familiären Malerbetrieb als „Beruf, den ich ausgeübt hab". Im Vordergrund stand weniger die Berufsidentität als der Umstand, Geld zu verdienen und beschäftigt zu sein – er ist „kein Stubenhocker" und gibt „gern Geld aus". Dies wurde an mehreren Textstellen in den verschiedensten Zusammenhängen deutlich.

Nach der Feinanalyse musste dies jedoch insofern revidiert werden, als dass der Umstand, dass sich LM neu orientiert und sich nicht allein auf das Studium konzentriert, eine Konsequenz der Absage seitens der Hochschule und der Befürchtung ist, weitere zu erhalten. Die Berufsidentität als Grafikdesigner verbleibt dabei weiterhin im Hintergrund, gilt weiterhin als *eine* und nicht *die* Option, „in welchem Bereich er da jetzt weitermacht". LM nennt im Interview erst recht spät und nur nebenbei, was für einen Beruf er eigentlich erlernt hat.

Doch ist dies plausibel angesichts dessen, dass LM studieren möchte und erst vor kurzer Zeit mit der FH-Reife die Möglichkeit dazu erworben hat – eine neue Orientierung und das in den Hintergrundschieben der Erstausbildung ist angesichts eines möglichen Aufstiegs plausibel.

So findet sich in Lucas Perspektive durchaus so etwas wie die Vorstellung „einzusteigen" und beruflich „sesshaft" zu werden und als Hauptargumentationspunkt verbleibt (nach der Feinanalyse) – auch als Hauptstreitpunkt mit seinem Vater – allein die Frage, *wann* man ‚fertig' ist und wann man einsteigt und fest im Berufsleben steht. Deutlich wird, dass Luca für sich nicht in Betracht ziehen kann, sich berufsbiographisch festzulegen. Zum jetzigen Zeitpunkt fertig zu sein und sich auf etwas für die nächsten „40 Jahre" festzulegen, bezeichnet er als „Unding" (LM: 12: 382-384). Heutzutage sei es kein Drama mehr, erst mit 30 einzusteigen (ebd.). Er argumentiert hier explizit gegen die Vorstellungen und Vorhaltungen seines Vaters, der den bislang noch nicht vollzogenen Berufseinstieg seines Sohnes zu kritisieren scheint, obwohl er selbst, wie Luca anmerkt, zwar mit 18 ausgelernt, aber auch erst mit 30 das gefunden hat bzw. sich sicher gewesen war, was er machen will: der Vater hat sich mit 30 als Maler selbständig gemacht.

So hat Luca den Plan, mit ca. 30 Jahren „einzusteigen". Die Benennung gerade dieses Alters kann entweder aus den Vorhaltungen seines Vaters resultieren (möglich ist, dass dieser sich im Alltag auf dieses Alter beruft). Sie kann aber auch rechnerisch aus dem Plan des Studiums resultieren. Denn auch wenn LM Erfolglosigkeit beim Bemühen um einen Studienplatz im eindeutig künstlerischen Bereich antizipiert, wird sich seine Neuorientierung weiterhin auf der Grundlage der neu erworbenen FH-Reife gestalten. Möglich ist ein anderes Studium an der FH, Luca gibt an anderer Stelle an, sich auch z. B. etwas im sozialen Bereich vorstellen zu können.

In jedem Fall räumt LM der Argumentation, Evaluation und Legitimation eines Einstiegs ‚erst mit 30' viel Raum im Interview ein. Luca Magnolio argumentiert hierbei (gegenüber seinem Vater) für die Ausdehnung der Qualifizierungs- und Orientierungsphase und seine Umorientierung vom Ausbildungsberuf hin zu einem Kunststudium (die inhaltlich durchaus nicht weit voneinander entfernt liegen). Die Zeit dazwischen, die er mit Arbeiten/Jobben (im Betrieb des Vaters, als Dekorateur) verbracht hat, lässt er sich nicht vorwerfen, weil er nicht „zuhause rumgedümpelt" und sich selbst finanziert habe. Allenfalls vorwerfen könne man ihm eine mangelnde Zukunftsorientierung, aber ob es die immer braucht, ist für ihn auch noch zu fragen (LM: 12: 389-390). Dies kann wiederum als Argument für eine ausgedehnte Orientierungsphase oder als Argument dafür gelesen werden, dass er sich nicht nach der ersten Ausbildung gleich festgelegt habe – die Ausbildung sich damit im Nachhinein – in den Augen des Vaters – nicht als biographisch wirksam erwiesen hat.

> „Da spielt meine komplette Lebensplanung ne Rolle. also es ist ja nicht nur das, dass ich zweimal verschlafen hab oder so. Meinen Führerschein nicht gemacht hab. Es geht darum, dass er enttäuscht ist, dass ich nicht als Grafikdesigner wirklich weitergemacht hab. Zwei Jahre in der Firma rumgedümpelt bin und mich danach noch auf Kunst, mich in die Kunstrichtung orientiere. Das ist natürlich ihm zuwider, der als Gastarbeiter kam und dann irgend`ne Firma aufgemacht hat, wo`s dann lief." (LM: 11: 352-357]

Das, was insgesamt in diesem Interview zur Diskussion steht, ist der zweite Bildungsweg: Die Mühen, die er aufwendet, um die lange Qualifizierungs- und Orientierungsphase für sich selbst und gegenüber seinem Vater zu legitimieren, können aus dieser Perspektive als Schwierigkeit gelesen werden, seine Lebensplanung mit den biographischen Mustern und Vorstellungen seines Vaters abzugleichen und sich hier einzuordnen (LM ist der erste und einzige in der Familie mit einer Studienzugangsberechtigung). Denn LM vergleicht – mit den Vorstellungen und der Berufsbiographie seines Vaters und den seinigen – gewissermaßen eine klassenspezifisch ‚typische‘ Laufbahn mit der eines Aufstiegs über den zweiten Bildungsweg. Er bezieht sich aber nicht strukturell hierauf: Es zählt gar nicht, dass ein Studium an sich länger dauert als eine betriebliche Ausbildung und eine längere Qualifizierungsphase im Lebenslauf nach sich zieht, erst Recht auf dem zweiten Bildungsweg. Er legt viel mehr den gleichen Maßstab eines typischen Lebenslaufes an wie sein Vater. Deshalb muss er allgemeine Normalisierungsbestrebungen aufwenden („heute kein Drama mehr, mit 30 einzusteigen") sowie Vergleichsmomente finden, die eigentlich keine sein können: So habe sich der Vater auch erst mit 30 selbständig gemacht, was für einen Migranten und einen Handwerker, der seinen Meister absolvieren muss, nicht spät ist. LM hat offensichtlich nicht die begrifflichen und strukturellen Schemata parat, um seinen Aufstieg und seinen zweiten Bildungsweg als solchen zu begründen und gerade nicht etwas zu vergleichen, was nicht verglichen werden kann. LM macht sich so den Vorwurf einer gescheiterten, irgendwie ‚schludrigen‘ Lebensplanung in spezifischer Weise zu eigen. Er entwickelt hierfür eine Theorie, dass es ein Unding sei, sich mit 20 oder 27 bereits festzulegen und „heutzutage" dies weder ein Drama sei noch, umgekehrt, eine frühe Festlegung funktioniere. Denn er erinnert sich an Absagen, die Freunde mit 28 Jahren erhielten und dann „nicht so recht wussten" (LM: 12: 378-380). So gesehen ist der zweite Bildungsweg für LM zweierlei: Erstens die Optimierung des biographischen Spielraums über eine Aneignung von Bildungskapital und zweitens eine sinnvolle Flucht vor dem bei Freunden beobachteten, nicht so einfachen Berufseinstieg. Wie lange diese

Flucht im Sinne einer Ausdehnung der beruflichen Orientierung oder jetzt an-
stehenden Neuorientierung inklusive eines Jobbens, bei dem es „wahrscheinlich
erst mal bleiben wird" (LM: 1: 14-15), dauern wird, lässt sich schwer prognos-
tizieren. Denn unabhängig von der ‚rechnerischen' Zeit, die LM für ein Studium
benötigen wird, baut er in genau diese Rechnung zeitliche Spielräume ein.

> „Und wenn ich jetzt mit 27 anfange zu studieren oder mit 28, ob ich jetzt mit 30 an-
> fange oder mit 33, das macht's für mich nicht aus." [LM: 12: 385-386]

LM sieht seinen bisherigen Erwerbsverlauf und seine derzeitige Erwerbslage
nicht als prekär, seine Deutungen und Bearbeitungsweisen verlaufen entlang
‚alternativer' biographischer Muster. Gleichwohl arbeitet sich in dieser Erzählung jemand an biographischen Soll-Vorstellungen und ihrer Veränderung ab. Es
findet eine intensive Auseinandersetzung mit dem Abschied von ‚normalen'
Erwerbskarrieren statt, die nicht direkt durch eine prekäre Erwerbslage ausgelöst
wird, sondern durch einen anderen Bruch, der ihn zur Neuorientierung, oder wie
LM selbst formuliert: zum „Pfeffer in den Po streuen" zwingt.

6.4 Zusammenfassung

Im *Typus I* ist der lebenszeitliche Rahmen omnirelevant und das Problem, das
ebenso Ursache wie Gegenstand der biographischen Aufmerksamkeit ist, wird
nur graduell zur Verhinderung von Verlaufskurven, nicht absolut mit dem Instrument der biographischen Selbstthematisierung bewältigt/zu bewältigen versucht:
Die fehlende Festanstellung und der fehlende Eintritt der kontinuierlichen Erwerbsphase im Erwachsenenalter strukturiert Deuten und Handeln im Alltag,
lädt Situationen und Begebenheiten biographisch auf, sensibilisiert in höchstem
Maße für die laufende Beobachtung des eigenen und anderer Werdegänge, ohne
dass hieraus mehr als graduelle Kontinuitätskonstruktionen gebastelt und allenfalls Verlaufskurvenpotentiale bewältigt werden. Nichts ist deutlicherer Bestandteil des gegenwärtigen Deutens und Handelns als die Zukunft und gleichzeitig
liegt nichts ferner, als die erwartete, aber nicht greifende Lebensordnung meta-
theoretisch in Frage zu stellen oder produktiv umzuleiten. Es bleibt eine für die
prekäre Lebenslage als solche nur graduell nutzbare biographische Arbeit, hervorgerufen und permanent angekurbelt dadurch, dass institutionelle biographische Kontinuitätsmuster nicht (mehr) greifen, an ihrer Verbindlichkeit aber
nichts einbüßen.

Typ II kennzeichnet sich durch einen Übertritt in die legitimierte Phase der
Nicht-Arbeit: dem (frühen) Ruhestand. Die biographische Thematisierung erfüllt

hier die Funktion und Reichweite der erfolgreichen Bearbeitung der prekären Erwerbslage. Über die biographische Arbeit werden Verlaufskurven(potentiale) überwunden und Handlungsalternativen erarbeitet: abgeleitet und begründet. Dies führt zu einem ‚abrundenden' Koda der biographischen Erzählung, einer Aussöhnung mit dem bisher prekären Erwerbsverlauf, einem Absichern des bisher Erreichten und einer Beurteilung der Erwerbssituation als unproblematisch.

Typ III repräsentiert, wenn man so will, die „Prekarisierung auf hohem Niveau" (Manske 2007). Die biographische Erzählung ist hier so offen und unstrukturiert, wie es der spezifische Biographizitäts-Code dem akademischen und künstlerischen Milieu vorschreibt. Gleichwohl dient die biographische Arbeit hier erst dem Öffnen der biographischen Horizonte und der De-Strukturierung, denn auch hier sind wir Zeug/-innen eines Übertritts, diesmal in eine legitimierte Diskontinuität. Der objektiv zunächst prekäre Erwerbsverlauf wird zu einem experimentellen und dabei normalen, sobald sich aus dem individuellen und elterlichen Herkunftsmilieu der Normalbiographien und betrieblichen Ausbildungen gelöst wird.

Bei den Typen der Konversion in den Ruhestand und ins akademische Milieu stehen also sozial anerkannte Optionen bereit, die als institutionell geregelte Wandlungen biographische Diskontinuität normalisieren. Im Typus der *Konversion in den Ruhestand* (im Folgenden: Typus „Ruhestand") tritt die Biographie als Thema in den Hintergrund, weil der Ruhestand einen gesellschaftlich akzeptierten Abschied aus dem Arbeitsmarkt darstellt, der als dritte Station des dreigeteilten normalbiographischen Musters das Leben als eine ‚runde Sache' erscheinen lässt. Im Typus der *Konversion ins akademische Milieu* (folgend Typus „Akademiker/-in") werden Mitgliedschaften zu einer, durch die Studienberechtigung neuen Klasse an Biographien eingegangen und gemäß dieser ein spezifischer Biographizitäts-Code erfüllt: Prekäre Erwerbsverläufe werden zu Orientierungs- und Probierphasen, biographische Horizonte nachdrücklich geöffnet, nicht-akademische und nicht-alternative Fahrpläne nunmehr fremdthematisiert.

Beim Typus des *schwierigen Abschieds von der Normalbiographie* (folgend „Schwieriger Abschied") ist eine Revision biographisch eingeschlagener und eingelebter Wege hingegen allein darauf gerichtet, ein Verlaufskurvenpotential zu kontrollieren. Über dieses Kontrollieren des Verlaufskurvenpotentials geht die biographische Arbeit nicht hinaus und kann darüber nicht hinausgehen: Die Revision des Lebensentwurfs käme der Verabschiedung biographischer Perspektivität und damit der Ausgrenzung gleich. Wird die biographische Perspektivität im Typus „Ruhestand" vom retrospektiv dargestellten vordergründigen zum beiläufigen Thema und bleibt als impliziter, aber selbstverständlicher lebenszeitlicher Rahmen erhalten, wird sie im Typus „Akademiker/-in" gemäß spezifischer Regeln im akademischen und künstlerischen Milieu gewissermaßen suspendiert. Im Typus „Schwieriger Abschied" steht biographische Perspektivität hingegen im Zusammenhang mit der Forderung nach kontinuierlicher und ausreichender Absicherung des Lebens, vor deren Hintergrund Leben überhaupt als solches bezeichnet wird. Kontrastfolie ist das situationale, sich allein den alltäglichen und unmittelbaren Bedürfnissen widmende Leben. Dieses spielt sich abseits des sinnvollen und ‚guten' Lebens und abseits der Gesellschaft ab. Die biographische Perspektivität verschwindet genau deshalb in diesem Modell nicht sang- und klanglos. Die Muster „Ruhestand" und „Akademiker/-in" befinden sich damit an Haltestellen, die kulturell und sozialrechtlich ausdefiniert und geregelt sind. Sie stellen Wahlmöglichkeiten bereit, die sowohl im Anschluss an den bisherigen Lebensverlauf als auch in Hinblick auf gesellschaftliche Akzeptanz sinnvoll und plausibel sind: zweiter Bildungsweg und Ruhestand.

Welche Wahlmöglichkeiten bieten sich hingegen im Muster „Schwieriger Abschied"? In einem Alter, in dem die Haupterwerbsphase beginnen oder in vollem Zuge sein sollte, ergibt sich hier eine Haltestelle, die weder einen sozial und subjektiv akzeptierten endgültigen Abschied aus dem Erwerbsarbeitsmarkt noch sozial akzeptierte, absolute Umdeutungs-Möglichkeiten der prekären Erwerbslage bereit stellt. Der „Grenzgang" (Vogel 2007: 1) den sie zwischen Arbeitslosigkeit und stabiler Arbeit vollziehen, indem sie sich zwischen der überwundenen Arbeitslosigkeit und der Hoffnung auf eine Festanstellung bewegen, ist für sie immer auch ein Grenzgang zwischen der Möglichkeit, zu biographisieren auf der einen Seite und sich aus der Biographizität zu verabschieden und sozial zu exkludieren auf der anderen Seite. Sie bekennen sich unhinterfragt zur kontinuierlichen Erwerbsphase im Erwachsenenalter „bis zur Rente" und weisen, sollte diese weiterhin nicht eintreffen, die Anregung und Verpflichtung zu einer biographisch-subjektiven Selbst- und Fremdauffassung zurück – womit sie biographische Perspektivität mit der Normalbiographie gleichsetzen und das Verschwinden beider im ‚Draußen' der Gesellschaft verorten. Eine Normalisierung der Biographien ist demnach unmittelbar gleichgesetzt mit dem Wechsel ins ‚Drinnen' der Gesellschaft und verknüpft damit, überhaupt eine Biographie bzw. ein Leben zu haben, statt in Konzentration auf die unmittelbaren Bedürfnisse zu existieren.

Damit stellen prekäre Erwerbslagen im Muster des „Schwierigen Abschieds" spezielle Anforderungen: die auferlegte und als eigenes Motiv verinnerlichte Anforderung, sich zu biographisieren und damit zu integrieren, muss aufrechterhalten werden, während die Grundlage hierfür – die kontinuierliche Sicherung des Lebens – als Erwartungssicherheit im Sinne einer Hintergrunderfüllung nicht gegeben ist. Sich nicht *selbst* auszugrenzen ist die Anforderung, welcher die hier Befragten nachzukommen und dabei durchzuhalten versuchen.

Es ist damit die biographische Dimension, über die die Einzelnen Vergesellschaftung und Integration in die Arbeitsgesellschaft beurteilen, besprechen und bezweifeln. Nicht über den Status ‚prekär‘, sondern vor allem über die biographischen Analysen und Handlungen, die die Einzelnen aus diesem Status heraus vornehmen und entwerfen, lassen sich gesellschaftliche Kern- und Randlagen bestimmen und dies betrifft erkennbar das Konstrukt der Normalbiographie:

Über den Prozess der ‚Beruhigung‘ und des ‚Wieder-zur-Seite-Legens‘ expliziter biographischer Selbstthematisierung im Typus „Ruhestand" und den Prozess der verbleibenden und unaufgelösten biographischen Aufmerksamkeit im Typus „Schwieriger Abschied" zeigt sich, dass biographische Arbeit als interpretativer Vorgang durch das Problematischwerden normalbiographischer Schemata verursacht wird. Nach gelungener Normalisierung kann sie ebenso beendet werden wie sie bestehen bleiben kann, wenn eine solche nicht gelingt. Indem sich die biographische Arbeit an normalbiographischen Schemata orientiert, diese zitiert und als etwas auf den Punkt bringt, was man das ‚gute‘ und ‚runde‘ Leben oder eben auch als „etwas vom Leben haben" nennt, kann sie hier zwar als Antwort auf die Krise dieser Schemata gelten, nicht aber bereits als ihre Überwindung. Es ist der Lebenslauf als Normallebenslauf, über den hier die Einzelnen ihre Vergesellschaftung und Integration in der Arbeitsgesellschaft ermessen, verhandeln und zur Disposition stellen. Hierüber bestimmen sie die Produktivität und den Sinn von Lebensphasen sowie gesellschaftliche Kern- und Randlagen. Damit stellt Prekarität die Gültigkeit normalbiographischer Schemata nicht in Frage, sondern belebt diese im wahrsten Sinne des Wortes: Sie offenbart das Maß eines ‚guten‘ und sinnvollen Lebens, ja für Leben überhaupt. Der dreigeteilte Lebenslauf steht konkurrenzlos für Produktivität und Sinn von Leben sowie die Teilhabe im ‚Drinnen‘ der Gesellschaft. Damit wird nicht nur ein Zusammenhang zwischen Normallebenslauf und Integration in die Arbeitsgesellschaft hergestellt. Auch werden Normalbiographie und Individualität bzw. Biographizität miteinander verknüpft.

Abbildung 8:   Biographische Wirkung und Bearbeitung prekärer Arbeit: Typologie[39]

	Typ I **Der schwierige Abschied von der Normalbiographie**	**Typ II** **Eine runde Sache: Konversion in den Ruhestand**	**Typ III** **Öffnen biographischer Horizonte: Konversion ins akademische Milieu**
Kontext	Chronologisches Alter: Haupterwerbsphase; Qualifikation: höchstens Realschul-/POS-Abschluss	Chronologisches Alter: Randphase kontinuierlicher Erwerbsarbeit	Chronologisches Alter: Student; Qualifikation: (Fach-) Hochschulzugangsberechtigung
generelle (kulturelle, gesellschaftliche) Bedingungen	Be- aber nicht anerkannte Diskontinuität	(früher) Ruhestand als be- und anerkannte Phase der Nicht-Arbeit	Zweiter Bildungsweg und ‚ewiges Studium' als be- und anerkannte Diskontinuität
Struktur und Funktion biographischer Arbeit	Offene biographische Thematisierung; Kontrolle Verlaufskurvenpotential	Abschluss biographischer Thematisierung; Erarbeitung von Handlungsalternativen	Aufschließende biographische Thematisierung; Öffnen biographischer Horizonte
Relevanz normalbiographischer Schemata	‚Drinnen' der Gesellschaft; Leben ↓ Pointierung normalbiographischer Schemata	Handlungsalternative: ‚Rundung' des Lebens ↓ Selbstverständliche Nutzung + Zitation normalbiographischer Schemata	Kontrastfolie: soziale und erwerbsbiographische Herkunft → Individualisierung, De-Strukturierung ↓ Abgrenzung/Abschied von normalbiographischen Schemata
Konsequenz	Aufrechterhalten biographischer Perspektivität = ‚drinnen bleiben'; Bemühen um Festanstellung → Situation problematisch	Konzentration auf (nahenden) Ruhestand; Aussöhnung mit der Erwerbsphase → Situation unproblematisch/bewältigt	Zukunftsunbestimmtheit und Planlosigkeit → Situation unproblematisch

---

39   Ein theoretisch denkbarer, vierter Typ der biographischen Bearbeitung prekärer Erwerbslagen besteht in einer „Konversion in die Selbständigkeit". Dieser hat sich rekonstruktiv angedeutet, in den vorliegenden Fällen aber nicht realisiert.

Abbildung 9:   Biographische Wirkung und Bearbeitung prekärer Arbeit:
                  Soziale Verortung

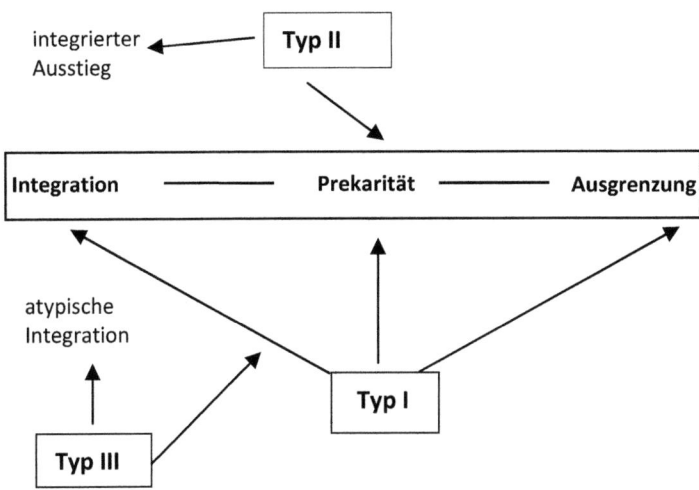

Damit gestalten sich Abschiedsszenen von der Normalbiographie im besonders
exemplarischen Fall ihrer Krise anders als man mit Blick auf die aktuellen
Diagnosen einer längst verabschiedeten Normalbiographie oder auch verschwin-
denden biographischen Perspektivität hätte erwarten können. Vorliegende Deu-
tungs- und Erklärungsmöglichkeiten zur Frage, was eigentlich biographisch
‚passiert‘, wenn Erwerbsarbeitsverhältnisse provisorisch sind, bestehen derzeit
aus einer erfolgreichen Biographisierung von Diskontinuitäten auf der einen und
einer bedrohten biographischen Perspektivität auf der anderen Seite. Demgegenüber werden in den hiesigen nicht-akademischen, gering und fachlich qualifizierten Fällen – denjenigen, welche sich mehrheitlich in der Prekaritätszone
bewegen – normalbiographische Muster ebenso zitiert und auf den Punkt gebracht wie die biographische Perspektivität nicht ohne weiteres aufgegeben wird.

Es fragt sich, wie das zu erklären ist. Wie lässt sich der Umstand, dass
sowohl die Normalbiographie als auch Biographizität nicht verabschiedet,
sondern miteinander verknüpft und in ihrer Bedeutung pointiert werden, soziologisch fassen? Dieser Frage wird sich im folgenden Kapitel zugewandt.

7 Theoretische Diskussion

In diesem Kapitel werde ich den aktuellen Forschungs- und Diskussionsstand wieder aufgreifen und mit ihm die empirischen Ergebnisse reflektieren.

7.1 Soziale Spaltung biographischer Perspektivität?

In den arbeitssoziologischen Studien zur subjektiven Verarbeitung prekärer Arbeit wird von einer blockierten Lebensplanung sowie dem Schwinden der lebenszeitlichen Perspektive aus dem Deutungs- und Handlungshorizont der Einzelnen gesprochen. Demgegenüber wird in der Biographietheorie seit den 1980er Jahren bei den Einzelnen eine verstärkte biographische Arbeit in Reaktion darauf festgestellt, dass die Normalbiographie nicht mehr gültig ist. Damit stehen prinzipiell zwei Perspektiven zur Verfügung, aus denen sich die empirischen Ergebnisse reflektieren lassen: *Erstens* die Perspektive einer Ausweitung biographischer Perspektivität und des Übergangs in ein neues biographisches Regime, *zweitens* die eines Schwindens und der sozialen Strukturiertheit biographischer Perspektivität.

Die Perspektive der Ausweitung biographischer Perspektivität und des Übergangs zur „Bastelbiographie"
Für die empirischen Ergebnisse der vorliegenden Untersuchung sind zwei Aspekte dieser Perspektive relevant: der einer biographischen Kompetenz und der der Biographie als selbst gestaltete Entscheidungsserie.

Mit einer *biographischen Kompetenz* ist die Fähigkeit angesprochen, sein Leben in einen sinnvollen und praktikablen Zusammenhang zu stellen und mit Inkonsistenzen und Diskontinuitäten umgehen zu können. Hiernach können Einzelne, die kraft ihrer biographischen Konstruktion nicht unmittelbar Kontinuität herstellen – wie im Typus I – unter dem Gesichtspunkt ihrer Fähigkeit zur biographischen Arbeit thematisiert werden: Man kann davon ausgehen, dass die Einzelnen statt Genialität eher Dilettantismus, statt Begabung eher ein Pfuschen an den Tag legen und somit erfolglos biographisch deuten und werkeln (vgl. Hitzler/Honer 1994; Hitzler 2000). Die Ergebnisse der vorliegenden Untersuchung würden dann nicht auf ein Sample an „Virtuosen" (Burkart et al. 2006)

biographischer Selbstthematisierung verweisen. Schnell gelangt man dann von
hier aus zu der Schlussfolgerung, dies kann und muss in pädagogischen Prozessen geschult werden (vgl. Pongratz 2004; Preißer 2004; Kraul/Marotzki 2002;
Neumann/Pomsel 2010).

Im Typus I werden jedoch grundsätzlich gemäß der Funktionsweise und den
Regeln biographischer Konstruktion Kontinuitäten hergestellt. Das „Hinter-
grundwissen, das auch den bedrohlichen Eindruck von Konsistenz- und Kohä-
renzverlust noch auffängt" (Alheit/Dausien 2000), ist vorhanden und wird zur
Bewältigung von Verlaufskurvenpotentialen genutzt. Das Wenden von Krisen
gelingt hier also, wenn auch nur graduell. Ebenso sind eine biographische
Selbstbeobachtung und entsprechende Handlungen gegeben und dies durchaus in
kompetenter Weise, wenn sie als realistisch und nicht etwa illusorisch oder gar
„dilettantisch" beschrieben worden sind.

Bei der *Biographie als selbst gestaltete Entscheidungsserie* ist die Aussage
interessant, dass auch das Unterlassen biographischer Arbeit eine bewusste Entscheidung darstellt (Beck/Beck-Gernsheim 1993: 182). Denn dies trifft auf die
vorliegenden Befunde insofern zu, als dass die biographische Perspektivität nicht
einfach verschwindet, sondern Gegenstand von Aushandlungen und Entscheidungen ist. Diese Entscheidung könnte dann – sie wird ja vorerst nur angedroht –
getroffen werden, wenn aus einer pragmatischen Haltung heraus die Planung des
Lebens sinnlos erscheint und zu Lasten des Alltags geht. So kann das Leben im
Heute auch eine erfolgreiche Bewältigung von Zukunftsungewissheit sein.
„Auch was von außen als Versagen oder als Leiden erscheint, kann gleichwohl
das Moment der gelungenen Selbstbehauptung der Person aufweisen" (Giegel
1995: 213). So zeigt Wolfram Fischer (1986), wie im dritten Kapitel (3.2) erwähnt, dass Umschichtungen und Neuordnungen zwischen Alltags- und Lebenszeit auch mit dem Zweck (und dem Erfolg) vorgenommen werden können,
Brüche zu reparieren und Handlungsfähigkeit wieder herzustellen. Eine „Kultur
des Zufalls" (Castel 2000: 358) kann also als Ergebnis bewusster Prozesse gedacht werden, die wiederum eine Strategie der Bewältigung von Unsicherheit
darstellen kann. Die Rede wäre dann nicht von einer Rückkehr der situativen
Lebensführung, sondern von einer sich hiervon unterscheidenden, neuen – in der
Tat zukunftsoffenen, vielleicht inkrementalistischen – Lebensform.

Die Erklärungskraft der Aussage, dass eine Kultur des Zufalls als bewusste
Entscheidung zu fassen ist, ist jedoch nicht sehr groß, will man sich nicht damit
zufrieden geben, dass – ein Problem von *rational-choice*-Annahmen – jede
Handlung per definitionem dem gleichen Prinzip unterliegt. Statt um autonome
Entscheidungen geht es hier zwar um „Wahl unter Restriktionen" (Beck/Beck-
Gernsheim 1993: 182). Aber gerade aufgrund der Abgrenzung, die Beck/Beck-
Gernsheim vom rationalistischen, autonomen Entscheidungsbegriff vornehmen,

um ihn für alle biographischen Handlungen zu öffnen (vgl. Beck/Beck-Gerns-heim 1993: 181 ff.), haftet der Beschreibung der Biographie als Entscheidungs-serie etwas Tautologisches an. Mit der Überlegung, dass immer eine Option gewählt und realisiert wird, wenn jemand handelt, liegt für die hiesigen Ergeb-nisse keine erklärende Aussage vor.

Die Perspektive des Übergangs zur Biographie als selbst gestaltete Ent-scheidungsserie, ob sie nun „Bastel-", „Patchwork-" oder „serielle Biographie" genannt wird, ist allerdings auch in einer anderen Hinsicht nicht überzeugend: Bei genauerem Hinsehen leben die Beschreibungen neuer biographischer Modi von einem überzeichneten Kontrast zu dem, was ‚vorher' beschrieben wurde. Dies betrifft im Wesentlichen die Flexibilität von Biographien und ihre Leistung zur Herstellung von Kohärenz.

Wie im dritten Kapitel erwähnt, gilt die Biographie der zweiten bzw. Post-moderne als flexibel, wohingegen die industriegesellschaftliche bzw. die von „einer falsch angelegten Theorie" (Schimank 1985: 448) beschriebene Biogra-phie teleologisch ausgerichtet gewesen sein soll.

In der Tat wird in der Biographietheorie verneint, dass eine Beliebigkeit dessen, woraus ein Zusammenhang konstruiert wird, oder ein kompletter Wider-ruf der Vergangenheit möglich ist. So macht z. B. Fritz Schütze in Bezug auf biographische Wandlungs- und Verlaufskurvenprozesse darauf aufmerksam, dass über lange Zeit eingelebte biographische Orientierungen nicht von heute auf morgen dementiert und durch neue ersetzt werden können, die mit den bis-herigen nicht übereinstimmen (vgl. Schütze 1981: 103 ff.). Auch wenn man eine Biographie ‚nur' konstruiert,

> „‚hat' man [eine Biographie] [ebenso wie ein Geschlecht, DS] in dem Sinne, dass
> sie einen bindet, daß man besondere kommunikative Anstalten treffen muß, wenn
> man Relevantes daraus verschweigen will, und daß es radikaler Hilfsmittel bedarf,
> wenn man sich von ihr verabschieden will" (Wohlrab-Sahr 1999: 486).

Allzu flexibel stellt sich die Biographie in der Lebenslaufsoziologie also wirklich nicht dar. „Es geht", so Alheit/Dausien, „um das Problem der Anschlussfähigkeit biographischer Problemlagen an bereits akkumulierte Erfahrungen" (Alheit/ Dausien 2000: 275).

Damit besagen die Prämissen der Biographietheorie aber durchaus auch ein flexibles Selbstbild. Das Handlungsmodell ist hier im Rekurs auf den Pragma-tismus kein teleologisches, wie dies Schimank konstatiert (Schimank 2002: 228, 244 ff.). Mit dem Problem der substantiell-teleologischen Identitätskonzeptionen wurde sich im Interaktionismus bzw. Pragmatismus und der Biographietheorie explizit auseinander gesetzt und es wurden konkrete Alternativen dazu erarbeitet. Diese Alternative besteht etwa bei Anselm Strauss in der Bezeichnung der

Identität als „Reihe aufeinander bezogener Transformationen" (Strauss 1974: 97) und bei Wolfram Fischer-Rosenthal dann schlicht im Konzept „Biographie" (vgl. Fischer-Rosenthal 1995: 258 f.). Dabei werden eine wechselseitige Beziehung zwischen Handlungsziel und Handlungskontext angenommen, Handlungsabläufe als flexibel und festgelegt zugleich begriffen (vgl. Dewey 1995: 78; Fischer-Rosenthal 2000: 115). Sie werden nicht allein auf Handlungspläne, ebenso wenig allein auf „kontingente Situationsbezüge" zurückgeführt (Joas 1992: 235; vgl. Böhler 1978: 191). Stattdessen wird von Handlungsprozessen ausgegangen, die sich durch Ziele ebenso wie durch Kontexte konstituieren (vgl. Böhler 1978: 163 ff.; Dewey 1995; Joas 1992). Denn bei Problemen im Planablauf wird Sicheres und Unsicheres aufeinander angewendet (vgl. Dewey 1995: 78 f.); es werden „neue, auch riskante Erfahrungen an einen inneren Erfahrungscode" angeschlossen, „der seinerseits die selektive Synthese vorgängig verarbeiteter Erfahrungen darstellt" (Alheit 2003: 25). Dem Handelnden stehen mehrere Möglichkeiten zur Verfügung, die Handlungssituation einzuordnen und es besteht für ihn die Anforderung, spontan eine Fassung zu bestimmen. Dies geschieht aber durch „Inanspruchnahme des eingelebten Sinnhintergrundes aus Erfahrungen und Interessen" (Böhler 1978: 190), was Schütz/Luckmann „Planhierarchie" nennen.

> „Das Interesse wird von der Situation mitgerissen und modifiziert, aber eingegliedert in die Planhierarchie." (Schütz/Luckmann 1975: 129, vgl. 213)

Mit Kontingenz und dem Umstand, dass etwas Anderes eintrifft als erwartet, konnten die Akteur/-innen also bereits umgehen, bevor sie als postmodern oder als bastelnd bezeichnet wurden. Auf der Grundlage von Erfahrungen bereits bewältigter Probleme konnten sie, so die theoretische Konzeption in der Biographietheorie, neuen Situationen begegnen, diese kontrollieren und bewältigen.

Ohnehin implizieren die Beschreibungen, welche die Lebenslaufsoziologie zur Struktur von Lebensgeschichten vornimmt, einen flexiblen Prozess. In Kapitel 3.2 wurde zum interpretativen Aufbau von Biographien beschrieben, dass Vergangenheit, Gegenwart und Zukunft, das empirisch Sichere und das Unsichere oder „Verworrene" *aufeinander* angewendet werden (Dewey 1995: 78-79) und es dadurch keine Geschichte gibt, die Vergangenheit, Gegenwart und Zukunft *definitiv* miteinander verknüpft (vgl. Mead 1969: 67). Biographien wurden nicht als statische Ablagerungen von Ereignissen und Erfahrungen vorgestellt, sondern als synthetisierte, rekursiv interpretierte Erfahrungszusammenhänge. In den für die Biographieforschung mehrheitlich leitenden Identitätskonzeptionen des Interaktionismus bzw. Pragmatismus und der Phänomenologie geht es um eine experimentelle (an Erfahrungen erprobte) Konstitution und somit permanente Wandlung des Selbst (Mead 1969, 1987b: 247 ff.; Dewey 1995; Strauss 1974; Berger/Luckmann 2004: 167 ff.). Es handelt sich um eine grundsätzlich als tentativ begriffene Identität (Biographie), weil sich das Subjekt (wie jede Wirklichkeits-Versicherung; vgl. Berger/Luckmann 2004: 163 ff.) nur über andere erfahren und entwickeln kann und dieser Prozess niemals abgeschlossen ist (vgl. Mead 1987b, 1968).

Vor diesem Hintergrund fragt sich, was genau „der Übergang von der modernen zur postmodernen Identität als Ablösung des stabilen durch ein veränderbares und offenes Selbst" meint (Schroer 2006: 52) und was neu an der „Selbstreflexion und -bestätigung" ist, die eine alltägliche „work in progress" darstellen „je nachdem, wie das Publikum darauf reagiert" (Kraus 2006: 247).

Genauso unklar bleibt die Leistung, die der Biographie im neuen Lebenslaufregime zur Herstellung von Kohärenz und Kontinuität attestiert wird. Denn ebenfalls auf der Grundlage interaktionistischer und pragmatistischer Handlungstheorien und aus dem oben Beschriebenen bereits resultierend (vgl. Mead 1987b: 247 ff., Strauss 1974), repräsentiert biographische Arbeit die Synthetisierung verschiedener Teilidentitäten und Erfahrungen: „Die Lebensgeschichte wird als Biographie zum Integrationsprozessor der Person" (Fischer-Rosenthal 1990: 21). Dies bildet kein wirkliches Gegenüber zum „*matching*" der Patchworkidentität (Keupp et al. 2002: 54), das verschiedene Teilidentitäten, ausgehend von „situativen Selbsterfahrungen" (Keupp 2006: 13), organisiert und hierbei eine „äußere Dimension der Passungs- und Verknüpfungsarbeit zur Aufrechterhaltung von Handlungsfähigkeit und Integration" sowie eine „innere Dimension der Synthesearbeit zur Konstruktion von Kohärenz" aufweist (Keupp 2006: 12). Die so benannte Fähigkeit zur Kohärenz verschiedener Teilidentitäten zu einem Ganzen lässt sich kaum von Meadschen Beschreibungen der Identitätskonstruktion abheben.

Weil der Einzelne nur als Objekt und nur über (Interaktions-)Geschichten auf sich zugreifen kann und allein über die Biographie soziale Strukturen und Individualität verzeitlichen kann, sind biographische Narrationen als Erhebungsinstrument etabliert worden. Deshalb erstaunt die Feststellung, autobiographisches Schreiben diene heute als „Identitätsarbeit", da hier „subjektive Konstruktion von Sinn durch einen reflexiven Prozess [unternommen wird], der mimetisch-kohärente Lebensgestalt erzeugt" (Kraus 2006: 255). Ähnlich verhält es sich mit den Feststellungen, dass die Bastler „darauf angewiesen" seien, „die Drehbücher [ihres] individuellen Lebens selber zu schreiben" (Hitzler/Honer 1994: 312) und der Einzelne lernen müsse, „sich selbst als Handlungszentrum, als Planungsbüro in bezug auf seinen eigenen Lebenslauf (....) zu begreifen" (Beck 1986: 217) und die „Gestaltung des eigenen Lebens" unter den Bedingungen der Zweiten Moderne „zu einer den Handelnden selbst zuzurechnenden Aufgabe" werde (Bonß et al. 2004: 213). Wenn das Individuum und der „Text das leisten [sollen], was das Leben selber kaum noch bieten kann, die Erfahrung von Kohärenz und Sinn" (Kraus 2006: 255), darf hierbei nicht vergessen werden, dass „das Leben selber" nie kohärent war und Biographie „kein[en] Rückgang gesellschaftlicher Steuerung" bedeutet „sondern den Ersatz eines Vergesellschaftungsmodus durch einen neuen, der am Individuum ansetzt" (Kohli 1988: 35, vgl. 1981b). Als individuell zu entwerfende Projekte haben biographische Texte deshalb auch in der ‚ersten' Moderne bereits das geleistet, was „das Leben selber" nicht bieten konnte.

Nun lässt sich schlecht behaupten, dass die Veränderungen auf dem Arbeitsmarkt und im System der sozialen Sicherung keinerlei Wirkungen auf die biographischen Perspektiven haben. Auch kann man nicht sagen, dass sich die Generation der heute 30- bis 40-Jährigen nicht hat beeindrucken lassen von der Vorstellung nur kurzfristig bindender Arbeitsidentitäten und eines Lebens als „Touristen", wie Zygmunt Bauman jene nennt, denen das ziel- und planlose Unterwegssein wichtig ist (Bauman 1999: 161).

Wenn man die Normalbiographie so betrachtet, als ginge es um ein starres Korsett, das Vielfalt nicht zuließe (vgl. z. B. Brose 2003: 593), mag es Sinn ergeben, heute gelebtes Leben als nicht mehr in diesem Korsett gefangen zu betrachten. Legt man ihre Veränderungen hingegen nicht als groben Schnitt zwischen ‚Vorher' und ‚Nachher' aus, können Beharrungstendenzen trotz Veränderungen behauptet werden. So macht Kohli darauf aufmerksam, dass sich die dreigeteilte Normalerwerbsbiographie nicht auflöst, wenn die Frauenerwerbstätigkeit (auch in der Lebenszeit) zunimmt und sich diesem Modell angleicht, und bemerkt:

> „Wir leben gewiß in einer ‚Kontingenzgesellschaft' – oder, wie Peter Gross sagt, einer ‚Multioptionsgesellschaft'. Aber ihr Niederschlag in der Erwerbssphäre ist noch gering. Wie hieß es doch kürzlich: Alle behaupten, alles sei möglich, aber keiner hält sich dran." (Kohli 2000: 382)

Er zieht hierzu das auch in dieser Arbeit bereits erwähnte Argument heran, dass

> „ein Hinweis auf gesellschaftlich strukturierte Optionen immer dann vor[liegt], wenn die Pluralisierung nicht beliebig streut, sondern in der Herausbildung und Verfestigung von Unterschieden zwischen sozialen Schichten und Milieus mündet" (Kohli 2003: 535).

Mit dem Hinweis darauf, dass das neue biographische Regime sozial strukturiert und noch nicht überall angekommen ist, trifft sich Martin Kohli mit der Perspektive der arbeitssoziologischen Prekaritätsforschung.

Die Perspektive der sozialen Strukturiertheit biographischer Perspektivität
Aus der Perspektive der arbeitssoziologischen Prekaritätsforschung, in der bei
prekär Beschäftigten „die Zukunft weit davon entfernt ist, sich im gegenwärtigen
Handeln anzukündigen" (Bourdieu 2000: 110), würde man stärker auf die
strukturellen Bedingungen für die Herausbildung eines längerfristig vorausschauenden Habitus zielen. So führen laut Bourdieu eine stabile Erwerbslaufbahn und die Entlastung von täglich drängenden Fragen der Existenz zu einem
Habitus, in dem Menschen ihr Leben rational planen und berechnen können (vgl.
ebd.: 92 f.). Damit wäre biographische Perspektivität beim Einzelnen unauflös-
bar an die kontinuierliche Sicherung des Lebens gekoppelt und aus sich heraus
nicht möglich. Einem anderen Zusammenhang – Bourdieus provokanter Kritik
an der Biographieforschung – lässt sich in der Tat etwas entnehmen, das diese
Implikation bestätigt und Alheit treffend als „Ironisierung der pädagogisch-
therapeutischen Idee von heilbaren Beschädigungen biographischer Identität"
bezeichnet (Alheit 1992: 23):

> „Den Versuch zu unternehmen, ein Leben als eine einzigartige und für sich selbst
> ausreichende Abfolge aufeinander folgender Ereignisse zu begreifen, ohne eine
> andere Bindung als die an ein Subjekt, ist beinahe genauso absurd wie zu versuchen,
> eine Metro-Strecke zu erklären, ohne das Streckennetz in Rechnung zu stellen, also
> die Matrix der objektiven Beziehungen zwischen den verschiedenen Positionen."
> (Bourdieu 1990: 80)

Mit Bourdieu, ebenso mit Robert Castel (2005: 38) und jüngst Klaus Dörre
(2010), kann man also den beschworenen Wahlmöglichkeiten und der Biographie als subjektives Konstrukt die Struktur der Verteilung entgegen stellen.
    Darauf, dass nun gerade bei Berufsbiographien der Spielraum zur Deutung
von Verläufen als „erfolgreich" stark begrenzt ist, macht Hans-Joachim Giegel
aufmerksam; auch hier wird auf strukturelle „Minimalbedingungen" verwiesen,
auf deren Grundlage erst der Deutungsspielraum wächst (Giegel 1995: 214).
Man kann hier auch die Ergebnisse der Zeitforschung hinzuziehen, die ein lineares Zeitordnungsmuster ebenfalls sozialstrukturell bedingt nachgewiesen haben
(Müller-Wichmann 1984; Schöps 1980).[40]

---

40   Leicht könnte man auch die aus der Psychologie bekannten Konzepte der Selbstwirksamkeits-
     überzeugung und Kontrollkompetenzen erklärend auf die hier vorgestellten Ergebnisse legen,
     die – kurz gesagt – die Überzeugung und daraus resultierende Kompetenz von Individuen be-
     schreiben, wirksam das eigene Leben gestalten oder zumindest beeinflussen zu können, und
     schichtspezifisch unterschiedlich verteilt sind (vgl. Birkelbach/Bolder 2010). Allerdings macht
     Martin Kohli darauf aufmerksam, dass dieser Konzeption von Handlungsfähigkeit insofern
     eine ideologische Schlagseite innewohnt, als dass hier Zwang in Eigeninitiative und Erleiden in

Auch wenn bei den hier Befragten keine Einschränkung der biographischen Perspektivität festgestellt wurde, könnte man die hiesigen Ergebnisse als ‚Davor' dessen, was Bourdieu beschreibt, deuten und davon ausgehen, dass die Androhung, die biographische Perspektive aufzugeben, früher oder später – aufgrund des Fehlens jener Sicherheitsschwellen – im Typus „Schwieriger Abschied" wahr gemacht wird.

Man kommt so schließlich zur These einer Spaltung biographischer Perspektivität, die analog zur Spaltung des Arbeitsmarktes in stabile und instabile Arbeitsverhältnisse verläuft und unterschiedliche Fähigkeiten zu einer Biographisierung sowie ungleiche Wirkchancen einer solchen konstituiert. Dies entspricht grob der Typologie von Dörre et al., in der die unterschiedlich verteilten Chancen und Ängste in Bezug auf Lebensplanung, Lebensführung und Thematisierung von Zukunft entlang der Beschäftigungs-Zonen eingezeichnet sind (vgl. Dörre et al. 2006: 57 ff., s. Kap. 2, Abb. 4).

Hiermit sind grundsätzlich beide Perspektiven, die der Prekaritätsforschung und die eines neuen biographischen Regimes, miteinander vereinbar, wenn man davon ausgeht, dass es eine strukturelle Entwicklung gibt, die mit unterschiedlichen Tempi von den einzelnen Individuen umgesetzt wird/werden kann und ‚Pionier/-innen' neuer Formen biographischer Sicherheit hervorbringt, welche „den veränderten gesellschaftlichen Verhältnissen am ehesten entsprechen" (Bonß et al. 2004: 231). Dann ist das erfolgreiche Management dessen, dass keine Normalbiographie mehr greift – das „Selbstmanagement" (Dörre 2010) – ein neuerlicher Individualisierungsschub, bei dem, wie bei Individualisierungsschüben üblich, nicht alle mitkommen.

In diesem Zusammenhang lässt sich das *Anything goes* als Sache der Intellektuellen und derer bezeichnen, die es sich leisten können. So erbringt Simone Scherger entlang von Daten des Sozioökonomischen Panels einen historisch kontextualisierten Nachweis für den Verbleib des dreigeteilten Lebenslaufes und überlegt dann, ob es zu einer „Übertreibung der Diagnose" einer Individualisierung deshalb kommt, weil die „thematisierenden Gruppen" die entsprechenden „Erfahrungen stärker [machen] als andere" (Scherger 2007: 289-290). Selbst Heiner Keupp weist im Kontext seiner Beschreibung einer Patchwork-Biographie daraufhin hin, dass diese eine Integration in der Arbeitsgesellschaft voraussetzt (vgl. Keupp 1997: 19). Damit verhielte es sich mit dem Vorwurf Bolders, mit der Normalbiographie hätten Soziolog/-innen von ihren eigenen Erfahrungen zu schnell auf die Gesellschaft geschlossen (vgl. Bolder 2004: 18), genau umgekehrt.

Handeln übersetzt wird (vgl. Kohli 1981b: 163 f.). Deswegen würde man sich damit erneut Bourdieus Kritik an der Individualisierung von Handlungsabfolgen einhandeln.

Auch wenn es sich bei dieser Lesart einer gespaltenen biographischen Perspektivität um einen seit den 1980er und 1990er Jahren mehrfach diskutierten Einwurf zur Individualisierungsthese handelt (vgl. z. B. Mayer 1991; Leisering 1997): Für die Frage nach der subjektiv-biographischen Bearbeitung von Prekarität erweist sie sich als äußerst plausibel und die Ergebnisse durchaus für das Erste klärend. Denn in der Zone der Prekarität geht es um eine sozialstrukturell eher in den unteren Etagen der Arbeitsgesellschaft bestimmbare Gruppe. Steht der Problematisierung prekärer Arbeit und diskontinuierlicher Erwerbsverläufe die Auffassung entgegen, Stabilität und Kontinuität werde überbewertet und die Einzelnen hätten sich längst davon verabschiedet, kann also auf die sozialstrukturelle Zusammensetzung des ‚Prekariats' verwiesen werden. Dazu gehört auch, dass ein ‚Aussteiger' aus der Normalbiographie in der IT-Branche, im künstlerischen oder wissenschaftlichen Bereich nicht nur höhere strukturelle Sicherheiten zu verzeichnen hat.[41] Er trifft auch auf höhere symbolische Anerkennung als ein Mitarbeiter in der Briefzustellung, dem Call-Center oder in der Produktion.

Immerhin kann mit der These einer Spaltung biographischer Perspektivität – auch mit Blick auf die bislang nur zu den höheren Etagen der Arbeitsgesellschaft vorliegenden Studien positiv bewerteter Diskontinuitäten – der Kreis zu dem Aspekt geschlossen werden, dass die Institutionalisierung des Lebenslaufs immer auch eine Entlastung von unmittelbarsten Bedürfnissen bedeutete, auf deren Grundlage das Leben überhaupt gestaltet und nicht nur erhalten werden kann (vgl. Schelsky 1965: 264, vgl. Kohli 1994). So gesehen zahlt sich dann schließlich auch bei denjenigen die Institutionalisierung des Lebenslaufs aus, die sich von ihr abkehren bzw. sie dezidiert von sich weisen (vgl. z. B. Glaser 2007; Friebe/Lobo 2006; Manske 2006; Pelizäus-Hoffmeister 2008). Sie sind momentan wahrscheinlich die Einzigen, bei denen das prinzipielle Ansinnen des Lebenslaufs, zu integrieren und dies vor dem Hintergrund einer kontinuierlichen Sicherheit den Einzelnen selbst aufzuerlegen – also die Institutionalisierung des Lebenslaufs und die Institutionalisierung von Individualität als ein und derselbe Prozess (vgl. Kohli 1994: 221; vgl. Fischer-Rosenthal 1995: 251 f.) – vorbildlich funktioniert. Erst in sozialer Abstufung nach unten greift dieser Prozess immer weniger gut.

---

41 Mit „strukturellen Sicherheiten" sind das hohe Volumen an kulturellem (Bildungs-)Kapital sowie auch die verwandtschaftsökonomische (finanzielle) Absicherung (meist durch die Eltern) gemeint, die bei diesen Branchen tätigen Personen festgestellt werden können (vgl. Manske 2007). Unter der verwandtschaftsökonomischen bzw. finanziellen Absicherung ist sich Hilfe in Notlagen vorzustellen – sozusagen ein sekundäres Sicherungsnetz, wenn das der Erwerbsarbeit (inkl. Sozialversicherung) ausfällt. Diese Absicherung durch meist die Eltern lässt sich auch von der anderen Seite, nämlich mit Blick auf die Transferleistungen von Eltern an ihre erwachsenen Kinder betrachten (vgl. Künemund/Vogel 2008, Kohli et al. 2005: 191ff.).

In den biographischen Analysen, wie sie Einzelne in prekären Erwerbslagen vornehmen und hier rekonstruiert worden sind, erfolgt jedoch diese soziale Abstufung und die Verknüpfung von Biographizität (Individualität) mit einer stabilen und ‚runden' Laufbahn in einer Weise, für deren Erklärung der Verweis auf die Sozialstruktur biographischer Optionen nicht genügt: Entgegen den Erwartungen, die durch aktuelle Annahmen zur Biographie gesetzt werden, konnte das, was durch Prekarisierung biographisch geschieht, als Prozess beschrieben werden, bei dem die Normalbiographie nicht etwa vergessen, ihr Fehlen erfolgreich bewältigt oder, auch wenn die sozialstrukturelle Bremse eingelegt ist, früher oder eben später verabschiedet wird. Vielmehr wird sie in ihrer Bedeutung als das sinnvolle und das einzige Leben, das man kennt, auf den Punkt gebracht.

7.2 Aktivisten der Normalbiographie

Die Institution des Lebenslaufs und der Normalbiographie meint keine *Option*, sein Leben auf eine bestimmte Weise zu führen, sondern eine Vorstellung darüber, was Leben ist: Es handelt sich um eine „soziale Tatsache eigener Art, die (ähnlich wie Geschlecht) als soziale Institution konzeptionalisiert werden kann" (Kohli 1985: 1), um eine „Strukturierung der lebensweltlichen Horizonte bzw. Wissensbestände, innerhalb derer die Individuen sich orientieren und ihre Handlungen planen" (ebd.: 3), um eine „grundlegende und selbstverständliche Voraussetzung für das Handeln" (ebd.: 21), um „selbstverständlich gegebene Schemata der Wirklichkeitskonstruktion" (Kohli 1988: 40) sowie das „Maß eines runden Lebens" (Kohli 1986: 191).

Dass es sich bei der Normalbiographie nicht um irgendeinen zu wählenden oder erzwungenen Lebensweg, sondern um Vorstellungen über das Leben überhaupt handeln könnte, wurde bislang kaum diskutiert. Dies scheint der Grund für ihre schnelle Verabschiedung zu sein. Auffällig ist an der Debatte um die Biographisierung seit den 1980er Jahren bis heute, dass ein Konstrukt und sein Verschwinden konstatiert wird, ohne dass eine Auseinandersetzung mit Prozessen und Bedingungen der gesellschaftlichen Konstruktion und Dekonstruktion von Wirklichkeit geführt wird. Es stellt sich daher die Frage, ob hier auf ertragreiche Argumentationsstränge verzichtet worden ist, statt die Normalbiographie als Schemata der sozialen Konstruktion von Wirklichkeit beim Wort zu nehmen. Denn die Annahmen zu einem neuen biographischen Regime ‚nach der Normalbiographie' lassen sich anhand von drei Aspekten zuschneiden:

1) Die Annahme einer Beliebigkeit[42]
Soziale Konstruktionen werden häufig als rein gedankliche Gebilde, als Ein-
bildung im Sinne eines kontrafaktischen Bewusstseins und als ,weniger wirklich'
begriffen. Axel Bolder etwa sieht die Normalbiographie als Erfindung durch
Sozialwissenschaftler/-innen an, die mit der Wirklichkeit nichts zu tun hat,
sondern unabhängig von dieser ein Eigenleben zu führen begonnen hat (Bolder
2004: 20). Hiermit wird der spezifische Gehalt von Theorien zur sozialen
Konstruktion von Wirklichkeit unterminiert.

2) Die Unterschätzung der Flexibilität sozialer Konstruktionen
Oft werden soziale Konstruktionen in ihrer idealtypischen Beschreibung rezipiert
und deren Abweichung bereits als ihr Ende begriffen. Zum Beispiel grenzen
Hitzler/Honer handlungsleitende Regeln von einer Bewegung „unter, zwischen
und am Rande" gesellschaftlicher Deutungsprozesse ab (Hitzler/Honer 1994: 310)
und Brose sieht durch die Variation des Lebenslaufes (z. B. eine männliche und
eine weibliche) dessen dreiteilige Grundstruktur in Frage gestellt (Brose
2003: 593).
    Die These vom Ende der Normalbiographie lebt von der Unterschätzung
ihrer Flexibilität. Hierdurch wird verpasst, Grundregeln auszumachen, entlang
derer ein erheblicher Wandel stattfinden, die Institution aber dennoch (und aus
sozialkonstruktivistischer Perspektive muss man sagen:) gerade darum eine
Tendenz zur Beharrung aufweist. Soziale Konstruktionen sind insofern verallgemeinerte Gebilde, als dass sie eine Vielzahl von Situationen und Fällen
abdecken: Geht es um die Konstruktion von immerhin nichts Geringerem als der
Wirklichkeit, muss sie passfähig, komplex und somit flexibel und übertragbar
sein (vgl. Wetterer 2002; Douglas 1991).

3) Krisen eines Schemas: Thematisierung und Dekonstruktion
Weil es um die soziale Konstruktion von Wirklichkeit geht, wird häufig an-
genommen, der konstruierte Tatbestand werde permanent von den Einzelnen, in
Interaktionen thematisiert und explizit in ihrer Bedeutung benannt und wenn er
nicht thematisiert wird, gibt es ihn nicht mehr oder er verliert an Relevanz.
Damit werden Grundregeln sozialer Konstruktionen überlesen, nämlich dass erst

---

42   In der Individualisierungsdebatte wurde Ulrich Beck die Annahme einer Beliebigkeit vor-
     geworfen. Es wird noch deutlich werden, dass hier etwas anderes besprochen wird: Dort war
     die Frage nach der Autonomie des Subjekts Gegenstand der Auseinandersetzung (vgl. Beck/
     Beck-Gernsheim 1993; Burkart 1993; Leisering 1997), hier stellt sich die Frage nach der Be-
     schaffenheit sozialer Konstruktionen. Auch wenn es sich hier nicht um zwei völlig voneinander
     unabhängige Ebenen handelt, geht es mir hier nicht um die Frage nach Freiheit oder Zwang zur
     Wahl.

das Problematischwerden der als selbstverständlich hingenommenen Wirklich-
keitsmerkmale ihre explizite Thematisierung auslöst. Wird die deutliche Be-
sprechung eines Sachverhalts entweder als Festhalten, Trauer (vgl. Brose 2003;
Zinn/Eßer 2003) oder bereits als Herrschafts- und Ideologiekritik (vgl. Kraus
2006) sowie Bewältigungsstrategie gedeutet, übergeht man eine bestimmte Lesart: sie als gewöhnlichen Fall in Krisen anzusehen.

Zur Beliebigkeit sozialer Konstruktionen
Weil die Biographie als soziale Konstruktion bezeichnet wird, die man „nicht
einfach ‚hat', sondern sie immer erst interaktiv herstellt" (Dausien/Kelle
2005: 207), gilt sie in einem weiten Spektrum der Literatur als etwas, das nach
Gutdünken konstruiert – ‚zusammengeschustert' – werden kann. Es gilt hier die,
für die Rede von sozialen Konstruktionen nicht unübliche, Annahme der Beliebigkeit oder Willkür.

   Niklas Luhmann macht an verschiedensten Stellen darauf aufmerksam, dass
Kontingenz – entgegen ihrer landläufigen Interpretation (vgl. Luhmann 1990: 66,
2006: 324) – nicht mit Beliebigkeit übersetzbar ist, weil sie beschränkt werden
muss (vgl. Luhmann/Schorr 1979: 59). Vor allem die funktionale Ausdifferenzierung führt dazu, dass nicht alles miteinander verbunden werden kann,
sondern höhere Selektivität herrscht und eine solche beschreibt die Anforderung,
„dass dies und nicht anderes realisiert werden muss" (Luhmann 2006: 174).
Sofern Systeme und die Ausdifferenzierung von Systemen der Orientierung
dienen, würden sie ihres Sinnes beraubt (nicht existieren, nicht funktionieren),
wenn sie keine orientierenden Zusagen machten (vgl. Luhmann 2006: 324).
Luhmann verweist auf gesellschaftliche Probleme und Prinzipien wie dem
sozialer Ordnung und nicht festgestellter Wesen, um dem Missverständnis der
Beliebigkeit und reinen Zufälligkeit zu begegnen.

> „[M]an kann nicht mit der Vorstellung der Äquipossibilität von allem und jedem
> leben. Derart unbestimmte Kontingenz erzeugt zunächst einen Leerhorizont der
> Kompatibilität, die Normalerwartung, daß dies und auch anderes geht; aber solche
> Projektionen müssen sinnhaft faßbar gemacht und durch Bestimmungen präzisiert
> werden. Unbestimmtes muß in bestimmte oder doch bestimmbare Kontingenz über-
> führt werden" (Luhmann/Schorr 1979: 58-59, vgl. hierzu auch Luhmann 1981: 323)

Zwar besteht, so Luhmann, die Chance für neue Formen. Er benennt diese aber
als Möglichkeiten, die nicht jenseits, sondern in Anlehnung an bzw. Vororien-
tierung auf bereits vorhandene Strukturen zustande kommen (vgl. Luhmann/
Schorr 1979: 60) – Sinnkontexte einerseits von ihren ursprünglichen Motiven
getrennt werden (Kontextfreiheit, Übertragbarkeit, Generalisierung), sich in

einem anderen Zusammenhang aber bewähren müssen (Kontextfitting) (vgl. Luhmann 2006: 332 f., 1990: 66).

„Würde man die Kneipe in die Kirche verlegen, würden gewisse Orientierungen fraglich werden." (Luhmann 2006: 324)

Mary Douglas spricht deshalb von „formal-mathematischen Eigenschaften" der Analogien, welche Selektionen begründen und plausibilisieren (Douglas 1991: 92; Luhmann 1981: 327 ff.). Dabei kommt es auch ihr darauf an, dass die Plausibilisierung durch Vergleiche geschieht, die an bereits vorrätige Sinnzusammenhänge anschließbar sind (vgl. Douglas 1991: 107 ff.). Deshalb, so Douglas, „stammen die Lösungen, die [Institutionen] anbieten, ausschließlich aus dem beschränkten Bereich ihrer Erfahrungen" (ebd.: 151).

Die notwendigerweise limitierten Zufällig- und Verknüpfbarkeiten erklären eine vollständige Revision des bisher Gelebten und das „überraschende, oft wilde Verknüpf[en] von Formen und Farben, selten auf bekannte Symbole und Gegenstände [zielende]" (Keupp 1997: 17) „Zusammenschustern" (Beck/Beck-Gernsheim 1993: 179) von Sinnelementen für unwahrscheinlich.

Eine Wirklichkeitskonstruktion ist aber auch insofern nicht beliebig, was die Möglichkeit einer „völligen Ungebundenheit der Welterzeugung im Kopf" und der „Beliebigkeit von Weltverständnissen" betrifft (Gross 1994: 63-64): Wirklichkeit ist in ihrem Bestand bzw. um weiter mit ihr arbeiten zu können, von der Unterhaltung und Bestätigung in der intersubjektiven Welt abhängig (vgl. Schütz/Luckmann 1975; Berger/Luckmann 2004; vgl. Douglas 1991; Luhmann 1981: 324, 2006: 328 ff.). Bedeutungen generieren sich in Interaktionen und der Denkprozess ist ein nach innen gerichteter Dialog und kann nicht ohne Ausagieren und damit der empirischen Realitätsprüfung im Denken entworfener Deutungen und Handlungen fortgesetzt werden (vgl. Mead 1968: 177ff.; Dewey 1995). „Das notwendigste Vehikel der Wirklichkeitserhaltung ist die Unterhaltung" (Berger/Luckmann 2004: 163). Selbst das Erleben von Gefühlen ist von ihrer Artikulation abhängig, die wiederum von gesellschaftlichen Zeichen abhängig ist (vgl. Hirschauer 1993: 62). Ansonsten sind sie „momenthafter Impuls, dunkle Stimmung oder greller Schreck ohne Verknüpfbarkeit, ohne Kommunikabilität, ohne Effekt im System" (Luhmann 1987: 98).

Es ist der Verdienst der Geschlechterforschung, darauf hingewiesen zu haben, dass eine soziale Konstruktion als „dichter Sinnzusammenhang" begriffen werden muss, „aus dem kaum zu entrinnen ist" (Hirschauer 1996: 246), als „Konstruktion, in der wir unweigerlich gefangen sind" (Butler 1991: 57), als Matrix, bei der es kein Außerhalb in Form einer „radikalen Zurückweisung" (ebd.), also keinen Standpunkt gibt, von dem aus man hinter diese Wirklichkeit schauen kann. Da immer wieder versucht wurde, von zweigeschlechtlichen Deutungs- und Handlungsmustern „rein gewaschene" Identitäten zu verorten (ebd.: 180), musste ebenso permanent deutlich gemacht werden, dass soziale Konstruktionen keine Wahlalternativen neben vielen anderen Möglichkeiten darstellen, sondern Wirklichkeit – die einzige, die wir kennen.

Wird eine soziale Konstruktion mit unverbindlicher Beliebigkeit und als – sowohl im Alltag als auch in der Wissenschaft – weniger ernst zu nehmen übersetzt, entsteht die paradoxe Situation, dass das, was soziale Wirklichkeitskonstruktionen anzeigen sollen, nämlich bindende Faktizität, als nicht nachhaltig, nicht verbindlich oder „unabhängig von der Welt der Tatsachen" (Bolder 2004: 20) gesehen wird. Bezeichneten soziale Tatbestände Willkür oder Beliebigkeit, wären es keine sozialen Tatbestände „eigener Art", wie es Kohli für den Lebenslauf in Anschlag bringt (Kohli 1985: 1). Wären Systeme sinnlos oder ‚alles Mögliche', wären es keine Systeme, „deren Struktur das Mögliche als Bestimmtes oder doch Bestimmbares ermöglicht" (Luhmann 1991: 65). Und bezeichnen Wirklichkeitskonstruktionen nicht die „Welt der Tatsachen" wären sie keine Wirklichkeitskonstruktionen.[43]

Zur Flexibilität sozialer Konstruktionen
Wurde oben mit Douglas und Luhmann darauf hingewiesen, dass Selektionen in Analogien gründen und neue Formen nicht ohne Verbindung zu dem entstehen, was vorher war, verweist dies darauf, *dass bei* sozialen Konstruktionen Veränderungen gedacht werden können und sogar müssen: Variabilität und Flexibilität sind es, die Wirklichkeitsbestimmungen „funktionstüchtig" machen (Wetterer 1995: 229).

---

43 Beliebig sind soziale Konstruktionen im Übrigen auch insofern nicht, als dass eine „Generation an Soziologen" eine Kategorie „erfinden" und diese geradewegs „zur Norm" erheben und in Wirklichkeit übersetzen könnte, wie dies zur Normalbiographie festgestellt wird (Bolder 2004: 18, Bolder et al. 2010: 9). Auch wenn jüngst vermerkt wird, dass es sich hier um keinen linearen Prozess handeln kann, wird dieser lediglich mit dem Hinweis auf Brechungen (auf dem Weg zum Subjekt) versehen und die kulturelle von der Ebene subjektiver Relevanzen weiterhin getrennt (vgl. Birkelbach/Bolder 2010: 85). Auch wenn soziale Institutionen Wirklichkeit erst herstellen, vollzieht sich der Prozess einer Institutionalisierung auf mehreren Ebenen und hierbei komplizierter, zumindest rekursiver und reflexiver als der Prozess einer ‚Erfindung' und linearen, wenn auch gebrochenen Beeinflussung ‚von oben' meinen kann (vgl. hierzu Berger/Luckmann 2004: 49 ff.). Für das Gelingen einer sozialen Konstruktion und ihre Geltungsmacht als ‚Jedermanns' Wirklichkeit ist wesentlich, dass sie gerade nicht nur auf *einer* gesellschaftlichen Ebene (hier: der Wissenschaft) als plausibel gilt (vgl. Goffman 2001). Dabei ist die Frage nach der ‚Urheberschaft' bzw. „Autorität" der legitimierten Wirklichkeitsauffassung für das Bezeichnen einer Kategorie als „soziologisch" gewissermaßen unerheblich (vgl. Douglas 1991: 81; Durkheim 1984: 114).

Die Forschung zur sozialen Konstruktion von Geschlecht hat gezeigt, dass es zur Reproduktion eines Tatbestands beides braucht: Kontextloslösung und enorm variable, aber an den gesellschaftlichen Wissensvorrat anschließbare Settings, damit sie Wiedererkennungswert erlangen und via selektiver Erinnerung als Fortsetzung des Gleichen erkannt und umgesetzt werden können.[44] Dies macht Neuerungen nicht unmöglich, lässt aber das Ignorieren dessen, was vorher war, nicht zu und umgekehrt: soziale Konstruktionen bleiben ohne enorme Neuerungen nicht am Leben. Im Sinne einer sich gegenseitig bedingenden Variabilität und Konstanz sind Variationen und Pluralisierungen deshalb nicht mit einer Auflösung von Wirklichkeitsbestimmungen übersetzbar. Im Gegenteil bezeichnet die „Befreiung von einer zu statisch gedachten Ordnung" nicht deren Ende, sondern deren „modus vivendi" (Hirschauer 1993: 59) und sind neue Formen nicht eine Denkmöglichkeit gegen die vorangegangenen, „sondern eine Denkmöglichkeit auf ihrer Basis" (ebd.: 60).

Werden die Flexibilität einer konstruierten Ordnung unter- und ihre Rigidität überschätzt, führt dies, wie Stefan Hirschauer zum Gegenstand der Geschlechterordnung feststellt, zur Annahme, es ginge um das hundertprozentige Kopieren von Diskursen und Strukturen und wenn sie nicht kopiert, sondern – in neuen Zusammenhängen und neuen Konfigurationen – zitiert werden, handele es sich bereits um ein „Mißlingen" (Hirschauer 1993: 59). Dem gegenüber stellt er die Überlegung, dass es beim Nichtkopieren um die „Erneuerung des sich alltäglich abschleifenden Sinns" der Konstruktion geht und in *diesem* Sinne um den „modus vivendi" einer Ordnung (ebd.): Gesellschaftliche Konstruktionen müssen aktualisiert werden; es *muss* mit ihnen gespielt, sie *müssen* praktische Anwendung finden, soll es sich weiterhin um eine tragfähige Konstruktion handeln, die Wirklichkeit gerade entlang von Abweichungen – in Abarbeitung und Aufnahme dieser – erhalten kann (vgl. Berger/Luckmann 2004: 112 ff.). Hier wird Wirklichkeit nicht etwa durch eine neue ersetzt, jederzeit beliebig getauscht oder als misslungen angesehen, sondern „jene *eine* ‚Wahrheit' auf ‚Vordermann gebracht'" (ebd.: 171, Herv. DS).

Aus dieser Sicht kann z. B. die Annahme einer „Ultrastabilität der Institution des Lebenslaufs", die Brose an Kohli kritisiert, durchaus nicht trotz, sondern *wegen* einer „männliche[n] und weiblichen[n] Normalbiografie und jeweils eine[r] Reihe von Varianten davon" (Brose 2003: 593) formuliert werden. Wer vor dem Hintergrund der soeben dargelegten Argumentation davon ausgeht, dass Veränderungen den institutionalisierten Lebenslauf nicht tangieren, lässt sich nicht mehr geradewegs als ignorant gegenüber Neuerungen bezeichnen (vgl. ebd.).

---

44 Vgl. z. B. die Analysen zum ‚Geschlechtswechsel' von Berufen von Gildemeister/Wetterer 1992; Wetterer 2002.

Zu den Krisen eines Schemas: Thematisierung und Dekonstruktion
Es wird davon ausgegangen, dass eine verstärkte Biographisierung das Ende der Normalbiographie anzeigt und dies, also die Auflösung der Normalbiographie, die biographische Thematisierung beim Einzelnen verursacht.

Mit dem ethnomethodologischen Gedanken, dass (nur) durch Krisen (-Experimente) analytisch auf das Selbstverständliche und unproblematisch Gültige zugegriffen werden kann, lässt sich herausstellen, wie eine verstärkte Biographisierung noch ausgelegt werden kann statt sie als Auflösung normalbiographischer Schemata zu deuten. So betont Stefan Hirschauer, dass

> „die Thematisierung nur jener Fall der Aktivierung einer Unterscheidung [ist], der die Krise ihres selbstverständlichen kulturellen Gebrauchs anzeigt" (Hirschauer 2001: 211).

Das heißt: sie ist nicht mehr, aber auch nicht weniger. Es wird etwas latent und routiniert Mitlaufendes zum Thema gemacht, gleichsam aber *aktiviert* (und nicht etwa aufgelöst). Wirklichkeitsbestimmungen können „inaktiv" werden, Prozesse sozialer Konstruktionen kennen so etwas wie „ruhende Mitgliedschaften", wenn Erwartungen in den Hintergrund treten bzw. nicht verletzt werden (Hirschauer 2001: 218, 1994). Entsprechend kennen sie Fälle der Aktivierung und Pointierung von Unterscheidungen, wenn Normalitätsunterstellungen verletzt werden.

Dies entspricht etwa jener Normalisierung in Form des ‚„Reparierens' von Brüchen im sozialen Gewebe", die Kohli als „die allgemeinste Funktion" biographischer Thematisierung" benennt (Kohli 1981a: 518). Hirschauer begreift (im Kontext der Geschlechterforschung) einen solchen Vorgang als „Mobilisierungsprozess, der ruhende Mitglieder in ‚soziale Bewegung' versetzt und damit erst zu jenen ‚Geschlechtsaktivisten' macht, von denen die Ethnomethodologie mit ihrer Annahme eines unentwegten doing gender ausging" (Hirschauer 2001: 218) und deren Nicht-(mehr)Auffindbarkeit andererseits als De-Thematisierung, Dekonstruktion und Auflösung der Geschlechterdifferenz gedeutet wurde. Auch als „Evokation" bezeichnet er diesen Prozess, bei dem der Aktivismus und die entsprechende soziale Bewegung geködert (weil mit Anerkennung verknüpft), als Zwickmühle gestaltet (weil nur innerhalb der aktivierten Kategorien reagiert werden kann) und/oder in Form der „Selbstrekrutierung" eine höchst bemühte Selbstmarkierung und -verortung stattfinden kann (vgl. ebd.: 218). Dies lässt sich, ebenso wie die anderen Darlegungen in diesem Abschnitt, auf die Normalbiographie und die empirischen Ergebnisse vorliegender Untersuchung übertragen.

Wie bei der sozialen Konstruktion von Geschlecht es nicht beliebig ist und nicht ohne eine Infrastruktur und gesellschaftlichen Wissensvorrat zustande kommt, *wie* eine Person sich vergeschlechtlicht darstellt und wahrgenommen wird, ist weder für den Biographieträger noch für seine Interaktionspartner voraussetzungslos und unbestimmbar variabel, was als gelungene Biographisierung gilt. Ein „Pfuschen" oder ein „Dilettantismus" (Hitzler/Honer 1994: 310), ein „Sich-Durchwurschteln" (Schimank 2000: 233) und/oder ein *Anything goes* funktioniert nicht außerhalb eines kategorialen Systems, das mit sozialer Anerkennung ködert und in seiner Geltungskraft als Wirklichkeitsbestimmung konkurrenzlos ist.

Ist mit *doing gender* nicht ein frei nach Belieben zu betreibender oder zu unterlassender Prozess bezeichnet, verhält es sich ähnlich mit einem ‚*doing biography*', solange soziale Konstruktionen die Übersetzung von Unbestimmtheit in Bestimmbares bedeuten. Wenn die Normalbiographie als Übersetzung unbestimmter in bestimmbare Kontingenz gilt, kann eine biographische Thematisierung nicht willkürlich und ungeachtet dessen, was ‚wirklich' (erfahrbar, zu verarbeiten, verfüg- und kommunizierbar) ist, erfolgen. Statt des Ablaufprogramms der Normalbiographie als das Leben kontinuierende Größe und Maß eines sinnvollen Lebens kann nicht ohne weiteres etwas beliebig Anderes oder ‚alles Mögliche' genommen werden, ohne dass Orientierungen, Integration und Anerkennung ungewiss werden. Auch für biographische Problemlagen stehen lediglich die bislang sedimentierten Erfahrungen oder, wie Douglas formuliert, Lösungen zur Verfügung, die „aus dem beschränkten Bereich der Erfahrungen einer Institution stammen" (Douglas 1991: 151), als welche Kohli den Lebenslauf ja bezeichnet.

So wie bei sozialen Konstruktionen kein Standpunkt außerhalb bisher Erfahrenem verfügbar ist und zwar zurückgeschaut, aber nur vom neuen Standpunkt aus bewertet werden kann, ist bei der Normalbiographie als sozialer Konstruktion weder das einfache Verschwinden langfristiger Perspektivität ‚zurück' in die situationale Lebensführung noch das Erfinden komplett neuer, von den vorherigen Modellen unabhängiger Muster vorstellbar. Ist die Normalbiographie etwas, mit dem lebenszeitliche Wirklichkeit hergestellt wird, ist Lebenszeit nicht außerhalb ihrer oder von ihrer Optik ‚rein gewaschen' zu betrachten. Neue Formen der Biographie sind keine Denkmöglichkeiten jenseits normalbiographischer Schemata, sondern sie beruhen auf ihnen.

So wie bei der Konstruktion von Geschlecht „die Thematisierung nur jener Fall der Aktivierung einer Unterscheidung [ist], der die Krise ihres selbstverständlichen kulturellen Gebrauchs anzeigt" (Hirschauer 2001: 211) und genereller bei Berger/Luckmann die ‚Unterhaltung' der Wirklichkeit implizit und beiläufig, erst bei Brüchen in der Routine explizit und vordergründig geschieht (vgl. Berger/Luckmann 2004: 163 f.), kann eine verstärkte Biographisierung zunächst einmal als solch ein Bruch in der Routine gelesen werden.

„Wenn es also eine Krise ist, auf die die Biographisierung der Lebensführung gegenwärtig antwortet, so ist sie gerade dadurch konstituiert, *daß* institutionelle Normalitäts- bzw. Kontinuitätsmuster bestehen, die verletzt oder problematisch werden; d. h. die bisher unproblematische Geltung der biographischen Schemata ist die Voraussetzung für die Krise *und wird empirisch durch ihr Eintreten bestätigt.*" (Kohli 1988: 41, Herv. DS)

Die Rede von sozialen Konstruktionen erlaubt also, festzuhalten, dass eine verstärkte biographische Thematisierung das Vorhandensein von regelhaften Mustern zunächst einmal bestätigt und nicht schon auflöst. Man kann nun einen Schritt weitergehen und die *Bestätigung der biographischen Schemata durch Eintreten der Krise* beim Wort nehmen: Entlang der Arbeiten aus der Geschlechterforschung kann man die biographische Arbeit, welche die hier Befragten in ihrer prekären Erwerbslage ausführen, als Prozess begreifen, der inaktive Kategorien aktiviert (vgl. Hirschauer 2001: 218):

Die Bedeutung der Normalbiographie wird aktualisiert und auf den Punkt gebracht. In der Gleichsetzung der Normalbiographie mit (einem runden, einem ‚guten') Leben und dem ‚Drinnen' der Gesellschaft auf der einen und der Übersetzung ihres Fehlens mit „Nichts vom Leben haben" auf der anderen Seite, ist ablesbar, dass es sich bei der Normalbiographie nicht um irgendeinen zu wählenden Lebensweg handelt. Es geht um Vorstellungen über das Leben überhaupt, weshalb nur innerhalb ihrer Kategorien gedacht werden kann und ihr Krisenfall als Zwickmühle oder als „Dilemma" (Ernst Opp) empfunden wird. Die (verstärkte) biographische Arbeit steht also nicht im Gegensatz zur Normalbiographie oder für etwas Neues, das an ihre Stelle tritt. Sie gehört implizit und beiläufig, in der Krise explizit und vordergründig zu ihr: Biographische Thematisierung als Wirklichkeits-Unterhaltung, die ihren beiläufigen Charakter verloren hat. In prekären Erwerbslagen werden die Funktion und der Sinn der normalbiographischen Ordnung benannt und erneuert und die Bestimmung dieser Wirklichkeit vollzieht sich nunmehr im Vordergrund: Wenn unter Rückgriff auf vorhandenes Wissen eine Konstruktion aktualisiert und präsentiert wird – und gesellschaftliche Konstruktionen können auf Dauer sonst nicht überleben – handelt es sich um eine erneute Herstellung dieser Wirklichkeit und damit mehr um ihren Erhalt als um ihre Auflösung.[45]

In prekären Erwerbslagen als Situation, in der selbstverständliche Orientierungen fraglich werden, vollzieht sich hier also so etwas wie ein „Mobilisierungsprozess", in dem die in der Literatur und zuweilen auch im Alltag

---

45   Und analytisch gesehen ist die Zentralität eines Tatbestand, wie sie durch sein Problematisch-werden vor Augen geführt wird, ein anderer Prozess, als dass man ein Gut (erst) zu schätzen beginnt, weil es selten wird (vgl. Brose 2003: 584).

schon längst verloren geglaubte Normalbiographie in ihrer Funktion subjektiv belebt und erhärtet wird – ein Mobilisierungsprozess der „ruhende Mitglieder" einer sozialen Institution und ihrer Kategorisierungen „in ‚soziale Bewegung' versetzt und erst zu jenen ‚Aktivisten'" einer Normalitätskonstruktion macht (Hirschauer 2001: 218), als die sie immer gesucht wurden und deren ‚Inaktivität' als Verschwinden der Normalbiographie gedeutet wurde. Prekäre Erwerbslagen sind Krisen normalbiographischer Schemata und gleichsam Fälle ihrer Aktivierung und Pointierung.

8 Schluss

„ICH-STRESS, ICH-PAUSE, ICH-STREIK"
Aufruf zur Demonstration gegen Prekarisierung (FelS 2008)

Von den objektiven Merkmalen prekär, kann ein Arbeitsverhältnis für den einen die (wenn auch spärliche) Finanzierung einer kreativen Findungsphase, für den anderen die ebenso spärliche, aber einzige Option sein, einer Erwerbsarbeit nachzugehen. Ist dem einen wichtig, bei einer gewissen Arbeit nicht dazu zu gehören und nur Gast zu sein, empfindet es der andere als diskriminierend, andere Kleidung zu tragen als der Stammwerker. Gilt Arbeit jenseits der Festanstellung in dem einen Fall als fortschrittlich, ist sie in einem anderen mit Sicherheits- und Anerkennungsverlust verbunden.

Eine entscheidende Rolle spielt dabei die biographische Perspektive. Ohne sie explizit aufzuführen, weist bereits die Arbeitssoziologie in ihren Studien zur subjektiven Verarbeitung prekärer Beschäftigung eine biographische Dimension aus: Unsichere Arbeit kann unerwünschte biographische Entwicklungen aufheben und positiv als Herumkommen verstanden werden. Aber auch eine blockierte Lebensplanung und die Hoffnung auf eine Normalisierung der Biographien werden benannt. Ebenso wird der Umstand, dass sich die Zukunft aus der Wahrnehmung prekär Beschäftigter entfernt, als Auswirkung beschrieben, die eine nach strukturellen Merkmalen prekäre Beschäftigung auf der subjektiven Ebene haben kann.

Das Ziel der vorliegenden Arbeit war es, diese biographische Dimension prekärer Arbeit zu untersuchen: Welche Bedeutung kommt (normal-) biographischer Perspektivität im Falle ihres (drohenden) Verschwindens zu? Im Kern können hierzu folgende Aussagen getroffen werden:

1. Prekäre Arbeit stellt Leben in Frage
Die biographische Dimension ist ein zentrales Merkmal erwerbsbedingter Prekarität. Prekäre Beschäftigung verkörpert nicht nur „eine besondere Beziehung von Erwerbstätigen zu ihrer Berufsbiographie" und eine „erwerbsbiographische Problemlage", wie Klaus Dörre es formuliert (Dörre 2005: 182, 2010: 139 ff.). Prekäre Beschäftigung bildet eine besondere Beziehung von Er-

werbstätigen zu ihrem *Leben* ab und konstituiert eine *biographische* Problemlage.

Denn zur Verhandlung steht das gesamte Leben, wenn die biographische Perspektivität – die Möglichkeit, seine Vita zu thematisieren und zu planen – zum Gegenstand bewusster Auseinandersetzung wird. So lässt prekäre Beschäftigung die Einzelnen beinahe wortwörtlich benennen, was aus lebenslaufsoziologischer Perspektive die Voraussetzung für biographische Perspektivität ist: die kontinuierliche Sicherung des Lebenslaufs über Erwerbsarbeit als gesellschaftliche Offerte, aber auch Pflicht, sein Leben als individuell zu gestaltendes Projekt zu begreifen. Die Befragten thematisieren Biographizität als jenen Teil der Vergesellschaftung, der in den Aufgabenbereich des Individuums fällt: Gesprochen wird wie von einer Abmachung, bei der eine Partei unzuverlässig geworden ist. Deshalb hinterfragen sie ihre Bereitschaft, ihr Handeln entlang von Erwerbsarbeit zu organisieren. Sie stellen die Vermittlung zwischen sich und der Arbeitsgesellschaft, wie sie als Funktion des institutionalisierten Lebenslaufs beschrieben wurde, zur Disposition und verorten eine aufgegebene Biographizität dann folgerichtig im ,Außerhalb' dieser Gesellschaft.

Genau dies macht die biographische Perspektivität zum Dreh- und Angelpunkt der Auseinandersetzung mit einem Leben jenseits der Festanstellung. Mit ihr entscheidet sich, ob man ,drinnen' bleibt oder ,draußen' ist. Aus diesem Grund existiert nicht einfach die Drohung, den ,Deal' mit der Gesellschaft aufzukündigen, sondern eine ständige Bewährungsprobe, den integrativ gemeinten Biographizitäts-Code nicht zurückzuweisen und sich – es geht um eine am Ich ansetzende Vergesellschaftungsform – selbst auszugrenzen.

2. (Normal-) Biographische Perspektivität kann nicht einfach verschwinden
Die Normalbiographie ist Markierungspunkt für Integration und Ausgrenzung in der Arbeitsgesellschaft. Sie steht nicht für eine Option im Leben, sondern für Leben überhaupt. Ihr Gegenstück ist die situative, auf die unmittelbaren Bedürfnisse gerichtete Lebensführung und der Verlust einer biographischen, verzeitlichten Sichtweise. Das Leben jenseits der Festanstellung droht damit keines zu sein: Im Status zwischen Leben und „nichts vom Leben haben" zeigt sich ein subjektiv ganzheitlicher Zugang zur Erwerbslage, bei dem die sang- und klanglose Verabschiedung biographischer Perspektivität ebenso diffizil erscheint wie die vollständige Revision der Normalbiographie als biographisches Konzept. Als Teile desselben Prozesses – den der individualisierenden Vergesellschaftung – würde mit ihnen zuviel: das Leben aufgegeben.

Entgegen den Erwartungen, die durch die Annahmen einer Patchwork- und Bastelbiographie gesetzt werden, kann damit das, was durch Prekarisierung biographisch geschieht, als Prozess beschrieben werden, bei dem die Normalbiographie nicht etwa längst vergessen und ihr Fehlen erfolgreich ersetzt worden ist. Auch verschwindet die biographische Perspektivität nicht geradewegs und unbemerkt. Vielmehr wird die dreigeteilte Kernstruktur des Lebens – seine Ordnung in Vorbereitungs-, Aktivitäts- und Ruhephase – in ihrer Funktion und Bedeutung

- das individuelle Handeln als Integration der Einzelnen in die Arbeitsgesellschaft zu organisieren und dabei am Selbst anzusetzen,
- Langsicht zu ermöglichen und täglich anfallende Bedürfnisse zu entaktualisieren, gleichsam aber zu trivialisieren und schließlich:
- als das ‚gute‘, runde, sinnvolle Leben bzw. das einzige Leben, das man kennt

aktiviert und auf den Punkt gebracht. Die Normalbiographie wird, weil problematisch geworden, sowohl in ihrer funktionalen als auch handlungstheoretischen Komponente: sowohl als Vergesellschaftungsmodus als auch als Orientierungs- und Handlungsmuster, explizit artikuliert.

In Anlehnung an sozialkonstruktivistische und ethnomethodologische Überlegungen zu Krisen im Gebrauch von Wirklichkeitsschemata wurde dies als Prozess gefasst, der Akteure zu ‚Aktivisten‘ einer Normalitätskonstruktion macht (vgl. Hirschauer 2001: 218). Statt dass das Konstrukt der Normalbiographie sich auflöst, wird es aktiviert. Durch die Prekarisierung gerät etwas Selbstverständliches und für unproblematisch Gehaltenes an die Oberfläche, wird manifester Gehalt von Wirklichkeits-Gesprächen und Markierungspunkt zwischen Integration und Ausgrenzung in der Arbeitsgesellschaft.

3. Prekarisierung ist sozialstrukturelle Positionierung
Prekäre Beschäftigung hebt damit zwar unerwünschte biographische Entwicklungen insofern auf, als dass sie von einem kompletten Ausschluss einstweilen oder im Idealfall dauerhaft bewahrt. Als Herumkommen, das z. B. Brose in seinen Studien zur Zeitarbeit benennt (vgl. Brose 1984: 213; Brose et al. 1993) gilt sie ebenfalls. Dies aber bereits nur, wenn ihre Dauer absehbar ist und die auf diese Weise gesammelte „komprimierte Berufserfahrung" (ein in vorliegender Untersuchung Befragter) beizeiten in einer Festanstellung eingesetzt werden kann.

Überhaupt wird ein nach strukturellen Merkmalen prekäres Beschäftigungsverhältnis nur positiv gedeutet, wenn bestimmte Bedingungen vorliegen: Ein Sicherheitsnetz, das ökonomisches Kapital ebenso beinhaltet wie kulturelles. Damit sind auch die bastelnden und inkrementalistischen biographischen Muster nicht als Dekonstruktion, sondern als Folge der Institutionalisierung des Lebenslaufs anzusehen. Ein nach eigenen Entwürfen zu gestaltendes Leben kann nur als ein solches gelten, wenn – und historisch gesprochen: nachdem – die unmittelbaren Bedürfnisse nicht täglich virulent sind. Dementsprechend ist umgekehrt auch die Betrachtung von Lebenslagen als unwürdig von der historisch-kulturellen sowie auf den Einzelnen in seiner sozialen Position bezogenen Habitualisierung einer vorausschauenden Handlungsperspektive abhängig (vgl. Bourdieu 2000: 92; Schelsky 1965: 263-264; Kohli 1986, 1994b).

So vollziehen sich neue biographische Konzeptionen sozial strukturiert und innerhalb einer Skala gesellschaftlicher Anerkennung, die durch die Institutionalisierung des Lebenslaufs gesetzt ist. Die Hochqualifizierten und finanziell relativ Abgesicherten, auf die allein sich Studien zur positiven oder doch zumindest unaufgeregten Deutung biographischer Offenheit beziehen (vgl. z. B. Klatt/Nölle 2006; Wolf/Kastner 2006; Vormbusch/Kels 2007, Kels 2008; Pelizäus-Hoffmeister 2008), sind damit die, die sich am deutlichsten gegen das Normalarbeitsverhältnis und die Normalbiographie wenden und gleichzeitig aber diejenigen, bei denen das prinzipielle Ansinnen des Lebenslaufs, in die Arbeitsgesellschaft zu integrieren und dies den Einzelnen selbst aufzuerlegen, vorbildlich funktioniert. Deshalb wird diskutiert, ob die Kritik am Normalarbeitsverhältnis und der Normalbiographie dem Kapitalismus bei seiner Flexibilisierung nicht eher hilft statt ihm zu trotzen (vgl. Boltanski/Chiapello 2003: 249; Behrens 2009) und sie „mit ihrer ‚Selbstprekarisierung' längst nicht mehr der Sand im Getriebe, sondern vielmehr dessen Schmieröl" sind (Kastner 2009: 8; vgl. Lorey 2006, 2007). Dass es sich beim Leben als individuell zu entwerfendes Projekt um ein selbstbestimmtes, gleichwohl gesellschaftlich ebenso ermöglichtes wie erzwungenes handelt, wird hier als Gouvernementalität diskutiert.

> „Bei der hier suggerierten Haltung ist es entscheidend zu glauben, die eigenen Lebens- und Arbeitsverhältnisse seien selbst gewählt und deren Gestaltung sei relativ frei und autonom. Tatsächlich sind die Unsicherheiten, die mangelnden Kontinuitäten unter den gegebenen gesellschaftlichen Bedingungen zu einem großen Teil durchaus auch bewusst gewählt. Im Folgenden geht es jedoch nicht um die Fragen ‚Wann habe ich mich wirklich frei entschieden?', ‚Wann agiere ich autonom?', sondern darum, in welcher Weise Vorstellungen von Autonomie und Freiheit konstitutiv mit hegemonialen Subjektivierungsweisen in westlichen, kapitalistischen Gesellschaften zusammenhängen." (Lorey 2006: 1)

Die Debatte über die „Selbst-Prekarisierung" macht deutlich, dass die Integration in die Arbeitsgesellschaft über alternative – mithin prekäre – biographische Projekte etwas Anderes anzeigt als die Ablösung oder Rücknahme der Institutionalisierung des Lebenslaufs. Zudem offenbart sich über den ‚bewusst wählenden' Zugang zu Beschäftigungsformen, dass es bei der Prekarisierung des

Arbeitsmarktes nicht nur um ein je nach Position in der Sozialstruktur weiches oder hartes Fallen, sondern – damit verbunden – auch um unterschiedliche Arbeitsbegriffe geht. Immerhin: Die einen nennen es prekär, „wir nennen es Arbeit" (Friebe/Lobo 2006).

Damit geht es bei den Patchwork-Biograph/-innen nicht um eine Avantgarde aus besonders reflektierten und fortschrittlichen Personen, hinter denen die ‚Prekarier/-innen' – ob nun aus strukturellen oder Gründen der Begabung – zurückbleiben. Es geht um unterschiedliche Vorstellungen von kapitalistisch verfasster Arbeit. Die Aktivisten der Normalbiographie können so nicht als Gruppe gelten, die nahezu reaktionär dafür Sorge tragen, dass über ihr „insistentes Festhalten an der Normalitätsfiktion Roß und Reiter nicht genannt werden" und die „Legitimitätsfrage" des Kapitalismus nicht gestellt wird (Bolder 2004: 18). Ihre biographische Konzeption ist ebenso wie die der Kreativ-Jobber keine Denkmöglichkeit gegen die Arbeitsgesellschaft, sondern eine auf ihrer Basis.

Die Frage nach ‚biographischer Kompetenz' und also einer bestmöglichen Verarbeitung biographischer Unsicherheit entscheidet sich so mitnichten auf der Grundlage von „Begabung" oder „Pfuschen" (Hitzler 2000, vgl. Hitzler/Honer 1994: 310) oder einer „pädagogischen Kategorie" (Kraul/Marotzki 2002: 9). Auch geht es nicht um das Fehlen individueller ‚guter Ideen' dazu, wie man unsicherer Arbeit begegnen kann (vgl. Pongratz 2004: 37; Kühn/Witzel 2004: 239 ff.). Mehr geht es um Unterschiede durch sozialstrukturelle Positionen und Positionierungen. Dies ist für die Forschung zur Prekarisierung des Arbeitsmarktes zu bedenken, aber aufgrund aktueller Argumentationen der Arbeitssoziologie auch verhältnismäßig bekannt (vgl. zuletzt Dörre 2010).

4. Die soziale Frage wird biographisch formuliert
Wie an den Prozessen der Aktivierung und Pointierung normalbiographischer Schemata deutlich wird, können die Auswirkungen prekärer Arbeit sowie die Bedeutung (normal-) biographischer Perspektivität und ihr Verschwinden nicht allein über die Ebene „der objektiven Beziehungen zwischen den verschiedenen Positionen" geklärt werden (Bourdieu 1990: 80). Doch auch mit dem derzeit verfügbaren Instrumentarium der Lebenslaufsoziologie konnte in der vorliegenden Studie nicht gearbeitet werden. Stattdessen wurden Anleihen bei der Geschlechtersoziologie gemacht, um den Prozess erklären zu können, der sich in der Artikulation normalbiographischer Wirklichkeitsschemata in einer prekären Erwerbslage vollzieht. Denn ein ethnomethodologisches und phänomenologisches Sezieren der normalbiographischen Wirklichkeitsschemata fehlt; es fehlen Theorien und zuverlässige Termini zur Normalbiographie als sozialer Konstruktion und dementsprechend fundierte Herangehensweisen an ihr Brüchigwerden

und dessen Folgen. Tiefgreifender, als es hier aufgrund fehlender Vorarbeiten hat passieren können, muß sich also mit den sozialkonstruktivistischen Akzenten der Institutionalisierung des Lebenslaufs befasst werden und diese Analyse weiterhin mit der bislang strikt arbeitssoziologisch geführten Prekarisierungsdebatte verbunden werden.

Weitere explorative Studien qualitativer wie quantitativer Prägung sind also vonnöten. In qualitativer Ausrichtung ließen sich – auch über einen Längsschnitt – die biographischen Prozesse prekär Beschäftigter weiter beobachten und die Ebene kultureller Deutungsstrukturen sozialer Unsicherheit weiter ausbuchsta-bieren. Zu diesem Zweck könnte man auch, mit entsprechenden (Einzel- wie Gruppen-) Erhebungs- und/oder Auswertungsverfahren, stärker und schneller in die Queranalyse – den externen Vergleich – gehen (vgl. Ullrich 1999, 2000: 109 et passim; Bohnsack 1992). Einen Ansatzpunkt, um auf quantifizierender Ebene bzw. über statistische Verfahren die arbeitssoziologische Prekarisierungsdebatte weiter lebenslaufsoziologisch zu informieren (und umgekehrt), bilden mögli-cherweise Sequenzanalysen von Daten aus dem SOEP, die berufliche Verläufe sowie Umgangsweisen mit diesen (dynamisiert) zu untersuchen und abzubilden probieren (vgl. Groh-Samberg 2009; Groh-Samberg/Hertel 2010).

Vor dem Hintergrund des ethnomethodologischen Gedankens, dass nur durch Krisen analytisch auf das Selbstverständliche zugegriffen werden kann, kann nämlich die Prekarisierung rein forschungspragmatisch als Krisenexperi-ment betrachtet werden: In der Zone der Prekarität kann deutlich studiert werden, wie die Institutionalisierung des Lebenslaufs auf der Ebene der Deutung und Handlung funktioniert und wie dies an die Arbeitsgesellschaft gekoppelt ist. Die Institution des Lebenslaufs und die aktuelle gesellschaftliche wie individuelle Relevanz der Normalbiographie können also über Prekarität ausbuchstabiert werden. Umgekehrt ist aber auch Prekarität nur unter Rückbezug auf die Institutionalisierung des Lebenslaufs und die Normalbiographie in ihrer Trag-weite zu bestimmen, wenn die Einzelnen entlang normalbiographischer Schema-ta das Ausmaß ihrer Erwerbslage definieren und *hierüber* Fragen der Einbindung in die Arbeitsgesellschaft aufwerfen. Mit der Verzahnung, die normalbio-graphische Schemata zwischen Individuum und Arbeitsgesellschaft herstellen, bespricht das ‚Prekariat' grundlegende Aspekte der Vergesellschaftung und führt damit in der Tat, wie es bisher nur vermutet wurde, eine „Diskussion um die ‚Baugesetze der Gesellschaft'"(Vogel 2008: 17). Und es führt diese Diskussion in der Tat *selbst*: Bislang galten die Dimensionen der subjektiven Bearbeitung prekärer Beschäftigung fast nur als Symbol oder Stellvertreter-Diskussion einer eigentlich grundlegenderen, eben der sozialen Angelegenheit. Und man wusste dabei nicht, warum biographische Planungsunsicherheit ein Problem für Individuen sein sollte und welche sowohl individuelle als auch gesellschaftliche

Relevanz einer lebenszeitlichen Perspektive oder ihrem Verschwinden zukommt. Mit vorliegender Arbeit konnte also nicht nur die Forschungslücke geschlossen werden, die in einer mangelnden Berücksichtigung des Lebenslaufs in der Arbeits- und einer unterlassenen Auseinandersetzung mit prekärer Arbeit in der Lebenslaufsoziologie besteht. Aufgezeigt wurde so auch der in den Deutungs- und Handlungsmustern aktuell bestehende ‚Link' zwischen der Funktionsweise der Arbeitsgesellschaft und der des Individuums und dies ist die gegenwärtig wahrscheinlich direkteste Formulierung der „neuen sozialen Frage".

Literaturverzeichnis

Alheit, Peter 1988: Alltagszeit und Lebenszeit. In: Rainer Zoll (Hrsg.): Zerstörung und Wiederaneignung von Zeit. Frankfurt a. M.: Suhrkamp, S. 371-386.

Alheit, Peter 1992: Biographizität und Struktur. In: Peter Allheit, Bettina Dausien, Andreas Hanses und Antonius Scheuermann (Hrsg.): Biographische Konstruktionen. Beiträge zur Biographieforschung. Werkstattbericht des Forschungsschwerpunkts Arbeit und Bildung. Bremen: Universität Bremen, Bd. 19, S. 10-36.

Alheit, Peter 1994: Taking the Knocks. Youth Unemployment and Biography. London: Cassell.

Alheit, Peter 2003: Biografizität. In: Ralf Bohnsack, Winfried Marotzki und Michael Meuser (Hrsg.): Hauptbegriffe qualitativer Forschung. Opladen: Leske + Budrich, S. 25.

Alheit, Peter und Bettina Dausien 2000: Die biographische Konstruktion der Wirklichkeit. Überlegungen zur Biographizität des Sozialen. In: Erika M. Hoerning (Hrsg.): Biographische Sozialisation. Stuttgart: Lucius & Lucius, S. 257-283.

Apitzsch, Birgit 2010: Flexible Beschäftigung, neue Abhängigkeiten. Projektarbeitsmärkte und ihre Auswirkungen auf Lebensverläufe. Frankfurt a. M./New York: Campus.

Arendt, Hannah 1981: Vita Activa oder Vom tätigen Leben. München: Piper.

BA 2009a: Statistik der Bundesagentur für Arbeit: Zeitarbeit. Entwicklung Juni 1998 - Juni 2008. Internet: http://www.pub.arbeitsamt.de/hst/services/statistik/200806/iiia6/sozbe/zeitarbeitd.pdf [07. April 2009].

BA 2009b: Statistik der Bundesagentur für Arbeit: Arbeitnehmerüberlassung. Zeitreihe seit 1973. Internet: http://www.pub.arbeitsamt.de/hst/services/statistik/detail/b.html [07. April 2009].

BA 2009c: Statistik der Bundesagentur für Arbeit: Geringfügig entlohnte Beschäftigte in Deutschland - Zeitreihen ab Juni 1999. Internet: http://www1.arbeitsamt.de/hst/services/statistik/detail/b.html [07. April 2009].

BA 2009d: Bundesagentur für Arbeit. Der Arbeits- und Ausbildungsmarkt in Deutschland. Monatsbericht. Internet: http://www.pub.arbeitsamt.de/hst/services/statistik/000000/html/start/monat/aktuell.pdf [07. April 2009].

Bartelheimer, Peter 2005: Erwerbsbeteiligung aus sozioökonomischer Perspektive. Neue Wege statistischer Berichterstattung, Beiträge zum 14. Wissenschaftlichen Kolloquium von Statistischem Bundesamt und Deutscher Statistischer Gesellschaft, Wiesbaden. Internet: [http://kolloq.destatis.de/2005/bartelheimer.pdf [05. 12 2007].

Bartelheimer, Peter 2009: Warum Erwerbsausschluss kein Zustand ist. In: Robert Castel und Klaus Dörre (Hrsg.): Prekarität, Abstieg, Ausgrenzung. Die soziale Frage am Beginn des 21. Jahrhunderts. Frankfurt a. M./New York: Campus, S. 131-156.

1

Bauman, Zygmunt 1999: Unbehagen in der Postmoderne. Hamburg: Hamburger Verlagsgesellschaft.

Bauman, Zygmunt 2003: Flüchtige Moderne. Frankfurt a. M.: Suhrkamp.

Beck, Ulrich 1985: Von der Vergänglichkeit der Industriegesellschaft. In: Thomas Schmid (Hrsg.): Das pfeifende Schwein. Über weitergehende Interessen der Linken. Berlin: Wagenbach, S. 85-114.

Beck, Ulrich 1986: Risikogesellschaft. Auf dem Weg in eine andere Moderne. Frankfurt a. M.: Suhrkamp.

Beck, Ulrich 1996: Das Zeitalter der Nebenfolgen und die Politisierung der Moderne. In: Beck et al. 1996: S. 19-112.

Beck, Ulrich 1999a: Die Zukunft der Arbeit oder Die Politische Ökonomie der Unsicherheit. In: Berliner Journal für Soziologie 9. Jg., 4/1999, S. 467-478.

Beck, Ulrich 1999b: Schöne neue Arbeitswelt. Vision: Weltbürgergesellschaft. Frankfurt a. M./New York: Campus, 1999.

Beck, Ulrich und Elisabeth Beck-Gernsheim 1993: Nicht Autonomie, sondern Bastelbiographie. In: Zeitschrift für Soziologie 22. Jg., 3/1993, S. 178-187.

Beck, Ulrich, Anthony Giddens und Lash Scott 1996: Reflexive Modernisierung. Eine Kontroverse. Frankfurt a. M.: Suhrkamp.

Beck, Ulrich und Boris Holzer 2004: Reflexivität und Reflexion. In: Ulrich Beck und Christoph Lau (Hrsg.): Entgrenzung und Entscheidung. Frankfurt a. M.: Suhrkamp, S. 165-192.

Becker-Schmidt, Regina 1982: Lebenserfahrung und Fabrikarbeit: Psychosoziale Bedeutungsdimensionen industrieller Tätigkeit. Materialien zur Industriesoziologie. Sonderheft 24 der Kölner Zeitschrift für Soziologie und Sozialpsychologie. Opladen: Westdeutscher Verlag, S. 297-312.

Beese, Birgit 2002: Prekarisierung – auch ein Thema der Bildungsarbeit. In: Wolf Jürgen Räder und Klaus Dörre (Hrsg.). Lernchancen und Marktzwänge: Bildungsarbeit im flexiblen Kapitalismus. Münster: Westfälisches Dampfboot, S. 131-144.

Behrens, Roger 2009: Jobs, Jobs, Jobs. Jungle World, 37/2009, S. 4.

Berger, Peter L., Brigitte Berger und Hansfried Kellner 1975: Das Unbehagen in der Modernität. Frankfurt a. M./New York: Campus.

Berger, Peter L. und Thomas Luckmann 2004: Die gesellschaftliche Konstruktion der Wirklichkeit. Frankfurt a. M.: Fischer.

Bernhardt, Janine, Christoph Köhler und Alexandra Krause 2008: Sicherheitserwartungen und -konstruktionen im Normalarbeitsverhältnis. In: Köhler et al. 2008: S. 285-303.

Birkelbach, Klaus und Axel Bolder 2010: Lebensläufe in der Lebensmitte: Anpassung, Gestaltung und Beharrung in regionalen Lebenswelten. In: Axel Bolder, Rudolf Epping, Rosemarie Klein, Gerhard Rutter und Andreas Seiverth (Hrsg.): Neue Lebenslaufregimes – neue Konzepte der Bildung Erwachsener? Wiesbaden: VS Verlag, S. 69-87.

Bloemer, Vera 2005: Patchwork-Karriere. Mit Vielseitigkeit und Strategie zum Berufserfolg. Regensburg: Walhalla U. Praetoria.

BMFSFJ 2005: Freiwilliges Engagement in Deutschland 1999-2004. Freiwilligensurvey 2004. Berlin: BMFSFJ.

Böhler, Dietrich 1978: Konstituierung des Handlungsbegriffs. Teleologisches und quasi-dialogisches Rekonstruktionsmodell. In: Hans Lenk (Hrsg.): Handlungstheorien – interdisziplinär. München: Wilhelm Fink, Bd. II.I, S. 161-197.

Bolder, Axel 2004: Abschied von der Normalbiographie – Rückkehr zur Normalität. In: Friederike Behringer, Axel Bolder, Rosemarie Klein, Gerhard Reutter und Andreas Seiverth (Hrsg.): Diskontinuierliche Erwerbsbiographien. Zur gesellschaftlichen Konstruktion und Bearbeitung eines normalen Phänomens. Hohengehren: Schneider, S. 15-26.

Bolder, Axel 2006: Neue alte Normalitäten. Empirie und Gestaltungsbedarf durchschnittlicher Erwerbsbiographien nach dem Ende des rheinischen Kapitalismus. In: Hartmut Neuendorff und Bernd Ott (Hrsg.): Neue Erwerbsbiografien und berufsbiografische Diskontinuität. Hohengehren: Schneider, S. 64-80.

Bolder, Axel, Rudolf Epping, Rosemarie Klein, Gerhard Rutter und Andreas Seiverth 2010: Die Fragen der neuen Lebensläufe und die Antworten der Erwachsenenbildung. In dies. (Hrsg.): Neue Lebenslaufregimes – neue Konzepte der Bildung Erwachsener? Wiesbaden: VS Verlag, S. 9-24.

Boltanski, Luc und Ève Chiapello 2003: Der neue Geist des Kapitalismus. Konstanz: Universitätsverlag.

Bonß, Wolfgang 2001: Vergesellschaftung über Arbeit. Oder: Gegenwart und Zukunft der Arbeitsgesellschaft. In: Peter A. Berger und Dirk Konietzka (Hrsg.): Die Erwerbsgesellschaft. Neue Ungleichheiten und Unsicherheiten. Opladen: Leske + Budrich, S. 331-356.

Bonß, Wolfgang 2002: Erosion des Normalarbeitsverhältnisses. Tendenzen und Konsequenzen. In: Anton Rauscher (Hrsg.): Arbeitsgesellschaft im Umbruch. Ursachen, Tendenzen, Konsequenzen. Berlin: Duncker & Humblot, S. 68-86.

Bonß, Wolfgang 2006: Beschäftigt – Arbeitslos. In: Stephan Lessenich und Frank Nullmeier (Hrsg.): Deutschland – eine gespaltene Gesellschaft. Frankfurt a. M./New York: Campus, S. 53-72.

Bonß, Wolfgang, Felicitas Esser, Joachim Hohl, Helga Pelizäus-Hoffmeister und Jens Zinn 2004: Biographische Sicherheit. In: Ulrich Beck und Christoph Lau (Hrsg.): Entgrenzung und Entscheidung. Frankfurt a. M.: Suhrkamp, S. 211-233.

Bosch, Gerhard 1986: Hat das Normalarbeitsverhältnis eine Zukunft? In: WSI-Mitteilungen 39. Jg., 3/1986, S. 163-176.

Bosch, Gerhard 2002: Auf dem Weg zu einem neuen Normalarbeitsverhältnis? – Veränderung von Erwerbsverläufen und sozialstaatliche Absicherung. In: Karin Gottschall und Birgit Pfau-Effinger (Hrsg.): Zukunft der Arbeit und Geschlecht. Opladen: Leske + Budrich, S. 109-134.

Bosch, Gerhard und Thorsten Kalina 2007: Niedriglohne in Deutschland – Zahlen, Fakten, Ursachen. In: Gerhard Bosch und Claudia Weinkopf (Hrsg.): Arbeiten für weniger Geld. Niedriglohnbeschäftigung in Deutschland. Frankfurt a. M.: Campus, S. 20-105.

Bosch, Gerhard, Thorsten Kalina und Claudia Weinkopf: 2008: Niedriglohnbeschäftigte auf der Verliererseite. In: WSI-Mitteilungen 61. Jg., 8/2008, S. 423-430.

Bosch, Gerhard und Alexandra Wagner 2002: Erwerbs- und Arbeitszeitwünsche in Europa und Herausforderungen für die Beschäftigungs- und Arbeitszeitpolitik. In: Institut für Arbeit und Technik (Hrsg.): Jahrbuch 2000/2001, S. 277-299.

Bothfeld, Silke und Lutz C. Kaiser 2003: Befristung und Leiharbeit: Brücken in reguläre Beschäftigung? In: WSI-Mitteilungen 56. Jg., 8/2003, S. 484-493.

Bourdieu, Pierre 1990: Die biographische Illusion. In: Zeitschrift für Biographieforschung und Oral History Jg., 1/1990, S. 76-89.

Bourdieu, Pierre 1998: Gegenfeuer. Wortmeldungen im Dienste des Widerstands gegen die neoliberale Invasion. Konstanz: Universitätsverlag.

Bourdieu, Pierre 2000: Die zwei Gesichter der Arbeit. Interdependenzen von Zeit- und Wirtschaftsstrukturen am Beispiel einer Ethnologie der algerischen Übergangsgesellschaft. Konstanz: Universitätsverlag.

Bourdieu, Pierre, Stéphane Beaud, Patrick Champagne, Rosine Christin, Remi Lenoir, Francoise OEuvrard, Michel Pialoux, Abdelmalek Sayad, Franz Schultheis und Charles Soulié 1997: Das Elend der Welt. Zeugnisse und Diagnosen alltäglichen Leidens an der Gesellschaft. Konstanz: Universitätsverlag.

Brehmer, Wolfram und Hartmut Seifert 2008: Sind atypische Beschäftigungsverhältnisse prekär? Eine empirische Analyse sozialer Risiken. In: Zeitschrift für ArbeitsmarktForschung, 41. Jg., 4/2008, S. 501-531.

Breuer, Stefan 1986: Sozialdisziplinierung. Probleme und Problemverlagerungen eines Konzepts bei Max Weber, Gerhard Oestreich und Michel Foucault. In: Florian Tennstedt und Christoph Sachße (Hrsg.): Soziale Sicherheit und soziale Disziplinierung. Beiträge zu einer historischen Theorie der Sozialpolitik. Frankfurt a. M.: Suhrkamp, S. 45-69.

Brose, Hanns-Georg 1984: Arbeit auf Zeit – Biographie auf Zeit? In: Martin Kohli und Günther Robert (Hrsg.): Biographie und soziale Wirklichkeit. Neue Beiträge und Forschungsperspektiven. Stuttgart: Metzler, S. 193-216.

Brose, Hanns-Georg 2003: Die Subversion der Institution – Über Riesters Rente, lebenslanges Lernen und andere Kleinigkeiten. In: Jutta Allmendinger (Hrsg.): Entstaatlichung und soziale Sicherheit. Verhandlungen des 31. Kongresses der deutschen Gesellschaft für Soziologie. Opladen: Leske + Budrich, Bd. I, S. 583-603.

Brose, Hanns-Georg, Michael Corsten und Monika Wohlrab-Sahr 1993: Soziale Zeit und Biographie. Über die Gestaltung von Alltagszeit und Lebenszeit. Opladen: Westdeutscher Verlag.

Brose, Hanns-Georg und Bruno Hildenbrand 1988: Biographisierung von Erleben und Handeln. In: dies. (Hrsg.): Vom Ende des Individuums zur Individualität ohne Ende. Opladen: Leske + Budrich, S. 11-30.

Brose, Hanns-Georg, Matthias Schulze-Böing und Werner Meyer 1990: Arbeit auf Zeit. Zur Karriere eines ‚neuen‘ Beschäftigungsverhältnisses. Opladen: Leske + Budrich.

Bude, Heinz 1984: Rekonstruktion von Lebenskonstruktionen. Eine Antwort auf die Frage, was die Biographieforschung bringt. In: Martin Kohli und Günther Robert (Hrsg.): Biographie und soziale Wirklichkeit. Neue Beiträge und Forschungsperspektiven. Stuttgart: Metzler, S. 7-28.

Bude, Heinz 1985: Der Sozialforscher als Narrationsanimateur. Kritische Anmerkungen zu einer erzähltheoretischen Fundierung der interpretativen Sozialforschung. In: Kölner Zeitschrift für Soziologie und Sozialpsychologie 37. Jg., 1985, S. 327-336.

Bude, Heinz und Ernst-Dieter Lantermann 2006: Soziale Exklusion und Exklusionsempfinden. In: Kölner Zeitschrift für Soziologie und Sozialpsychologie 58. Jg., 2006, S. 233-252.

Bude, Heinz und Andreas Willisch (Hrsg.) 2008: Exklusion. Die Debatte über die „Überflüssigen". Frankfurt a. M.: Suhrkamp.

Burkart, Günter 1992: Lebenszeitperspektiven – Ergebnisse qualitativer Milieustudien. In: Silvia Gräbe (Hrsg.): Alltagszeit – Lebenszeit. Zeitstrukturen in privaten Haushalten. Frankfurt a. M./New York: Campus, S. 139-164.

Burkart, Günter 1993: Eine Gesellschaft von nicht-autonomen biographischen Bastlerinnen und Bastlern? – Antwort auf Beck/Beck-Gernsheim. In: Zeitschrift für Soziologie 22. Jg., 3/1993, S. 188-191.

Burkart, Günter (Hrsg.) 2006: Die Ausweitung der Bekenntniskultur – neue Formen der Selbstthematisierung? Wiesbaden: VS Verlag.

Burkart, Günter, Melanie Frölich, Marlene Heidel und Vanessa Watkins 2006: Gibt es Virtuosen der Selbstthematisierung? In: Burkart 2006: S. 313-337.

Butler, Judith 1991: Das Unbehagen der Geschlechter. Frankfurt a. M.: Suhrkamp.

Bohnsack, Ralf 1992: Dokumentarische Interpretation von Orientierungsmustern. Verstehen – Interpretieren – Typenbildung in wissenssoziologischer Analyse. In: Michael Meuser und Reinhold Sackmann (Hrsg.): Analyse sozialer Deutungsmuster. Paffenweiler: Centaurus, S. 139-160.

Castel, Robert 2000: Die Metamorphosen der sozialen Frage. Eine Chronik der Lohnarbeit. Konstanz: Universitätsverlag.

Castel, Robert 2001: Der Zerfall der Lohnarbeitsgesellschaft. In: Pierre Bourdieu (Hrsg.): Der Lohn der Angst. Flexibilisierung und Kriminalisierung in der „neuen Arbeitsgesellschaft". Liber Jahrbuch 3. Konstanz: Universitätsverlag, S. 14-20.

Castel, Robert 2005: Die Stärkung des Sozialen. Leben im Neuen Wohlfahrtsstaat. Hamburg: Hamburger Edition.

Castel, Robert 2008: Die Fallstricke des Exklusionsbegriffes. In: Bude/Willisch: S. 69-86.

Corbin, Juliet und Anselm Strauss 1990: Basics of qualitative research: grounded theory procedures und techniques. Newbury Park: Sage.

Corbin, Juliet und Anselm Strauss 1994: Grounded theory methodology. An overwiev. In: Norman K. Denzin (Hrsg.): Handbook Of Qualitative Research. London/New York: Sage, S. 273-285.

Corsten, Michael 1994: Beschriebenes und wirkliches Leben. Die soziale Realität biographischer Kontexte und Biographie als soziale Realität. In: Zeitschrift für Biographieforschung und Oral History 7. Jg., 2/1994, S. 185-205.

Cyba, Eva 1998: Geschlechtsspezifische Arbeitsmarktsegregation: von den Theorien des Arbeitsmarktes zur Analyse sozialer Ungleichheiten am Arbeitsmarkt. In: Birgit Geissler, Friederike Maier und Birgit Pfau-Effinger (Hrsg.): FrauenArbeitsMarkt. Berlin: edition sigma, S. 37-61.

Dausien, Bettina und Helga Kelle 2005: Biographie und kulturelle Praxis. Methodologische Überlegungen zur Verknüpfung von Ethnographie und Biographieforschung. In: Bettina Völter, Bettina Dausien, Helmut Lutz und Gabriele Rosenthal (Hrsg.): Biographieforschung im Diskurs. Wiesbaden: VS Verlag, S. 189-212.

Dettling, Warnfried 2000: Diesseits und Jenseits der Erwerbsarbeit. In: Offe/Kocka 2000: S. 202-214.

Dewey, John 1995: Erfahrung und Natur. Frankfurt a. M.: Suhrkamp.

DGB 2008: DGB-Index Gute Arbeit 2008. Wie die Beschäftigten die Arbeitswelt in Deutschland beurteilen. Berlin: DGB.

Dilthey, Wilhelm 1968: Der Aufbau der geschichtlichen Welt in den Geisteswissenschaften. Gesammelte Schriften Bd. VII. Stuttgart/Göttingen: Teubner/Vandenhoeck & Ruprecht.

DIW 2008: Hilfebedürftig trotz Arbeit? – kein Massenphänomen in Deutschland. DIW Wochenbericht 04/2008.

Dörre, Klaus 2002: Reflexive Modernisierung – eine Übergangstheorie. Zum analytischen Potential einer populären soziologischen Zeitdiagnose. In: SOFI-Mitteilungen 30/2004, S. 55-67.

Dörre, Klaus 2005: Prekäre Beschäftigung – ein unterschätztes Phänomen in der Debatte um die Marktsteuerung und Subjektivierung von Arbeit. In: Karin Lohr und Hildegard Maria Nickel (Hrsg.): Subjektivierung von Arbeit. Riskante Chancen. Münster: Westfälisches Dampfboot, S. 181-206.

Dörre, Klaus 2007: Prekarität – eine Herausforderung für Gewerkschaften und Politik. Zehn Empfehlungen für eine Politik der Entprekarisierung. Vortrag bei der Tagung „Arbeit und trotzdem arm: Prekäre Beschäftigung – Herausforderung für Gewerkschaften und Politik" von DGB und WSI am 06.09.2007 in Berlin. Internet: http://www.dgb.de/themen/prekaere_beschaeftigung/index_html   [13. Dezember 2007].

Dörre, Klaus 2010: Die Selbstmanager. Biographien und Lebensentwürfe in unsicheren Zeiten. In: Axel Bolder, Rudolf Epping, Rosemarie Klein, Gerhard Rutter und Andreas Seiverth (Hrsg.): Neue Lebenslaufregimes – neue Konzepte der Bildung Erwachsener? Wiesbaden: VS Verlag, S. 139-149.

Dörre, Klaus, Ulrich Brinkmann, Silke Röbenack, Frederic Speidel und Klaus Kraemer 2006: Prekäre Arbeit. Ursachen, Ausmaß, soziale Folgen und subjektive Verarbeitungsformen unsicherer Beschäftigungsverhältnisse. Bonn: Friedrich-Ebert-Stiftung.

Dörre, Klaus, Klaus Kraemer und Frederic Speidel 2005: Prekäre Beschäftigungsverhältnisse. Ursache von sozialer Desintegration und Rechtsextremismus? Internet: http://www.uni-jena.de/data/unijena_/faculties/fsv/institut_soz/Endbericht+ Prekaere+Arbeit.pdf [23. Januar 2008].

Douglas, Mary 1991: Wie Institutionen denken. Frankfurt a. M.: Suhrkamp.

Durkheim, Emile 1984: Was ist ein soziologischer Tatbestand. In: ders.: Die Regeln der soziologischen Methode. Frankfurt a. M.: Suhrkamp, 1984, S. 105-114.

Eikhof, Doris Ruth und Axel Haunschild 2006: Lifestyle Meets Market: Bohemian Entrepreneurs in Creative Industries. In: Creativity and Innovation Management, 15. Jg., 3/2006, S. 234-241.

Eikhof, Doris Ruth und Axel Haunschild 2009: From HRM to Employment Rules and Lifestyles. Theory Development through Qualitative Case Study Research into the

Creative Industries. In: Zeitschrift für Personalforschung, 23. Jg., 2/2009, S. 107-124.

Elias, Norbert 1977: Über den Prozess der Zivilisation. Soziogenetische und psychogenetische Untersuchungen. Frankfurt a. M.: Suhrkamp, Bd. II.

Engstler, Heribert 2006: Erwerbsbeteiligung in der zweiten Lebenshälfte und der Übergang in den Ruhestand. In: Clemens Tesch-Römer, Heribert Engstler und Susanne Wurm (Hrsg.): Altwerden in Deutschland. Wiesbaden: VS Verlag, S. 85-154.

FelS 2008: ICHSTRESS ICHPAUSE ICHSTREIK. be.streik.berlin. Organisiert das Schöne Leben. Aufruf zur Mayday-Parade am 01. Mai 2008 in Berlin. Internet: http://fels.nadir.org/upload/aextra3_web.pdf [12.September 2009].

Fischer, Wolfram 1977: Pfarrer auf Probe. Identität und Legitimation von Vikaren. Stuttgart: Kohlhammer.

Fischer, Wolfram 1978: Struktur und Funktion erzählter Lebensgeschichten. In: Martin Kohli (Hrsg.): Soziologie des Lebenslaufs. Darmstadt u. Neuwied: Luchterhand, S. 311-335.

Fischer, Wolfram 1986: Alltagszeit und Lebenszeit in Lebensgeschichten chronisch Kranker. In: Klaus Hurrelmann (Hrsg.): Lebenslage, Lebensalter, Lebenszeit. Weinheim/Basel: Beltz, S. 157-171.

Fischer, Wolfram und Martin Kohli 1987: Biographieforschung. In: Wolfgang Voges (Hrsg.): Methoden der Biographie- und Lebenslaufforschung. Opladen: Leske + Budrich, S. 25-49.

Fischer-Rosenthal, Wolfram 1990: Wissenschaftliche Standortbestimmung. In: Peter Alheit, Wolfram Fischer-Rosenthal und Erika M. Hoerning (Hrsg.): Biographieforschung. Eine Zwischenbilanz in der Deutschen Soziologie. Bremen: Universität Bremen, S. 9-32.

Fischer, Wolfram 1995: The Problem with Identity. The Biography as Solution to some (Post-)Modern Dilemmas. In: Comenius 15. Jg., 3/1995, S. 250-265.

Fischer, Wolfram 1996: Strukturale Analyse biographischer Texte. In: Elmar Brähler und Corinne Adler (Hrsg.): Quantitative Einzelfallanalysen und qualitative Verfahren. Gießen : Psychosozial-Verlag, S. 147-208.

Fischer, Wolfram 1999: Melancholie der Identität und dezentrierte biographische Selbstbeschreibung. Anmerkungen zu einem langen Abschied aus der selbstverschuldeten Zentriertheit des Subjekts. In: Zeitschrift für Biographieforschung und Oral History, 12. Jg., 2/1999, S. 143-168.

Fischer, Wolfram 2000: Biographical work and biographical structuring in present day societies. In: Prue Chamberlayne, Joanna Bornat und Tom Wengraf (Hrsg.): The Turn to Biographical Methods in Social Science. Comparative issues and examples. London/New York: Routledge, S. 109-125.

Fischer-Rosenthal, Wolfram und Gabriele Rosenthal 1997: Narrationsanalyse biographischer Selbstpräsentation. In: Ronald Hitzler und Anne Honer (Hrsg.): Sozialwissenschaftliche Hermeneutik. Opladen: Leske + Budrich, S. 133-164.

Foucault, Michel 1977: Sexualität und Wahrheit. Frankfurt a. M.: Suhrkamp, Bd. I: Der Wille zum Wissen.

Foucault, Michel 1994: Überwachen und Strafen. Die Geburt des Gefängnisses. Frankfurt a. M.: Suhrkamp.

Frankfurter Allgemeine Sonntagszeitung vom 23. Mai 2010, Nr. 20: Spezial: „Generation 30", S.41-46.

Freiburghaus, Dieter 1976: Zentrale Kontroversen der neueneren Arbeitsmarkttheorie. In: Michael Bolle (Hrsg.): Arbeitsmarkttheorie und Arbeitsmarktpolitik. Opladen: Leske + Budrich, S. 71-91.

Friebe, Holm und Sascha Lobo 2006: Wir nennen es Arbeit. Die digitale Boheme oder Intelligentes Leben jenseits der Festanstellung. München: Heyne.

Friedrich-Ebert-Stiftung 2006: Gesellschaft im Reformprozess. Eine Studie von TNS-Infratest. Berlin: Friedrich-Ebert-Stiftung. Internet: http://www.fes.de/aktuell/documents/061017_Gesellschaft_im_Reformprozess_komplett.pdf [01. Dezember 2009].

Fuchs, Helmut und Andreas Huber 2007: Selfness. Nehmen Sie Ihr Leben in die Hand. München: dtv.

Gehlen, Arnold 1956: Urmensch und Spätkultur. Philosophische Ergebnisse und Aussagen. Bonn: Athenaion.

Geissler, Birgit 2004: Das Individuum im Wohlfahrtsstaat: Lebenslaufpolitik und Lebensplanung. In: Zeitschrift für Sozialreform 50. Jg., 1-2/2004, S. 105-125.

Geissler, Birgit und Mechthild Oechsle 1990: Lebensplanung als Ressource im Individualisierungsprozeß. Arbeitspapier Nr. 10 – Teilprojekt B2, DFG-Sonderforschungsbereich 186: Statuspassagen und Risikolagen im Lebenslauf. Bremen: SFB 186.

Giegel, Hans-Joachim 1995: Strukturmerkmale einer Erfolgskarriere. In: Wolfram Fischer-Rosenthal/Peter Alheit (Hrsg.): Biographien in Deutschland. Soziologische Rekonstruktionen gelebter Gesellschaftsgeschichte. Opladen: Westdeutscher Verlag, S. 213-231.

Giesecke, Johannes und Martin Groß 2002: Befristete Beschäftigung – Chance oder Risiko? In: Kölner Zeitschrift für Soziologie und Sozialpsychologie 54. Jg., 2002, S. 58-180.

Gildemeister, Regine und Angelika Wetterer 1992: Wie Geschlechter gemacht werden. Die soziale Konstruktion der Zweigeschlechtlichkeit und ihre Reifizierung in der Frauenforschung. In: Gudrun-Axeli Knapp und Angelika Wetterer (Hrsg.): TraditionenBrüche. Entwicklungen feministischer Theorie. Freiburg: Kore, S. 201-254.

Glaser, Barney G. und Anselm Strauss 1970: Anguish. A Case History of A Dying Trajectory. Mill Valley: Sociology Press.

Glaser, Barney G. und Anselm Strauss 1998: Doing Grounded Theory. Issues and Discussions. Mill Valley: Sociology Press.

Glaser, Peter 2007: Arbyte. Drei Portraits aus den digitalen Arealen. In: Johannes Ullmaier (Hrsg.): Schicht! Arbeitsreportagen für die Endzeit. Frankfurt a. M.: Suhrkamp, S. 212-237.

Goffman, Erving 1975: Stigma. Über Techniken der Bewältigung beschädigter Identität. Frankfurt a. M.: Suhrkamp.

Goffman, Erving 2001: Interaktion und Geschlecht. Frnakfurt a. M.: Campus.

Grimm, Natalie und Berthold Vogel 2008: Prekarität der Arbeitswelt. Grenzgänger am Arbeitsmarkt. In: Forschung & Lehre 10/2008.

Groh-Samberg, Olaf 2009: Armut, soziale Ausgrenzung und Klassenstruktur. Zur Integration multidimensionaler und längsschnittlicher Perspektiven. Wiesbaden: VS Verlag.

Groh-Samberg, Olaf und Florian R. Hertel 2010: „Laufbahnklassen". Zur empirischen Umsetzung eines dynamisierten Klassenbegriffs mithilfe von Sequenzanalysen. Vortrag auf der Tagung „Wiederkehr der Klassengesellschaft. Zum Verhältnis von Ungleichheitsforschung und Gesellschaftstheorie" vom 27.-28. Mai 2010 an der Universität Duisburg-Essen. Internet: http://www.uni-due.de/soziologie/tagung_klassengesellschaft.php#abs [15. Juni 2010].

Groß, Martin 2001: Auswirkungen des Wandels der Erwerbsgesellschaft auf soziale Ungleichheit. In: Peter A. Berger und Dirk Konietzka (Hrsg.): Die Erwerbsgesellschaft. Neue Ungleichheiten und Unsicherheiten. Opladen: Leske + Budrich, S. 119-155.

Gross, Peter 1985: Bastelmentalität: ein postmoderner Schwebezustand? In: Thomas Schmid (Hrsg.): Das pfeifende Schwein. Über weitergehende Interessen der Linken. Berlin: Wagenbach, S. 63-84.

Gross, Peter 1994. Die Multioptionsgesellschaft. Frankfurt a. M.: Suhrkamp.

Grotheer, Michael 2008a: Beschäftigungsstabilität und -sicherheit in Westdeutschland. In: Köhler et al. 2008: S. 65-114.

Grotheer, Michael 2008b: Beschäftigungsstabilität im Ost-West-Vergleich. In: Köhler et al. 2008: S. 115-141.

Hahn, Alois 1987: Identität und Selbstthematisierung. In: Alois Hahn und Volker Kapp (Hrsg.): Selbstthematisierung und Selbstzeugnis: Bekenntnis und Geständnis. Frankfurt a. M.: Suhrkamp, S. 9-25.

Hahn, Alois 2000: Konstruktionen des Selbst, der Welt und der Geschichte. Frankfurt a. M.: Suhrkamp.

Härtel, Ulrich, Ulf Matthiesen und Hartmut Neuendorff 1986: Kontinuität und Wandel arbeitsbezogener Deutungsmuster und Lebensentwürfe – Überlegungen zum Programm einer kultursoziologischen Analyse von Berufsbiographien. In: Hanns-Georg Brose (Hrsg.): Berufsbiographien im Wandel. Opladen: Westdeutscher Verlag, S. 264-290.

Haubl, Rolf 2009: Lebenskunst: Die Fähigkeit mit sich allein zu sein. In: Psychologie heute. März 2009, S. 20-23.

Heinemeier, Siegfried 1991: Zeitstrukturkrisen. Biographische Interviews mit Arbeitslosen. Opladen: Leske + Budrich.

Heinemeier, Siegfried, Joachim Matthes, Cornelia Pawelcik und Günter Robert 1981: Arbeitslosigkeit und Biographie-Konstruktion. Bericht über ein laufendes Forschungsprojekt. In: Joachim Matthes, Arno Pfeifenberger und Manfred Stosberg (Hrsg.): Biographie in handlungswissenschaftlicher Perspektive. Nürnberg: Verlag der Nürnberger Forschungsvereinigung, S. 169-197.

Heitmeyer, Wilhelm (Hrsg.) 2007: Deutsche Zustände Folge 5. Frankfurt a. M.: Suhrkamp.

Heitmeyer, Wilhelm und Hüpping, Sandra 2006: Die Abstiegsangst hat die Mittelschicht gepackt – mit gefährlichen Folgen für das soziale Klima. In: Süddeutsche Zeitung, 21. Oktober 2006.

Hense, Andrea 2007: Versperrter Zugang zu beruflicher Weiterbildung von atypisch Beschäftigten. Vortrag bei der Tagung „Prekarität, Abstieg, Ausgrenzung. Die soziale Frage am Beginn des 21. Jahrhunderts" am 04. Mai 2006 an der Friedrich-Schiller-Universität Jena. Internet: http://www.uni-jena.de/BeitraegeKonferenz SozFr-page-139212.html [18. Januar 2008].

Hepp, Rolf-Dieter 2003: Prekarisierung und epistemologische Wachsamkeit. In: Boike Rehbein, Gernot Saalmann und Herrmann Schwengel (Hrsg.): Pierre Bourdieus Theorie des Sozialen. Probleme und Perspektiven. Konstanz: Universitätsverlag, S. 251-270.

Hirschauer, Stefan 1993: Dekonstruktion und Rekonstruktion. Plädoyer für die Erforschung des Bekannten. In: Feministische Studien 11. Jg., 2/1993, S. 55-67.

Hirschauer, Stefan 1994: Die soziale Fortpflanzung der Zweigeschlechtlichkeit. In: Kölner Zeitschrift für Soziologie und Sozialpsychologie 46. Jg., 1994, S. 668-692.

Hirschauer, Stefan 1996: Wie sind Frauen, wie sind Männer? Zweigeschlechtlichkeit als Wissenssystem. In: Christiane Eifert, Angelika Epple, Martina Kessel, Marlis Michaelis, Claudia Nowak, Katharina Schicke und Dorothea Weltecke (Hrsg.): Was sind Frauen? Was sind Männer? Frankfurt a. M.: Suhrkamp, S. 240-256.

Hirschauer, Stefan 2001: Das Vergessen des Geschlechts. Zur Praxeologie einer Kategorie sozialer Ordnung. In: Bettina Heintz (Hrsg.): Geschlechtersoziologie. Wiesbaden: VS Verlag, S. 208-235.

Hirseland, Andreas und Ramos Philipp Lobato 2010: Armutsdynamik und Arbeitsmarkt. Entstehung, Verfestigung und Überwindung von Hilfebedürftigkeit bei Erwerbstätigen. IAB-Forschungsbericht 3/2010.

Hitzler, Ronald 2000: Heimwerker des Lebens. Interview zwischen Ronald Hitzler und Sabine Rückert. Die Zeit, 17. August 2000.

Hitzler, Ronald und Anne Honer 1994: Bastelexistenz. Über subjektive Konsequenzen der Individualisierung. In: Ulrich Beck und Elisabeth Beck-Gernsheim (Hrsg.): Riskante Freiheiten. Individualisierung in modernen Gesellschaften. Frankfurt a. M.: Suhrkamp, S. 307-315.

Höland, Armin 1996: Normalitätswandel statt Normenerosion: Atypische Erwerbsformen aus rechtssoziologischer Sicht. In: Monika Frommel und Volkmar Gessner (Hrsg.): Normenerosion. Baden-Baden: Nomos, S. 99-114.

Hörning, Karl H., Matthias Michailow und Anette Gerhard 1990: Zeitpioniere. Flexible Arbeitszeit – neuer Lebensstil. Frankfurt a. M.: Suhrkamp.

IAB 2005a: IAB Forschungsbericht 21-2005: IAB-Betriebspanel Ost – Ergebnisse der neunten Welle 2004 - Teil II. Internet: http://doku.iab.de/forschungsbericht/ 2005/fb2105.pdf [07. Dezember 2009].

IAB 2005b: Übernahme von Leiharbeitern in die Stammbelegschaft: Wie groß ist der Klebeeffekt? Ergebnisse aus dem Betriebspanel 2005. Internet: http://doku.iab.de/ betriebspanel/ergebnisse/2005_01_01_04_uebernahme_von_leiharbeitern.pdf [13. Dezember 2007].

IAB 2006: Arbeitnehmerüberlassung. Boomende Branche mit hoher Fluktuation. IAB Kurzbericht 14/2006. Internet: http://doku.iab.de/kurzber/2006/kb1406.pdf [13. Dezember 2007].

IAB 2008: Arbeitszeit. Daten zur kurzfristigen Entwicklung von Wirtschaft und Arbeitsmarkt 01/2008.

Jahoda, Marie 1983: Wieviel Arbeit braucht der Mensch? Arbeit und Arbeitslosigkeit im 20. Jahrhundert. Basel: Beltz.

Joas, Hans und Wolfgang Knöbl 2004: Sozialtheorie. Zwanzig einführende Vorlesungen. Frankfurt a. M.: Suhrkamp.

Joas, Hans 1992: Die Kreativität des Handelns. Frankfurt a. M.: Suhrkamp.

Kallmeyer, Werner und Fritz Schütze 1977: Zur Konstitution von Kommunikationsschemata der Sachverhaltsdarsteilung: Dargestellt am Beispiel von Erzählungen und Beschreibungen. In: Dirk Wegner (Hrsg.): Gesprächsanalysen. Hamburg: Buske, S. 159-274.

Kastner, Jens 2009: Ist die Linke schuld am Neoliberalismus? In: Jungle World, 35/2009, S. 6-8.

Keller, Berndt und Harmut Seifert 2006: Atypische Beschäftigung, soziale Sicherheit und Prekarität. In: WSI Mitteilungen 59. Jg., 5/2006, S. 235-240.

Kels, Peter 2008: Flexibilisierung und subjektive Aneignung am Beispiel globaler Projektarbeit. In: Marc Szydlik (Hrsg.): Flexibilisierung – Folgen für Familie und Sozialstruktur. Wiesbaden: VS Verlag, S. 113-129.

Keupp, Heiner 1997: Diskursarena Identität: Lernprozesse in der Identitätsforschung. In: Heiner Keupp und Renate Höfer (Hrsg.): Identitätsarbeit heute. Klassische und aktuelle Perspektiven der Identitätsforschung. Frankfurt a. M.: Suhrkamp, S. 11-38.

Keupp, Heiner 2004: Von der Normal- zur Patchworkbiographie. Vortrag bei der Tagung der Evangelischen Akademie Tutzing „Lebensgeschichte und Lebenssinn" am 12. März 2004 in Rothenburg. Internet: http://www.ev-akademie-tutzing.de/doku/programm/get_it.php?ID=154 [2. Mai 2009].

Keupp, Heiner 2006: Patchworkidentität – Riskante Chancen bei prekären Ressourcen. In: Hartmut Neuendorff und Bernd Ott (Hrsg.): Neue Erwerbsbiografien und berufsbiografische Diskontinuität. Hohengehren: Schneider, S. 5-23.

Keupp, Heiner, Thomas Ahbe, Wolfgang Gmür, Renate Höfer, Beate Mitzscherlich, Wolfang Kraus und Florian Straus 2002: Identitätskonstruktionen. Das Patchwork der Identitäten in der Spätmoderne. Hamburg: rowohlt enzyklopädie.

Klatt, Rüdiger und Kerstin Nölle 2006: Können Jobnomaden mehr? Kompetenzprofile von Beschäftigten mit diskontinuierlichen Ewerbsverläufen – Ergebnisse einer Onlinebefragung von Beschäftigten in der Medien-/IT-Wirtschaft. In: Hartmut Neuendorff und Bernd Ott (Hrsg.): Neue Erwerbsbiografien und berufsbiografische Diskontinuität. Hohengehren: Schneider, S. 134-161.

Knapp, Gudrun-Axeli 1981: Industriearbeit und Instrumentalismus. Zur Geschichte eines Vorurteils. Bonn: Verlag neue Gesellschaft.

Kneer, Georg 1998: Statuspassage und Karriere. Neue Unischerheiten im Lebensverlauf? In: Frank Hillebrandt, Georg Kneer und Klaus Kraemer (Hrsg.): Verlust der Sicherheit? Lebensstile zwischen Multioptionalität und Knappheit. Opladen/Wiesbaden: Westdeutscher Verlag, S. 158-173.

Koch, Max 1999: Ausbeutung und Ausgrenzung. In: Sebastian Herkommer (Hrsg.): Soziale Ausgrenzungen. Gesichter des neuen Kapitalismus. Hamburg: VSA, S. 35-59.

Kock, Klaus 2008: Auf Umwegen in den Beruf. Destandardisierte und prekäre Beschäftigung von Jugendlichen an der zweiten Schwelle – eine Auswertung empirischer Befunde. Sozialforschungsstelle Dortmund im Auftrag der Hans-Böckler-Stiftung. Dortmund: sfs Dortmund/TU Dortmund.

Köhler, Christoph, Olaf Struck, Michael Grotheer, Alexandra Krause, Ina Krause und Tim Schröder 2008 (Hrsg.): Offene und geschlossene Beschäftigungssysteme. Determinanten, Risiken und Nebenwirkungen. Wiesbaden: VS Verlag.

Kohli, Martin 1973: Studium und berufliche Laufbahn. Über den Zusammenhang von Berufswahl und beruflicher Sozialisation. Stuttgart: Enke.

Kohli, Martin 1977: Lebenslauf und Lebensmitte. In: Kölner Zeitschrift für Soziologie und Sozialpsychologie 29. Jg., 1977, S. 625-656.

Kohli, Martin 1978: Erwartungen an eine Soziologie des Lebenslaufs. In: ders. (Hrsg.): Soziologie des Lebenslaufs. Darmstadt/Neuwied: Luchterhand, S. 9-31.

Kohli, Martin 1981a: Zur Theorie der biographischen Selbst- und Fremdthematisierung. In: Joachim Matthes (Hrsg.): Lebenswelt und soziale Probleme. Verhandlungen des 20. Soziologentages. Frankfurt a. M.: Campus, S. 502-520.

Kohli, Martin 1981b: Biographische Ordnung als Handlungs- und Strukturproblem. Zu Fritz Schützes „Prozeßstrukturen des Lebenslaufs". In: Joachim Matthes, Arno Pfeifenberger und Manfred Stosberg (Hrsg.): Biographie in handlungswissenschaftlicher Perspektive. Nürnberg: Verlag der Nürnberger Forschungsvereinigung, S. 157-168.

Kohli, Martin 1982: Antizipation, Bilanzierung, Irreversibilität. Dimensionen der Auseinandersetzung mit beruflichen Problemen im Erwachsenenalter. In: Zeitschrift für Sozialisationsforschung und Erziehungssoziologie. 2. Jg., 1982, S. 39-52.

Kohli, Martin 1985: Die Institutionalisierung des Lebenslaufs. Historische Befunde und theoretische Argumente. In: Kölner Zeitschrift für Soziologie und Sozialpsychologie 37. Jg., 1985, S. 1-29.

Kohli, Martin 1986: Gesellschaftszeit und Lebenszeit. Der Lebenslauf im Strukturwandel der Moderne. In: Johannes Berger (Hrsg.): Die Moderne – Kontinuitäten und Zäsuren. Göttingen: Schwartz & Co., S. 183-208.

Kohli, Martin 1988: Normalbiographie und Individualität. Zur institutionellen Dynamik des gegenwärtigen Lebenslaufregimes. In: Hanns-Georg Brose und Bruno Hildenbrand (Hrsg.): Vom Ende des Individuums zur Individualität ohne Ende. Opladen: Leske + Budrich, S. 33-53.

Kohli, Martin 1994: Institutionalisierung und Individualisierung der Erwerbsbiographie. In: Ulrich Beck und Elisabeth Beck-Gernsheim (Hrsg.): Riskante Freiheiten. Individualisierung in modernen Gesellschaften. Frankfurt a. M.: Suhrkamp, S. 219-243.

Kohli, Martin 1999: Ausgrenzung im Lebenslauf. In: Sebastian Herkommer (Hrsg.): Soziale Ausgrenzungen. Gesichter des neuen Kapitalismus. Hamburg: VSA, S. 111-129.

Kohli, Martin 2000: Arbeit im Lebenslauf: alte und neue Paradoxien. In: Offe/Kocka 2000: S. 362-382.

Kohli, Martin 2003: Der institutionalisierte Lebenslauf: ein Blick zurück und nach vorn. In: Jutta Allmendinger (Hrsg.): Entstaatlichung und soziale Sicherheit. Verhandlungen des 31. Kongresses der Deutschen Gesellschaft für Soziologie in Leipzig 2002. Frankfurt a. M./New York: Campus, Bd. I, S. 525-545.

Kohli, Martin 2005: Der Alterssurvey als Instrument wissenschaftlicher Betrachtung. In: Martin Kohli und Harald Künemund (Hrsg.): Die zweite Lebenshälfte. Gesellschaftliche Lage und Partizipation im Spiegel des Alters-Survey. Wiesbaden: VS Verlag, 2. erw. Auflage, S. 11-33.

Kohli, Martin, Harald Künemund, Andreas Motel-Klingebiel und Marc Szydlik 2005: Generationenbeziehungen. In: Martin Kohli und Harald Künemund (Hrsg.): Die zweite Lebenshälfte. Gesellschaftliche Lage und Partizipation im Spiegel des Alters-Survey. Wiesbaden: VS Verlag, 2. erw. Auflage, S. 176-211.

Kohli, Martin und Rein, Martin 1991: The changing of work and retirement. In: Martin Kohli, Martin Rein, Anne-Marie Guillemard und Herman van Gunsteren (Hrsg.): Time for retirement. Comparative studies of early exit from the labor force. Cambridge: University Press, S. 1-35.

Koppetsch, Cornelia 2006: Das Ethos der Kreativen. Eine Studie zum Wandel von Arbeit und Identität am Beispiel der Werbeberufe. Konstanz: Universitätsverlag.

Kraemer, Klaus 2006: Prekäre Erwerbsarbeit – Ursache gesellschaftlicher Desintegration. In: Karl-Siegbert Rehberg (Hrsg.): Soziale Unsicherheiten, kulturelle Unterschiede. Verhandlungen des 32. Kongresses für Soziologie in München. Frankfurt a. M./New York: Campus, S. 661-676.

Kraemer, Klaus und Frederic Speidel 2004: Prekäre Leiharbeit. Zur Integrationsproblematik einer atypischen Beschäftigungsform. In: Berthold Vogel (Hrsg.): Leiharbeit. Neue sozialwissenschaftliche Befunde zu einer neuen Beschäftigungsform. Hamburg: VSA, S. 119-153.

Krappmann, Lothar 2005: Soziologische Dimensionen der Identität. Stuttgart: Klett-Cotta.

Kraul, Margret und Winfried Marotzki 2002: Bildung und Biographische Arbeit – Eine Einleitung. In: dies. (Hrsg.): Biographische Arbeit. Perspektiven erziehungswissenschaftlicher Biographieforschung. Opladen: Leske + Budrich, S. 7-21.

Kraus, Wolfgang 2006: Die Veralltäglichung der Patchwork-Identität. Veränderungen normativer Konstruktionen in Ratgebern für autobiografisches Schreiben. In: Burkart 2006: S. 235-259.

Kronauer, Martin 2007: Die Bedeutung der Exklusion für die neue soziale Frage. Anmerkungen zu Robert Castel. Vortrag bei der Tagung „Prekarität, Abstieg, Ausgrenzung. Die soziale Frage am Beginn des 21. Jahrhunderts" am 04. Mai 2006 an der Friedrich-Schiller-Universität Jena. Internet: http://www.uni-jena.de/BeitraegeKonferenzSozFr-page-139212.html [13. Januar 2008].

Kronauer, Martin, Berthold Vogel und Frank Gerlach 1993: Im Schatten der Arbeitsgesellschaft. Arbeitslose und die Dynamik sozialer Ausgrenzung. Frankfurt a. M./New York: Campus.

Kühn, Thomas und Andreas Witzel 2004: Die Arbeitskraftunternehmer-These aus berufsbiografischer Perspektive. In: Pongratz/Voß 2004: S. 229-253.

Künemund, Harald und Claudia Vogel 2008: Erbschaften und ihre Konsequenzen für soziale Ungleichheit. In: Harald Künemund und Klaus R. Schröter (Hrsg.): Soziale Ungleichheiten und kulturelle Unterschiede in Lebenslauf und Alter. Wiesbaden: VS Verlag, S. 221-230.

Lantermann, Ernst-Dieter, Elke Döring-Seipel, Frank Eierdanz und Lars Gerhold 2009: Selbstsorge in unsicheren Zeiten. Resignieren oder Gestalten. Weinheim/Basel: Beltz.

Leber, Martina und Ulrich Oevermann 1994: Möglichkeiten der Therapieverlaufs-Analyse in der Objektiven Hermeneutik. Eine exemplarische Analyse der ersten Minuten einer Fokaltherapie aus der Ulmer Textbank. In: Dieter Garz und Klaus Kraimer (Hrsg.): Die Welt als Text. Frankfurt a. M.: Suhrkamp, S. 383-427.

Lehner, Franz 1985: Wandel der Werte – Arbeit und Leistung auf dem Prüfstand. In: IG Metall/Rhur-Universität Bochum (Hrsg.): Arbeitsgesellschaft im Umbruch. Ringvorlesung 1984/1985 an der Rhur-Universität Bochum. Frankfurt a. M.: Union Druckerei, S. 50-54.

Lengfeld, Holger und Jochen Hirschle 2009: Die Angst der Mittelschicht vor dem sozialen Abstieg. Eine Längsschnittanalyse 1984-2007. In: Zeitschrift für Soziologie, 35. Jg., 5/2009, S. 379-398.

Leisering, Lutz 1997: Individualisierung und „sekundäre Institutionen" – der Sozialstaat als Voraussetzung des modernen Individuums. In: Ulrich Beck und Peter Sopp (Hrsg.): Individualisierung und Integration. Neue Konfliktlinien und neuer Integrationsmodus? Opladen: Leske + Budrich, S. 143-159.

Leitner, Hartmann 1982: Lebenslauf und Identität. Die kulturelle Konstruktion von Zeit in der Biographie. Frankfurt a. M./New York: Campus.

Lewin, Kurt 1967 (1927): Gesetz und Experiment in der Psychologie. Darmstadt: Wissenschaftliche Buchgesellschaft.

Lorey, Isabell 2006: Gouvernementalität und Selbst-Prekarisierung. Zur Normalisierung von KulturproduzentInnen. Internet: http://transform.eipcp.net/transversal/1106/lorey/de#redir#redir#redir [15. August 2009].

Lorey, Isabell 2007: Vom immanenten Widerspruch zur hegemonialen Funktion. Biopolitische Gouvenementalität und Selbst-Prekarisierung von KulturproduzentInnen. In: Gerald Raunig und Ulf Wuggenig (Hrsg.): Kritik der Kreativität. Wien: Turia + Kant, S. 121-136.

Luckmann, Thomas 1983: Lebensweltliche Kategorien, Zeitstrukturen des Alltags und der Ort des historischen Bewußtseins. In: Bernard Cerquiglini und Hans U. Gumbrecht (Hrsg.): Der Diskurs der Literatur- und Sprachhistorie. Wissenschaftsgeschichte als Innovationsvorgabe. Frankfurt a. M.: Suhrkamp, S. 13-28.

Luhmann, Niklas 1981: Soziologische Aufklärung. Opladen: Westdeutscher Verlag, Bd. III: Soziales System, Gesellschaft, Organisation.

Luhmann, Niklas 1987: Soziale Systeme. Frankfurt a. M.: Suhrkamp.

Luhmann, Niklas 1989: Gesellschaftsstruktur und Semantik. Frankfurt a. M.: Suhrkamp, Bd. 3.

Luhmann, Niklas 1990: Soziologische Aufklärung. Opladen: Westdeutscher Verlag, Bd. V: Konstruktivistische Perspektiven.

Luhmann, Niklas 1991: Soziologie als Theorie sozialer Systeme. Soziologische Aufklärung. Opladen: Westdeutscher Verlag, Bd. I, S. 113-177.

Luhmann, Niklas 1994: Copierte Existenz und Karriere. Zur Herstellung von Individualität. In: Ulrich Beck und Elisabeth Beck-Gernsheim (Hrsg.): Riskante Freiheiten. Individualisierung in modernen Gesellschaften. Frankfurt a. M.: Suhrkamp, S. 191-200.

Luhmann, Niklas 2006: Einführung in die Systemtheorie. Heidelberg: Carl Auer.

Luhmann, Niklas und Karl Eberhard Schorr 1979: Reflexionsprobleme im Erziehungssystem. Frankfurt a. M.: Suhrkamp.

Manske, Alexandra 2006: Vom Umgang mit Instabilitäten. Wie WebWorker ihre soziale Lage bearbeiten. In: Karl-Siegbert Rehberg (Hrsg.): Soziale Ungleichheit, kulturelle Unterschiede. Frankfurt a. M./New York: Campus, S. 693-709.

Manske, Alexandra 2007: Prekarisierung auf hohem Niveau. Eine Feldstudie über Alleinunternehmer in der IT-Branche. Schriftenreihe zur subjektorientierten Soziologie der Arbeit und der Arbeitsgesellschaft. München/Mehring: Rainer Hampp, Bd. 13.

Mayer, Karl Ulrich 1988: Biographie oder Lebenslauf? Über die Tauglichkeit zweier Konzepte. Studienbrief 3636/1/01/S der Fernuniversität Hagen.

Mayer, Karl Ulrich 1991: Soziale Ungleichheit und die Differenzierung von Lebensverläufen. In: Wolfgang Zapf (Hrsg.): Die Modernisierung moderner Gesellschaften. Verhandlungen des 25. Deutschen Soziologentages. Frankfurt a. M./New York: Campus, S. 667-687.

Mayer, Karl Ulrich und Walter Müller 1989: Lebensverläufe im Wohlfahrtsstaat. In: Ansgar Weymann (Hrsg.): Handlungsspielräume. Untersuchungen zu Individualisierung und Institutionalisierung von Lebensläufen in der Moderne. Stuttgart: Enke, S. 41-60.

Mayer-Ahuja, Nicole 2002: Wieder dienen lernen? Vom westdeutschen „Normalarbeitsverhältnis" zu prekärer Beschäftigung seit 1973. Berlin: edition sigma.

Mayring, Philipp 1989: Qualitative Inhaltsanalyse. In: Gerd Jüttemann (Hrsg.): Qualitative Forschung in der Psychologie. Heidelberg: Asanger, S. 187-211.

Mayring, Philipp 2000: Qualitative Inhaltsanalsyse In: Uwe Flick, Ernst v. Kardoff und Ines Steinke (Hrsg.): Handbuch Qualitative Sozialforschung. Reinbek bei Hamburg: Rowohlt, S. 468-475.

Mayring, Phlipp 2008: Qualitative Inhaltsanalyse. Grundlagen und Techniken. Weinheim/Basel: Beltz, 10. überarb. Auflage.

Mead, George H. 1968: Geist, Identität und Gesellschaft. Frankfurt a. M.: Suhrkamp.

Mead, George H. 1969: Philosophie der Sozialität. Frankfurt a. M.: Suhrkamp.

Mead, George H. 1987a: Das Wesen der Vergangenheit. In: ders.: Gesammelte Aufsätze. Hrsg. von Hans Joas. Frankfurt a. M.: Suhrkamp, Bd. II, S. 337-347.

Mead, George H. 1987b: Die soziale Identität. In: ders.: Gesammelte Aufsätze. Hrsg. von Hans Joas. Frankfurt a. M.: Suhrkamp, Bd. I, S. 241-249.

Michon, Francois 1983: Dualismus des Arbeitsmarktes. In: Michael Bolle und Jürgen Gabriel (Hrsg.): Die Dynamik des Arbeitsmarktes aus Sicht der internationalen Forschung. München: Minerva, S. 262-288.

Molitor, Andreas 2000: Heute hier, morgen fort. Freiheit aushalten. Folgen der Individualisierung – Zeit-Serie, Teil 2. Die Zeit 10. August 2000.

Mückenberger, Ulrich 1985: Die Krise des Normalarbeitsverhältnisses. In: Zeitschrift für Sozialreform 11. Jg., 7 u. 8/1985, S. 415-434 (7), 457-475 (8).

Müller-Wichmann, Christiane 1984: Zeitnot. Untersuchungen zum „Freizeitproblem" und seiner pädagogischen Zugänglichkeit. Weinheim/Basel: Beltz.

Nassehi, Armin 1992: Zwischen Erlebnis, Text und Verstehen. Kritische Überlegungen zur „erlebten Zeitgeschichte". In: Zeitschrift für Biographieforschung und Oral History, 5. Jg., 2/1992, S. 167-246.

Neumann, Enno 1988: Das Zeitmuster der protestantischen Ethik. In: Rainer Zoll (Hrsg.): Zerstörung und Wiederaneignung von Zeit. Frankfurt a. M.: Suhrkamp, S. 160-171.

Neumann, Ulf und Marco Pomsel 2010: Brüche im Erwerbsleben als Herausforderung und Chance für Erwachsenenbildung. In: Axel Bolder, Rudolf Epping, Rosemarie Klein, Gerhard Rutter und Andreas Seiverth (Hrsg.): Neue Lebenslaufregimes – neue Konzepte der Bildung Erwachsener? Wiesbaden: VS Verlag, S. 367-387.

Nohl, Arnd Michael 2006: Interview und dokumentarische Methode. Anleitungen für die Forschungspraxis. Wiesbaden: VS Verlag.

Noller, Peter, Berthold Vogel und Martin Kronauer 2004: Zwischen Integration und Ausgrenzung – Erfahrung mit Leiharbeit und befristeter Beschäftigung. Göttingen: SOFI.

Oevermann, Ulrich 1986: Kontroversen über sinnverstehende Soziologie. Einige wieder-kehrende Probleme und Mißverständnisse in der Rezeption der „objektiven Hermeneutik". In: Stefan Aufenanger und Margrit Lenssen (Hrsg.): Handlung und Sinnstruktur. Bedeutung und Anwendung der objektiven Hermeneutik. München: Kindt Verlag, S. 19-83.

Oevermann, Ulrich 1993: Die objektive Hermeneutik als unverzichtbare methodologische Grundlage für die Analyse von Subjektivität. In: Thomas Jung und Stefan Müller-Dohm (Hrsg.): „Wirklichkeit" im Deutungsprozeß. Verstehen und Methoden in den Kultur- und Sozialwissenschaften. Frankfurt a. M.: Suhrkamp, S. 106-189.

Oevermann, Ulrich 2002: Klinische Soziologie auf der Basis der Methodologie der objek-tiven Hermeneutik – Manifest der objektiv hermeneutischen Sozialforschung. Internet: http://www.ihsk.de/publikationen/Ulrich_Oevermann-Manifest_der_objektiv_her-meneutischen_Sozialforschung.pdf [06. Januar 2009].

Oevermann, Ulrich, Tilman Allert, Helga Gripp, Elisabeth Konau, Erna Schröder-Caesar, Yvonne Schütze 1976: Beobachtungen zur Struktur sozialisatorischer Interaktion. Theoretische und methodologische Fragen der Sozialisationsforschung. In: Manfred Auwärter, Edit Kirsch und Klaus Schröter (Hrsg.): Seminar: Kommunikation, Interaktion, Identität. Frankfurt a. M.: Suhrkamp, S. 371-402.

Oevermann, Ulrich, Tilman Allert, Elisabeth Konau und Jürgen Krambeck 1979: Die Methodologie einer „objektiven Hermeneutik" und ihre allgemeine forschungs-logische Bedeutung in den Sozialwissenschaften. In: Hans-Georg Soeffner (Hrsg.): Interpretative Verfahren in den Sozial- und Textwissenschaften. Stuttgart: Metzler, S. 352-434.

Oevermann, Ulrich, Tilman Allert und Elisabeth Konau 1980: Zur Logik der Inter-pretation von Interviewtexten. Fallanalyse anhand eines Interviews mit einer Fern-studentin. In: Thomas Heinze, Hans Werner Klusemann und Hans-Georg Soeffner (Hrsg.): Interpretation einer Bildungsgeschichte. Überlegungen zur sozialwissen-schaftlichen Hermeneutik. Bensheim: Paedag. Extra Buchverlag, S. 15-69.

Offe, Claus und Jürgen Kocka (Hrsg.) 2000: Geschichte und Zukunft der Arbeit. Frankfurt a. M.: Campus.

Oschmiansky, Frank und Oschmiansky 2003: Erwerbsformen im Wandel: Integration oder Ausgrenzung durch atypische Beschäftigung? Berlin und die Bundesrepublik Deutschland im Vergleich. Berlin: WZB Discussion Paper SP I 2003 - 106.

Osterland, Martin 1978: Lebensbilanzen und Lebensperspektiven von Industriearbeitern. In: Martin Kohli (Hrsg.): Soziologie des Lebenslaufs. Darmstadt/Neuwied: Luchterhand, S. 272-290.

Oswald, Hans 1997: Was heißt qualitativ forschen? In: Barbara Friebertshäuser (Hrsg.): Handbuch qualitative Forschung in der Erziehungswissenschaft. Weinheim: Juventa, S. 71-87.

Pelizzari, Alessandro 2009: Dynamiken der Prekarisierung. Atypische Erwerbsverhältnisse und milieuspezifische Unsicherheitsbewältigung. Konstanz: Universitätsverlag.

Pelizäus-Hoffmeister, Helga 2008: Unsicherheiten im Lebensverlauf um 1900 und um 2000. In: Aus Politik und Zeitgeschichte 33-34/2008, S. 25-30.

Pfau-Effinger, Birgit 1990: Geschlechtsspezifische Unterschiede auf dem Arbeitsmarkt: Grenzen segmentationstheoretischer Erklärung. In: Autorinnengemeinschaft (Hrsg.): Erklärungsansätze zur Strukturanalyse des Arbeitsmarktes, SAMF-Arbeitspapier 1/1990, S. 3-21.

Pongratz, Hans J. 2004: Die Verunsicherung biographischer Perspektiven. Erwerbsbiographien zwischen Normalitätserwartungen und Flexibilisierungsdruck. In: Friederike Behringer, Axel Bolder, Rosemarie Klein, Gerhard Reutter und Andreas Seiverth (Hrsg.): Diskontinuierliche Erwerbsbiographien. Zur gesellschaftlichen Konstruktion und Bearbeitung eines normalen Phänomens. Hohengehren: Schneider, S. 27-45.

Pongratz, Hans J. und Gerd G. Voß 1998: Der Arbeitskraftunternehmer. Eine neue Grundform der „Ware Arbeitskraft"? In: Kölner Zeitschrift für Soziologie und Sozialpsychologie 50. Jg., 1998, S. 131-158.

Pongratz, Hans J. und Gerd G. Voß (Hrsg.) 2004: Typisch Arbeitskraftunternehmer? Befunde der empirischen Arbeitsforschung. Berlin: edition sigma.

Preißer, Rüdiger 2004: Möglichkeiten zur beruflichen Neuorientierung angesichts diskontinuierlicher Erwerbsbiographien. In: Friederike Behringer, Axel Bolder, Rosemarie Klein, Gerhard Reutter und Andreas Seiverth (Hrsg.): Diskontinuierliche Erwerbsbiographien. Zur gesellschaftlichen Konstruktion und Bearbeitung eines normalen Phänomens. Hohengehren: Schneider, S. 224-237.

Rizza, Roberto 2008: Lavoro atipico, impresa e sicurezza sociale. Una ricerca. Paper presentato all prima conferenza annuale ESPAnet Italia: „Le politiche sociali in Italia nello scenario europeo". 06.-08. November 2008. Internet: http://www.espanet-italia.net/conferenza2008/paper_edocs/B/2b%20-%20Rizza.pdf.

Rosenthal, Gabriele 1987: „...Wenn alles in Scherben fällt ...". Von Leben und Sinnwelt der Kriegsgeneration. Opladen: Leske + Budrich.

Rosenthal, Gabriele 1995: Erlebte und erzählte Lebensgeschichte. Gestalt und Struktur biographischer Selbstbeschreibungen. Frankfurt a. M./New York: Campus.

Rosenthal, Gabriele 2005: Die Biographie im Kontext der Familien- und Gesellschaftsgeschichte. In: Bettina Völter, Bettina Dausien, Helmut Lutz und Gabriele Rosenthal (Hrsg.): Biographieforschung im Diskurs. Wiesbaden: VS Verlag, S. 46-64.

Rosenthal, Gabriele 2008: Interpretative Sozialforschung. München/Weinheim: Juventa, 2. korr. Auflage.

Rudolph, Helmut 1998: „Geringfügige Beschäftigung" mit steigender Tendenz. Erhebungskonzepte, Ergebnisse und Interpretationsprobleme der verfügbaren Datenquellen. IAB Werkstattbericht 9/1998. Internet: http://doku.iab.de/werkber/1998/wb0998.pdf [25. November 2009].

Schäfer, Thomas und Bettina Völter 2005: Subjekt-Positionen. Michel Foucault und die Biographieforschung. In: Bettina Völter, Bettina Dausien, Helmut Lutz und Gabriele Rosenthal (Hrsg.): Biographieforschung im Diskurs. Wiesbaden: VS Verlag, S. 161-185.

Schank, Thorsten, Claus Schnabel, Jens Stephani und Stefan Bender 2008: Niedriglohnbeschäftigung. Sackgasse oder Chance zum Aufstieg? IAB-Kurzbericht 8/2008.

Schapp, Wilhelm 1976: In Geschichten verstrickt. Zum Sein von Mensch und Ding. Wiesbaden: Heymann.

Schelsky, Helmut 1965: Ist Dauerreflexion institutionalisierbar? In: ders.: Auf der Suche nach Wirklichkeit. Gesammelte Aufsätze. Düsseldorf/Köln: Eugen Diederichs, S. 250-275.

Scherger, Simone 2007: Destandardisierung, Differenzierung, Individualisierung. Westdeutsche Lebensläufe im Wandel. Wiesbaden: VS Verlag.

Scherschel, Karin 2008: Prekäres Leben, prekäre Forschungslage – zur Notwendigkeit einer integrierenden Perspektive auf Fluchtmigration. In: Claudio Altenhain, Anja Danilina, Erik Hildebrandt, Stefan Kausch, Annekathrin Müller und Tobias Roscher (Hrsg.): Von „Neuer Unterschicht" und Prekariat. Gesellschaftliche Verhältnisse im Umbruch. Kritische Perspektiven auf aktuelle Debatten. Bielefeld: transcript, S. 77-91.

Schimank, Uwe 1985: Funktionale Differenzierung und reflexiver Subjektivismus. In: Soziale Welt 36. Jg., 4/1985, S. 447-465.

Schimank, Uwe 2002: Das zwiespältige Individuum. Zum Person-Gesellschaft-Arrangement der Moderne. Opladen: Leske + Budrich.

Schleese, Michael, Florian Schramm und Natalie Bulling-Chabalewski 2005: Beschäftigungsbedingungen von Leiharbeitskräften. In: WSI-Mitteilungen 58. Jg., 10/2005, S. 568-575.

Schlegelmilch, Cornelia 1987: Taxifahrer Dr. phil. Akademiker in der Grauzone des Arbeitsmarktes. Opladen: Leske + Budrich.

Schmahl, Kurt 1988: Industrielle Zeitstruktur und technisierte Lebensweise. In: Rainer Zoll (Hrsg.): Zerstörung und Wiederaneignung von Zeit. Frankfurt a. M.: Suhrkamp, S. 344-370.

Schmeiser, Martin 2006: Von der „äußeren" zur „inneren" Institutionalisierung des Lebenslaufs. Eine Strukturgeschichte. In: Zeitschrift für Biographieforschung und Oral History, 19. Jg., 1/2006, S. 51-92.

Schmid, Thomas 2000: Welcher Zauber wohnt der Zukunft inne? Globalisierungs-trunkenheit ist so wenig nützlich wie die alte Furcht vor dem Morgen. Die Welt, 31. März 2000.

Schmidt, Christine 2007: Bewältigung von Patchwork-Biographien – eine empirische Überprüfung des Konzepts der biographischen Lebensbewältigung anhand diskon-tinuierlicher Lebensläufe. In: Ernst Engelke, Konrad Maier, Erika Steinert, Stefan Borrmann und Christian Spatscheck (Hrsg.): Forschung für die Praxis. Zum gegenwärtigen Stand der Sozialarbeitsforschung. Freiburg: Lambertus, S. 185-187.

Schöps, Martina 1980: Zeit und Gesellschaft. Stuttgart: Enke.

Schröder, Ester und Helmut Rudolph 1997: Arbeitnehmer-Überlassung: Trends und Einsatzlogik. IAB- Mitteilungen 1/1997 Internet: http://doku.iab.de/mittab/1997/ 1997_1_MittAB_Rudolph_Schroeder.pdf [17. Dezember 2007].

Schroer, Markus 2006: Selbstthematisierung. Von der (Er-)Findung des Selbst und der Suche nach Aufmerksamkeit. In: Burkart 2006: S. 41-72.

Schroer, Markus 2008: Die im Dunkeln sieht man doch. Inklusion, Exklusion und die Entdeckung der Überflüssigen. In: Bude/Willisch 2008: S. 178-194)

Schütz, Alfred 1971: Gesammelte Schriften. Den Haag: Nijhoff.

Schütz, Alfred 1974: Der sinnhafte Aufbau der sozialen Welt. Frankfurt a. M.: Suhrkamp.

Schütz, Alfred und Thomas Luckmann 1975: Strukturen der Lebenswelt. Neuwied u. Darmstadt: Luchterhand.

Schütz, Alfred und Thomas Luckmann 2003: Strukturen der Lebenswelt. Konstanz: Universitätsverlag.

Schütze, Fritz 1976a: Zur Hervorlockung und Analyse von Erzählungen thematisch relevanter Geschichten im Rahmen soziologischer Feldforschung. In: Arbeitsgruppe Bielefelder Soziologen (Hrsg.): Kommunikative Sozialisationsforschung. München: Fink, S. 159-260.

Schütze, Fritz 1976b: Zur soziologischen und linguistischen Analyse von Erzählungen. In: Günter Dux und Thomas Luckmann (Hrsg.): Internationales Jahrbuch für Wissens-und Religionssoziologie. Opladen: Westdeutscher Verlag, S. 7-41.

Schütze, Fritz 1981: Prozeßstrukturen des Lebenslaufs. In: Joachim Matthes, Arno Pfei-fenberger und Manfred Stosberg (Hrsg.): Biographie in handlungswissenschaftlicher Perspektive. Nürnberg: Verlag der Nürnberger Forschungsvereinigung, S. 67-189.

Schütze, Fritz 1983: Biographieforschung und narratives Interview. In: Neue Praxis 13. Jg., 3/1983, S. 283-293.

Schütze, Fritz 1984: Kognitive Figuren des autobiographischen Stegreiferzählens. In: Martin Kohli und Günther Robert (Hrsg.): Biographie und soziale Wirklichkeit. Neue Beiträge und Forschungsperspektiven. Stuttgart: Metzler, S. 78-117.

Schütze, Fritz 2006: Verlaufskurven des Erleidens als Forschungsgegenstand der interpretativen Soziologie. In: Heinz-Hermann Krüger und Winfried Marotzki (Hrsg.): Handbuch erziehungswissenschaftliche Biographieforschung. Wiesbaden: VS Verlag, S. 205-237.

Sengenberger, Werner 1987: Struktur und Funktionsweise des Arbeitsmarktes. Frankfurt a. M./New York: Campus.

Sennett, Richard 1998: Der flexible Mensch. Die Kultur des neuen Kapitalismus. Berlin: Berlin-Verlag (Siedler).

Sondermann, Ariadne, Wolganh Ludwig-Mayerhofer und Olaf Behrend 2009: Die Überzähligen – Teil der Arbeitsgesellschaft. In: Robert Castel und Klaus Dörre (Hrsg.): Prekarität, Abstieg, Ausgrenzung. Die soziale Frage am Beginn des 21. Jahrhunderts. Frankfurt a. M./New York: Campus, S. 157-168.

Statistisches Bundesamt 2005: Pressemitteilung vom 26. April 2005: 40% der Erwerbstätigen unter 20 Jahren haben einen Zeitvertrag. Internet: http://destatis.de/presse/deutsch/pm2005/p1930031.htm [15. März 2008].

Statistisches Bundesamt 2006: Ergebnisse des Mikrozensus 2006, Tabelle IIID: Abhängig Erwerbstätige nach Art des Arbeitsvertrages, Geschlecht und Wirtschaftsabteilungen.

Statistisches Bundesamt 2007a: Ergebnisse des Mikrozensus 2007. Beruf, Ausbildung und Arbeitsbedingungen der Erwerbstätigen 2007. Fachserie 1 Reihe 4.1.2. Internet: https://www-ec.destatis.de/csp/shop/sfg/bpm.html.cms.cBroker.cls?cmspath=struktur,vollanzeige.csp&ID=1022698 [07. April 2009].

Statistisches Bundesamt 2007b: Ergebnisse des Mikrozensus 2007. Stand und Entwicklung der Erwerbstätigkeit 2007 – Band 2 – Deutschland – Fachserie 1 Reihe 4.1.1. Internet: https://www-ec.destatis.de/csp/shop/sfg/bpm.html.cms.cBroker.cls?cmspath=struktur,vollanzeige.csp&ID=1022696 [07. April 2009].

Strauss, Anselm 1974: Spiegel und Masken. Die Suche nach Identität. Frankfurt a. M.: Suhrkamp.

Struck, Olaf 2006: Flexibilität und Sicherheit. Empirische Befunde, theoretische Konzepte und institutionelle Gestaltung von Beschäftigungsstabilität. Wiesbaden: VS Verlag.

Supiot, Alain 2000: Wandel der Arbeit und Zukunft des Arbeitsrechts. In: Offe/Kocka 2000: S. 293-307.

Tilly, Chris und Charles Tilly 1998: Work Under Capitalism. Colorado/Oxford: Westview Press.

Ullmaier, Johannes (Hrsg.) 2007: Schicht! Arbeitsreportagen für die Endzeit. Frankfurt a. M.: Suhrkamp.

Ullrich, Carsten G. 1999: Deutungsmusteranalyse und diskursives Interview. In: Zeitschrift für Soziologie, 28. Jg., 6/1999, S. 429-447.

Ullrich, Carsten G. 2000: Solidarität im Sozialversicherungsstaat. Die Akzeptanz des Solidarprinzips in der gesetzlichen Krankenkasse. Frankfurt a. M.: Campus.

Vetter, Hans-Rolf 1986: Zur Frage nach Umwälzungsformen und Verharrungstendenzen in erwerbsbiographischen Entwicklungen – Theoretische Perspektiven vor empirischem Hintergrund. In: Hanns-Georg Brose (Hrsg.): Berufsbiographien im Wandel. Opladen: Westdeutscher Verlag, S. 236-263.

Vogel, Berthold 2003: Leiharbeit und befristete Beschäftigung – Neue Formen sozialer Gefährdung oder Chance auf Arbeitsmarktintegration? In: Berthold Vogel und Gudrun Linne (Hrsg.): Leiharbeit und befristete Beschäftigung. Arbeitspapier der Hans-Boeckler-Stiftung Nr. 68. Düsseldorf, S. 39-46.

Vogel, Berthold 2005: Kristallisationskerne der neuen sozialen Frage. Zur politischen Ordnung sozialer Verwundbarkeit und prekären Wohlstands. In: Kurt Imhof und Thomas S. Eberle (Hrsg.): Triumpf und Elend des Neoliberalismus. Zürich: Seismo, S. 212-225.

Vogel, Berthold 2006: Sicher-Prekär. In: Stephan Lessenich und Frank Nullmeier (Hrsg.): Deutschland – eine gespaltene Gesellschaft. Frankfurt a. M./New York: Campus, S. 73-91.

Vogel, Berthold 2007: „Grenzgänger". Die Verstetigung neuer Sozialfiguren in prekären Arbeitswelten. Vortrag bei der Tagung „Prekarität, Abstieg, Ausgrenzung. Die soziale Frage am Beginn des 21. Jahrhunderts" am 04. Mai 2007 an der Friedrich-Schiller-Universität Jena. Internet: http://www.uni-jena.de/BeitraegeKonferenz SozFr-page-139212.html [14. Januar 2008].

Vogel, Berthold 2008: Prekarität und Prekariat – Signalwörter neuer sozialer Ungleichheiten. In: Aus Politik und Zeitgeschichte 33-34/2008, S. 12-18.

Vogel, Berthold 2009: Wohlstandskonflikte. Soziale Fragen, die aus der Mitte kommen. Hamburg: Hamburger Edition.

Völter, Bettina 2006: Die Herstellung von Biografie(n). Lebensgeschichtliche Selbstpräsentationen und ihre produktive Wirkung. In: Burkart 2006: S. 261-283.

Vormbusch, Uwe und Peter Kels 2007: Berufskarrieren Hochqualifizierter: on the road to nowhere? In: Kai Dröge, Kira Marrs und Wolfgang Menz (Hrsg.): Subjekt – Leistung – Markt. Neue Koordinaten betrieblicher Leistungspolitik. Berlin: edition sigma, S. 137-160.

Voß, Günter G. 1984: Bewußtsein ohne Subjekt? Eine Kritik des industriesoziologischen Bewußtseinsbegriffs. Grosshesselohe: Rainer Hampp.

Wagner, Alexandra 2002: Zur Notwendigkeit der Diskussion über gesellschaftliche Leitbilder – Plädoyer für ein neues Normalarbeitsverhältnis. In: Axel Gerntke, Jürgen Klute, Axel Troost und Achim Trube (Hrsg.): Hart(z) am Rande der Seriosität? Die Hartz-Kommission als neues Modell der Politikberatung und -gestaltung? Kommentare und Kritiken. Münster/Hamburg/London: LIT, S. 59-86.

Weber, Max 1988 (1920): Die protestantische Ethik und der Geist des Kapitalismus. In: ders. Gesammelte Aufsätze zur Religionssoziologie. Tübingen: Mohr, Bd. I, S. 17-206.

Weber, Max 2005: Wirtschaft und Gesellschaft. Frankfurt a. M.: Zweitausendeins.

West, Candace und Don Zimmermann 1987: Doing Gender. In: Gender & Society 1. Jg., 2/1987, S. 125-151.

Wetterer, Angelika 1995: Dekonstruktion und Alltagshandeln. Die (möglichen) Grenzen der Vergeschlechtlichung von Berufsarbeit. In: dies. (Hrsg.): Die soziale Konstruktion von Geschlecht in Professionalisierungsprozessen. Frankfurt a. M./New York: Campus, S. 223-246.

Wetterer, Angelika 1999: Ausschließende Einschließung - marginalisierende Integration. Geschlechterkonstruktion in Professionalisierungsprozessen. In: Ayla Neusel und Angelika Wetterer (Hrsg.): Vielfältige Verschiedenheiten. Geschlechterverhältnisse in Studium, Hochschule und Beruf. Frankfurt a. M./New York: Campus, S. 232-253.

Wetterer, Angelika 2002: Arbeitsteilung und Geschlechterkonstruktion. „Gender at Work" in theoretischer und historischer Perspektive. Konstanz: Universitätsverlag.

Wiedemeyer, Michael 2009: Diakonie zieht Bilanz zu Ein-Euro-Jobs. Düsseldorf: Diakonie Rheinland Westfalen Lippe.

Wiedemeyer, Michael und Sabine Diemer 2007: „Ein-Euro-Jobs – umstritten und reformbedürftig". Ergebnisse des Forschungsprojekts: Umsetzung von Arbeitsgelegenheiten für Langzeitarbeitslose in Mitgliedseinrichtungen des Diakonischen Werkes. Düsseldorf: Diakonisches Werk der Evangelischen Kirche im Rheinland.

Wohlrab-Sahr, Monika 1993: Biographische Unsicherheit. Opladen: Leske + Budrich.

Wohlrab-Sahr, Monika 1995: Erfolgreiche Biographie – Biographie als Leistung. In: Wolfram Fischer-Rosenthal und Peter Alheit (Hrsg.): Biographien in Deutschland. Soziologische Rekonstruktionen gelebter Gesellschaftsgeschichte. Opladen: Westdeutscher Verlag, S. 233-249.

Wohlrab-Sahr, Monika 1994: Vom Fall zum Typus: Die Sehnsucht nach dem „Ganzen" und dem „Eigentlichen" – „Idealisierung" als biographische Konstruktion. In: Angelika Dietzinger, Hedwig Kitzer und Ingrid Anker (Hrsg.): Erfahrung mit Methode. Wege sozialwissenschaftlicher Frauenforschung. Freiburg: Kore, S. 269-340.

Wohlrab-Sahr, Monika 1999: Biographieforschung jenseits des Konstruktivismus? In: Soziale Welt 50. Jg., 4/1999, S. 483-494.

Wolf, Maria A., Bernhard Rathmayr und Helga Peskoller (Hrsg.) 2009a: Konglomerationen – Produktion von Sicherheiten im Alltag. Bielefeld: transcript, Bd. I.

Wolf, Maria A., Bernhard Rathmayr und Helga Peskoller 2009b: Theoretische Konturen alltagspraktischer Absicherung: Das Konzept der Konglomeration. In: dies. 2009a: S. 7-31.

Wolf, Mia und Michael Kastner 2006: Beanspruchungen durch Brücken und Lücken in diskontinuierlichen Erwerbsverläufen: Transitionskompetenzen als Bewältigungsressource. In: Hartmut Neuendorff und Bernd Ott (Hrsg.): Neue Erwerbsbiografien und berufsbiografische Diskontinuität. Hohengehren: Schneider, S. 101-133.

Wotschack, Philip 2002: Zeitwohlstand – als Problem sozialer Ungleichheit. In: Jürgen P. Rinderspacher (Hrsg.): Zeitwohlstand. Ein Konzept für einen anderen Wohlstand der Nation. Berlin: edition sigma, S. 143-163.

Zinn, Jens und Felicitas Eßer 2003: Die Herstellung biographischer Sicherheit in der reflexiven Moderne. In: Zeitschrift für Biographieforschung und Oral History, 16. Jg., 1/2003, S. 46-63.

Anhang

A1 Transkriptionszeichen

((laut))	Anmerkungen der Interviewerin
[den Führerschein]	Ergänzung d. Autorin
(3)	Sprechpause, Dauer in Sek.
und=und	schneller Anschluss/Stottern
und ge-,	Abbruch
immer	starke Betonung
-Elektronikkonzern- B-Stadt	Anonymisierender Platzhalter für Firmen- oder Ortsnamen, wenn Branche oder Größe (Stadt/ Dorf) gekennzeichnet werden soll

(vgl. Rosenthal 1987: 148 f., 1999: 459)

A2 Illustration einer Fallanalyse (Ausschnitt)

Sequentielle Analyse der objektiven biographischen Daten

Daten:
Ernst Opp (EO) wird 1962 als zweitältestes von vier Kindern geboren. Sein Vater ist gelernter Schlosser und arbeitet in der Montage, dies häufig im Ausland. Ernst Opp ist daher gemeinsam mit seiner Familie während seiner Kind- und Schulzeit häufig umgezogen, u. a. nach Spanien und in die ehemalige DDR, in der er von seinem neunten bis zum elften Lebensjahr verbrachte. Grundwohnsitz ist dabei Niedersachsen in Westdeutschland.

EO besucht nach der Rückkehr aus der DDR für kurze Zeit das Gymnasium, wechselt dann auf die Real- und kurze Zeit darauf auf die Hauptschule.

Lesarten zum schulischen Abstieg:
1) Es könnten die mehrfachen Orts- und damit verbundenen Schulwechsel sein, die sich auf EOs Schullaufbahn niedergeschlagen haben. Zu vermuten ist, dass seine Leistungen soweit abgesunken sind, dass ein Schulwechsel bis hin zur Hauptschule nötig war. Dies würde voraussetzen, dass seine Leistungen einmal gut waren.

Folgephänomen könnte sein, dass hieraus Konsequenzen gezogen werden: EO (und ggf. seine Geschwister) wird entweder mit der Mutter ,sesshaft' und der Vater geht fortan allein auf Montage oder er besucht ein Internat → es wird versucht, Kontinuität in die Schulphase der Kinder/des Kindes zu bringen. Damit wiederum kann EO sich wieder einfinden, gute Leistungen bringen und von der Hauptschule wieder zurück auf mindestens die Realschule gehen: EO macht den Hauptschulabschluss und holt dann den Realschulabschluss nach.

2) EOs Schulleistungen waren vielleicht ohnehin schlecht, der Weg ins Gymnasium eine Fehlwahl. Mit 11 oder 12 Jahren ist Ernst Opp gerade erst ins Gymnasium gegangen, vorher hat er die Mittelstufe der Polytechnischen Oberschule (POS) besucht, Ausgangspunkt in Niedersachsen wäre die Orientierungsstufe gewesen. Damit hat EO nur ungefähr ein Schuljahr – das erste auf der im westdeutschen System weiterführenden Schule – auf dem Gymnasium verbracht. Zusätzlich zum Umstand, dass er in der Realschule ebenso kurze Zeit verbrachte, kann vermutet werden, dass er von Beginn an in den Schulformen der Hochschul- und der mittleren Reife nicht mit den dort geforderten Leistungen mithalten konnte.

Dann wäre wahrscheinlich, dass das Niveau der Hauptschule gehalten wird, hier der Abschluss erfolgt und danach eine Ausbildung begonnen wird, bei der er sich

a) an seinem Vater orientieren und in den Schlosserberuf gehen, sogar speziell in die Montage könnte. Dies kann weiter beinhalten, dass EO sich mit dem permanenten Unterwegssein im Montagebereich arrangiert hat, demzufolge er im weiteren Lebensverlauf ebenfalls viele Ortswechsel und hierbei auch mehrjährige Auslandsaufenthalte vollziehen wird.

b) von seinem Vater wegorientieren könnte, gerade wegen der Ortswechsel. In diesem Fall wäre eine Schlosserausbildung unter Ausschluss von Montagetätigkeiten oder eine Ausbildung in einem anderen Berufsfeld anzunehmen.

Ebenso könnten die Eltern auf den Besuch des Gymnasiums bestanden haben und durch Förderunterricht versuchen, zumindest die mittlere Reife des Sohnes anzustreben, was bedeuten würde, dass Ernst Opp nach dem Hauptschulabschluss den Realschulabschluss nachholt und danach eine Ausbildung beginnt.

3) Da der Wechsel in die weiterführende Schule nach dem dreijährigen Aufenthalt in der DDR erfolgte, wäre auch eine Art Umstellungsproblem zu vermuten: Von der POS als Gesamtschule bis zur zehnten Klasse zum in Westdeutschland frühzeitig (bereits mit der siebten Klasse) selektivem System. Dies würde Lesart 2) nicht widersprechen, aber ein Schulformwechsel wäre in diesem Fall mit weiterem Verbleib in der DDR nicht eingetroffen. Vermutet werden könnte in diesem Zusammenhang, dass EO mit seinen Leistungen nicht auf eine Selektion vorbereitet war/wurde.

Auch dies könnte durch Förderunterricht aufgefangen werden, der EO auf die neuen Anforderungen einstimmt und wieder bessere Leistungen ermöglicht. Mindestens im nun für EO neuen und bereits zwei Jahre verpassten Fremdsprachenfach (Englisch) wäre erwartbar, dass hier Nachhilfe oder Förderunterricht erfolgt. Hieraus könnte folgen: Hauptschulabschluss und Nachholen des Realschulabschlusses wie in Lesart 2).

4) Das Absinken der Leistungen könnte auch weniger durch die Orts- und Schulwechsel als solche begründet sein, sondern mit dem Aufenthalt in der DDR, durch den EOs Schullaufbahn im Westen geprägt wurde: Bei diesem Aufenthalt können sich bei EO Präferenzen oder Prioritäten entwickelt haben, die nicht bei der Schule lagen – er geriet hier vielleicht auf eine

‚schiefe Bahn' (Suchtkarriere o. ä.) – und dies könnte spätestens im frühzeitig selektivem System der BRD Folgen zeigen. Die Schulkarriere wäre damit durch eine andere Karriere außerhalb des Schulsystems beeinflusst und der Schulwechsel hätte die hieraus resultierenden Folgen beschleunigt.

Wenn dies zutrifft und EO diese Nebenkarriere weiter verfolgen würde, wäre ein Abbruch der Schule wahrscheinlich. Darauf hin könnte er als Hilfskraft jobben oder arbeitslos sein.

Die Hauptschule kann sich auch mit der Nebenkarriere vertragen, das Niveau gehalten und der Hauptschulabschluss absolviert werden. Daraufhin könnten dann entweder Hilfskrafttätigkeiten oder Arbeitslosigkeit erfolgen, weil ein Schulbesuch mit der Nebenkarriere noch zu bewerkstelligen ist, ein Behaupten auf dem Ausbildungs- und Arbeitsmarkt hingegen nicht.

5) EO könnte schwer erkrankt sein und seine schulischen Leistungen könnten sich hierdurch verschlechtert haben.

In diesem Fall könnte sich bei einer Ausheilung die schulische Laufbahn wieder verbessern und EO Realschulabschluss und auch Abitur nachholen.

Bliebe die Krankheit bestehen, wäre nicht nur mit einem Verweilen auf der Hauptschule zu rechnen, sondern ebenso mit einem Schulabbruch und weiterhin mit Diskontinuitäten und Einschränkungen bei der Erwerbslaufbahn.[46]

Folgedaten:
Ernst Opp macht 1978 den Hauptschulabschluss. Gleich nach dem Schulabschluss wird Ernst Opp für sieben Monate wg. eines Diebstahldeliktes inhaftiert und es folgen, wegen ähnlicher Delikte, bis 1981 zwei weitere Inhaftierungen für jeweils elf und achtzehn Monate.

---

46 Bestimmt ist der Umfang an möglichen Lesarten hier nicht erschöpft. Der Auslegungsprozess muss jedoch aus pragmatischen Gründen beendet werden, wenn keine kontrastiven Deutungen mehr entwickelt werden können.
Im Übrigen ist anzumerken, dass bei der (den) anfänglichen Sequenz(en) mehr Lesarten produziert werden als bei späteren Phänomenen. Dies liegt in der Logik des Verfahrens und eines jeden Analyseprozesses: Im Verlauf schließt sich sukzessive der Möglichkeitsspielraum und die Lesarten strukturieren sich mehr und mehr. Vorzustellen ist sich ein trichterförmiger Prozess, deshalb ist die Anzahl der Lesarten bei den Folgedaten geringer.

Lesarten zu den Inhaftierungen:

6) Aufgrund dessen, dass die Inhaftierung gleich nach Schulabschluss erfolgt, kann davon ausgegangen werden, dass EO bereits während der Schulzeit mit kriminellen Handlungen in Kontakt getreten ist. Seine Kind- und Jugendzeit wäre damit nicht allein von häufigen Orts- und Schulwechseln, sondern auch von dem vermutlich sukzessiven Beschreiten einer Kriminalitätskarriere geprägt. Dies würde Lesart 4) stärken.

Vor diesem Hintergrund hätte EO während seiner letzten Schuljahre ,anderes' zu tun gehabt, als sich einen Ausbildungsplatz zu suchen bzw. sich eine berufliche Karriere zu entwerfen. Dies würde seinen Einstieg ins Erwerbsleben nach der Haft – aufgrund der Mehrfach-Inhaftierungen und einer damit einhergehenden Diskontinuität des Haftaufenthaltes ist nicht davon auszugehen, dass er eine Ausbildung im Gefängnis absolviert hat – verzögern.

7) EO könnte die Kriminalitätskarriere erst direkt nach dem Schulabschluss begonnen haben.

  a) Dies könnte heißen, dass sich EO (oder seine Eltern) bereits auf die Suche nach einem Ausbildungsplatz (oder einem weiteren Schulweg → Nachholen Realschulabschluss) gemacht hatten und dieser Weg durch den Gefängnisaufenthalt nun weggebrochen wäre.

  b) Auch wenn sich EO während der Schulzeit und dann während der Haft mit einer möglichen beruflichen Laufbahn auseinander gesetzt hat, ist davon auszugehen, dass er sich ,draußen' und gerade hinsichtlich seiner beruflichen Chancen im Leben nach der Haft orientieren muss. Dies würde den Einstieg in den Ausbildungs- und Erwerbsarbeitsmarkt verzögern.

  c) Durch ein Resozialisierungsprogramm könnte auch eine sofortige Ausbildung erfolgen und EO mit der Kriminalitäts- und Inhaftierungsgeschichte zügig abschließen. Auch wenn hier von Mehrfach-Inhaftierungen die Rede ist, würden die Delikte dann eine Art Ausrutscher oder ,Jugendsünden' darstellen.

  d) Aufgrund der Mehrfach-Inhaftierungen und der damit gegebenen Häufigkeit an Straftaten ist nicht unwahrscheinlich, dass weitere Straftaten und Inhaftierungen folgen werden. Dies würde bedeuten, dass EO mit seine Kriminalitätsgeschichte nicht abgeschlossen hat. Es könnten folgen:

1) sofort weitere kriminelle Handlungen und Inhaftierungen. Dadurch: weiterhin keine Ausbildung oder eine Ausbildung in der Haftanstalt

2) keine Ausbildung, weil noch nicht auf Leben ‚draußen' eingelassen und dadurch selbst Rückkehr in die Kriminalität (und Haft) erwartet. Stattdessen Job als Hilfsarbeiter und spätere Rückkehr zu kriminellen Handlungen oder währenddessen kriminelle Handlungen und spätere Inhaftierung oder

3) Arbeitslosigkeit mit Rückkehr zu kriminellen Handlungen.

Folgedaten:
Ernst Opp arbeitet im Anschluss an seine Entlassung aus der Haft im Jahr 1982 für drei Monate als Hilfsarbeiter in der Montage in Nordrhein-Westfalen. 1983 wird er erneut, diesmal für 2 Jahre, inhaftiert.

Lesarten zur erneuten Inhaftierung:
1) Es ist davon auszugehen, dass der Lebenslauf spätestens mit der erneuten Inhaftierung massiv irritiert ist. Ernst Opp muss sich deshalb damit auseinandersetzen, wie ein Leben ‚draußen' zu führen ist. Dies beinhaltet eine Auseinandersetzung mit einem ‚normalen' Leben bzw. mit einem Leben, das sich von dem eines immer wieder Inhaftierten (und dem damit verbundenen Milieu) unterscheidet. In diesem Fall würde nach der Haftentlassung eine lange Orientierungszeit folgen, in der Ernst Opp die Möglichkeiten und Wege dieses Lebens auslotet und anzupacken sucht. Vermutlich geschieht dies mit sozialpädagogischer Hilfe (Resozialisierung). Angesichts dieser Orientierungszeit und angesichts der geringen Chancen Haftentlassener auf dem Ausbildungs- und Arbeitsmarkt (zumal die Arbeitslosigkeit Mitte der 1980er Jahre sehr hoch und im strukturschwachen Gebiet, in dem Ernst Opp lebt, noch einmal besonders hoch ist), würde sich die Ausbildung und ein dauerhafter Einstieg ins Erwerbsleben weiterhin verzögern. → EO wäre also zunächst arbeitslos, wenn vielleicht auch zunächst nicht arbeitssuchend.

2) EO könnte im weiteren Verlauf nicht in solch ein ‚normales' Leben einfinden. Dies hieße noch nicht, dass er den Weg der Kriminalität weitergehen würde, sondern dass die Inhaftierungsgeschichte strukturelle Schatten in den weiteren Verlauf werfen würde: Etwa, in dem er dauerhaft keine kontinuierliche Beschäftigung finden und/oder auch mit

qualifizierter Ausbildung immer auf einem bestimmten Niveau (Hilfsarbeiter) beschäftigt sein würde.

3) Vielleicht findet sich EO in ein ‚normales' Leben ein, bewegt sich aber
kognitiv immer am Rande und im Vergleich des vorher geführten
Lebens. Damit würde die Inhaftierungsgeschichte perspektivisch
strukturieren: Sie würde, weil die Inhaftierungsgeschichte die eigentlich
nach der Schulausbildung vorgesehene Phase der Ausbildung zunächst
ersetzte, EOs Blick auf das Leben im Erwachsenenalter formen.

Mit Hilfe von Resozialisierungsmaßnahmen kann EO recht zügig in
Ausbildung und/oder Erwerbsarbeit geraten – ohne lange Orientierungszeit. Dies könnte die Relevanz der Delikte als eine Art Ausrutscher oder
‚Jugendsünden' stärken (7c), die dann keine erheblichen Folgen für den
weiteren Verlauf und EOs biographische Perspektive hätten.

4) EO schließt vielleicht weiterhin nicht mit seiner Kriminalitätsgeschichte
ab und es folgen weitere Delikte und Inhaftierungen.

Abschließende Daten:[47]
Nach der Haftentlassung ist die Zeit von 1985 bis 1988 von zunächst Wohnungs-
suche und Behördengängen geprägt. In dieser Zeit heiratet Ernst Opp und bekommt einen Sohn. Außerdem absolviert EO ein Berufsgrundbildungsjahr im
Bereich Metall und macht von 1988 – 1990, fünf Jahre nach seiner Haftentlassung, eine Ausbildung zum Schlosser. Danach arbeitet er über eine Zeitarbeitsfirma für ein Jahr im Montagebau, im Anschluss hieran für drei Jahre als
Produktionshelfer in einem großen Automobilzulieferbetrieb.

Während der Anstellung in diesem Betrieb beschließen Ernst Opp und seine
Frau, sich in der Gastronomie selbständig zu machen. Hierfür wird ihnen jedoch
der Kredit verweigert, Ernst Opp verliert zudem seine Anstellung im Zulieferbetrieb und es kommt zur Trennung von Frau (und Kind). Daraufhin zieht Ernst
Opp in eine andere Stadt, macht eine erneute Berufsausbildung als Elektroniker
und ist danach neun Jahre lang arbeitslos, wobei er in dieser Zeit einmal für fast
fünf Monate in einer Diskothek in der Türkei arbeitet. Insgesamt ist EO seit 1996
an die dreizehn Mal umgezogen, bis auf den Auslandsaufenthalt fanden diese
Umzüge innerhalb des Landkreises statt.

2004 steigt er in den Direktvertrieb, wie ihn Firmen wie *Avon* oder *Hara*
anbieten, ein und macht, finanziert durch ein Darlehen der Arbeitsagentur, den

---

47   Auch diese Daten wurden im Einzelnen auf die gezeigte Weise ausgelegt. Sie werden hier aus
     Darstellungs- bzw. Platzgründen zusammengefasst.

PKW-Führerschein. Fortan, von 2005 bis heute, arbeitet er permanent in kurzzeitigen (2-5 Monate) Arbeitsverhältnissen. Zunächst arbeitet er als Kurierfahrer.
Zwar absolviert er eine Schulung und dann zweimonatige Tätigkeit als Taxifahrer, meist arbeitet er jedoch im Wechsel als einerseits Produktionshelfer über
Zeitarbeit und andererseits Kurier- oder Paketfahrer.

Ernst Opp lebt heute, mit 46 Jahren, allein (geschieden), sein Sohn lebt bei
der Mutter.

*Zusammenfassende, an weiteren Analyseschritten zu überprüfende Thesen und
Fragen:*
Erst in der Textanalyse – speziell in der Erzählung über die Zeit als Kind und
Jugendlicher – kann geklärt werden, ob EO bereits während des Aufenthalts in
der DDR und während der Schulzeit kriminell aktiv war – ob also eine Nebenkarriere die Schullaufbahn konterkarierte und mit dem Hauptschulabschluss,
nicht aber mit dem Gymnasium und der Realschule verträglich war. Dann war
der ‚Systemwechsel' als solcher nicht maßgeblich, sondern allenfalls be-
schleunigend und dies müsste sich auf die Darstellung dessen auswirken, ‚wie
alles gekommen ist'. Zudem würde im Falle der Nebenkarriere der verzögerte
Einstieg ins Erwerbssystem nach der letzten Haftentlassung eine Erklärung auch
darin haben, dass EO während seiner letzten Schuljahre und ebenso in den Zeiten
zwischen den Inhaftierungen ‚anderes zu tun' hatte, als sich einen Ausbildungsplatz zu suchen bzw. sich eine berufliche Karriere zu entwerfen (Lesart 5).

Denn als plausibel hat sich erwiesen, dass Ernst Opp nach seiner Haftentlassung ins Leben ‚draußen' einfinden musste: Die lange Zeit nach der letzten
Haftentlassung, bis er eine Ausbildung beginnt und dass auf diese weitere folgen,
lässt auf eine lange Orientierungszeit schließen, in der Ernst Opp die Möglichkeiten und Wege des Lebens ‚draußen' ausgelotet und anzupacken gesucht hat.
Damit nimmt die Geschichte der Mehrfach-Inhaftierung eine relevante Rolle in
der Strukturierung der Biographie ein. Als Jugendsünde oder Ausrutscher wird
sie vielleicht noch zu Legitimationszwecken bezeichnet, nicht aber als solche
abgeschlossen werden können: Erwartbar ist, dass sie den Ausgangspunkt bildet,
von dem aus Ernst Opp seine Biographie ordnen und bewerten wird. Damit
würde Lesart 13) in die weitere Auslegung mitgenommen. Sie würde aber inso-
weit modifiziert werden, dass EO nicht sehr zügig in ein solches Leben einfindet,
gerade deshalb immer am Rande und im Vergleich des vorher geführten Lebens
steht, was die perspektivische Strukturierung angeht. Lesart 11), dass sich Ernst
Opp mit einem ‚normalen' Leben und der Frage auseinandersetzt, wie ein
solches Leben einzuleiten und schließlich dauerhaft zu führen ist, bleibt damit
ebenfalls bestehen.

Eine weitere Frage ist, warum EO permanent den Wohnort bzw. die Wohnung wechselt. Das hier vermutete Arrangement mit einem häufigen Unterwegssein durch den Beruf des Vaters, scheint als alleinige Begründung zu schwach. Vermutet werden können auch Mietschulden oder generell die Kosten der jeweiligen Wohnung. Vorstellbar sind auch Hoffnungen auf den Wechsel des Status, des sozialen Ansehens oder das bewusste Verlassen eines sozialen Umfelds, dies setzt jedoch voraus, dass er nicht seitens der Vermieter gekündigt wurde, worüber keine Informationen vorliegen.

Insgesamt liegt mit den lebensgeschichtlichen Daten von EO ein Verlauf vor, in der auf verschiedensten Wegen und Schulungen (Führerschein, Taxischein, Umschulung, versuchte (Kneipe) und erfolgreiche (Direktvertrieb) Selbständigkeit) Versuche unternommen werden, einen Lebenslauf (nach der Inhaftierungsgeschichte) ‚ins Laufen' zu bringen. Dies müsste dann auch die Selbstdarstellung von EO bestimmen. Dies vor allem deshalb, weil angesichts der immer kürzer werdenden Beschäftigungsverhältnisse in der Gegenwart davon ausgegangen werden kann, dass EO in diesem Versuch immer noch begriffen ist, hier also bislang kein nachhaltiger Erfolg zu verbuchen ist. Weiter ist für die Selbstdarstellung zu erwarten, dass die Inhaftierungsgeschichte den Ausgangspunkt zur Aufordnung der Lebensgeschichte darstellt, dass EO von hier aus oder im Vergleich hierzu seine Biographie ordnet und bewertet. Möglich ist dabei, dass EO einen klaren Schnitt hinter seine Inhaftierungsgeschichte setzt und der Beginn seiner Erwerbslaufbahn die Gegenwartsschwelle bildet, weil eine Geschichte als Häftling legitim (soziale und moralische Anerkennung) und dabei als dezidiert abgeschlossener Teil in eine Gesamtgeschichte integriert sein will. Dementsprechend müssten hier Wandlungsprozesse und eine Art neues oder anderes Leben dargestellt werden, die im Vergleich bzw. in Abgrenzung zum Leben als Häftling stehen können.

A3 Einzelfälle (Kurzzusammenfassungen)

Typus I: Der schwierige Abschied von der Normalbiographie

Perspektiven abschätzen. Karsten Berger

Karsten Berger (KB) wird 1979 in Niedersachsen geboren, sein Vater ist technischer Angestellter, seine Mutter Altenpflegerin. Er absolviert den Haupt-schulabschluss, bevor er zwei Berufsgrundbildungsjahre (BGJ) abschließt und danach im Rahmen der „Ländlichen Erwachsenenbildung" (LEB), einem Pro-gramm, das vom Arbeitsamt koordiniert wird, ein Praktikum in einem Maler-betrieb durchführt. Schließlich macht er eine Ausbildung zum Maler, arbeitet als Geselle noch drei Monate in seinem Ausbildungsbetrieb, ist dann sieben Monate lang arbeitslos. Karsten Berger ist zu diesem Zeitpunkt 23 Jahre alt. Diese Arbeitslosigkeit wird unterbrochen durch den Zivildienst, den er in einem Flüchtlings-Auffang-Lager leistet. Es folgen weitere drei Jahre Arbeitslosigkeit. Im Alter von 27 Jahren arbeitet Karsten Berger dann für drei Monate in seinem Ausbildungsberuf, bevor er sich im Jahr 2006 bei einer Zeitarbeitsfirma bewirbt. Zum Zeitpunkt des Interviews ist Karsten Berger 29 Jahre alt, lebt bei seinen Eltern in einer ähnlich strukturschwachen Region wie Ernst Opp und arbeitet seit einem Jahr bei einer Zeitarbeitsfirma, von wo aus er seit sechs Monaten als Produktionshelfer in einem Automobilzulieferbetrieb eingesetzt wird.

Karsten Bergers Erzählung führt von der Enttäuschung über die Aussichten, im derzeitigen Einsatzbetrieb übernommen zu werden hin zu den Chancen, die in der Zeitarbeit liegen: In seiner Erzählung stellt KB eine Theorie über seinen Erwerbsverlauf auf und schließt mit dieser zügig ab, indem er erklärt, dass an ihr nicht mehr zu drehen sei und stellt die Bewertung über das, was die Zeitarbeits-Branche geschaffen hat, ans Ende einer wirtschaftlich schwierigen Zeit und auch *seiner* Arbeitslosigkeit und den vergeblichen Terminen beim Arbeitsamt. So existieren für KB Stationen, die, wie ihm ‚bei der Arbeit' auffällt, typisch für Zeitarbeiter seien: Lehre – Zivildienst – Arbeitslosigkeit – Zeitarbeit. Unter dem Gesichtspunkt, dass auch Gymnasiast/-innen unter den Zeitarbeiter/-innen sind und es offenbar nicht um Leistungsfähigkeit geht, ist seine Vorgeschichte (Schule und Ausbildung) dabei aber nicht nur ohnehin irreversibel, sie ist am Ende auch irrelevant für den Umstand, endlich in Arbeit gekommen zu sein. Es ist somit schlussendlich die Zeitarbeit, die die soeben nachvollzogenen Kausali-täten und das, was „da" schon „anfing" (KB: 9: 338), zu suspendieren und damit

die Logik einer Karriere – eine „Kontinuierung von Erfolgen und Mißerfolgen"
(Luhmann/Schorr 1979: 279) – außer Kraft zu setzen vermag.

Dieser Haltung kann in seiner autobiographischen Gesamtsicht jedoch der
Charakter der Vorläufigkeit zugedacht werden. Durch die Zeitarbeit wurde seine
erwerbsbiographische Lage stabilisiert und seine biographische Perspektivität
erweitert, indem er sich z. B. den Plänen einer eigenen Wohnung oder seiner
Alterssicherung zuwendet. Es scheint, als hätte sein Erwerbsleben mit der Zeitarbeit richtig begonnen, als sei er hiermit angekommen; es scheint etwas in Gang
gesetzt worden zu sein, von dem aus er ‚weitergucken' und ‚weitermachen'
kann. Damit ist sie immerhin, aber gleichsam auch *nur* ein Sprungbrett bzw.
Startpunkt seiner Erwerbslaufbahn.

Dass immer mal was im Lebenslauf steht – was mich wieder zurückbringt.
Melanie Siedler

Melanie Siedler (MS) wird 1980 geboren und wächst mit zwei Geschwistern in
Niedersachsen auf. Der Vater ist Lehrer und die Mutter Sozialpädagogin. MS
verlässt das Gymnasium nach der 10. Klasse und hat ihren Realschulabschluss.
Danach besucht sie für ein Jahr die Berufsfachschule für Informatik und ab-
solviert im Anschluss hieran eine Ausbildung zur Kauffrau im Einzelhandel in
einem Lebensmittel-Discount. Hier wird sie nicht übernommen und macht eine
Fortbildung zur Kaufhausdetektivin, für die ihr jedoch das Zertifikat fehlt. Nach
zwei Monaten Arbeitslosigkeit leitet MS, mit 22 Jahren, zwei zusammengehörige
Filialen eines Bastel- und Geschenkartikel-Geschäfts, verliert diesen Job und
bekommt 2003 ihren Sohn, weshalb sie bis 2004 in Elternzeit geht. Danach ist
sie drei Jahre lang arbeitslos, schließt über die Arbeitsagentur weitere Weiter-
bildungsmaßnahmen ab und verkauft 2007 vier Wochen lang Glühwein an einem
Stand auf dem Weihnachtsmarkt in ihrem Wohnort, bevor sie erneut 5 Monate
lang arbeitslos ist. Von Mai bis August arbeitet sie in einer Tankstelle auf 400
Euro-Basis, in diese Zeit fällt auch das Interview (Juni 2008).
MS, 28 Jahre, lebt mit ihrem fünfjährigen Sohn in Niedersachsen.

Die Devise von Melanie Siedler ist, dass es gut sei, sich immer weiter zu quali-
fizieren und trotz Kind nicht untätig zu sein. Diese Devise ist entlang einer
Geschichte über einen Job geboren, dem MS auf dem Weihnachtsmarkt nach-
ging und der ihre Haltungen zu den Anforderungen auf dem Erwerbsarbeitsmarkt von hinten überzieht, die Geschichte des Jobs auf dem Weihnachtsmarkt
spielt für die Gesamtgeschichte und die Haltung von MS eine tragende und
strukturierende Rolle (Interpretationspunkt).

Dementsprechend bezeichnet MS die vier Wochen, die sie am Glühwein-Ausschank gearbeitet hat, als „Durchbruch" und erzählt sehr ausführlich, mit hohem Indexikalitäts- und Detaillierungsgrad, vom Zustandekommen und Durchführen dieses Jobs und kommt auf diese Geschichte immer wieder zurück; sie zieht sich (aus analytischer Sicht ‚von hinten') wie ein roter Faden durch die Erzählung, strukturiert ihre Haltungen und Sichtweisen gegenüber Erwerbsarbeit und ihrer aktuellen Erwerbslage.

Erwerbsbiographische dauerhafte oder nachhaltigere Optionen leitet MS jedoch aus dieser Erfahrung nicht ab. Man hätte erwarten können, dass sie sich, gerade auch, weil sie diese Arbeit positiv von der Arbeit in der Branche, in der sie ihre Ausbildung absolviert hat, abgrenzt, in den gastronomischen Bereich begibt, entweder als Angestellte oder aber sich hier evtl. sogar selbständig macht, da ihre Ausbildung auch hierfür durchaus Qualifikationen bereit stellt. MS scheint jedoch diese Erfahrung in der Gastronomie als einmaliges, ggf. jährlich wiederkehrendes Erlebnis zu verbuchen, an dass sie sich immer wieder gern zurückerinnert und auf das sie sich immer schon freut. Im Übrigen wäre auch erwartbar gewesen, dass sie aus nunmehr zwei Jobs umfassenden Qualifikationen in Leitungspositionen ihre erwerbsbiographischen Ansprüche anhebt (sich auf Leitungsposten bewirbt, diese anstrebt). Auch dies ist nicht der Fall bzw. deutet sich dies nicht an. MS versucht, „nen Fulltime-Job zu kriegen. Und was? Jacke wie Hose ((lacht))" (MS: 11: 431-449).

Da kommt nix mehr. Henrik Lünz

Henrik Lünz (HL) wird 1981 als Sohn eines Kraftfahrers und einer Bürokauffrau geboren und macht einen Realschulabschluss, bevor er ein Jahr lang die Höhere Handelsschule besucht. Danach macht er eine Ausbildung zum Steuerfachangestellten. In seinem Ausbildungsbetrieb wird er nicht übernommen, wird aber auch wenige Monate nach Abschluss seiner Ausbildung zum Wehrdienst eingezogen. Die Zeit zwischen Ausbildungsabschluss und Wehrdienst überbrückt er durch Zeitarbeit in einem Call-Center. Nach dem Wehrdienst findet er keine Anstellung als Steuerfachangestellter, ist arbeitslos und macht, finanziert durch ein Darlehen des Arbeitsamtes im Jahr 2004 den LKW-Führerschein, mit dem er die folgenden drei Jahre im Speditionsunternehmen seiner Mutter arbeitet. Da diese Firma insolvent wird, wird Henrik Lünz im April 2007 erneut arbeitslos, beginnt im Mai desselben Jahres als Zeitarbeiter. Als solcher ist er (zum Zeitpunkt des Interviews) seit einem Jahr als Produktionshelfer in einem großen Automobilzulieferbetrieb tätig, bei der Zeitarbeitsfirma mittlerweile unbefristet angestellt. Henrik Lünz ist nun 27 Jahre alt, ledig und lebt in einer Wohn-/ Hausgemeinschaft in Südniedersachsen in einer strukturschwachen Region.

Die Erzählungen von HL sind relativ kurz und meist eher beschreibend, argumentativ und evaluativ. Es finden sich kaum Geschichten mit hohem Detaillierungs- und Indexikalitätsgrad, auch werden wenige Themen und Themenfelder erkennbar.

Weil er sich bei der Arbeit als Produktionshelfer fehl am Platz und nicht dorthin gehörig verortet, bearbeitet Henrik Lünz explizit nicht *seine* Erwerbslage. Er stellt biographische Fremdthematisierungen an, beobachtet und prognostiziert die Erwerbsverläufe seiner Kolleg/-innen und setzt sich damit auseinander, für wen die Arbeit, die er verrichtet, die einzige Chance auf Arbeit überhaupt sei. Henrik Lünz verabschiedet *andere* aus stabilen und sicheren, vor allem aus qualifizierten Laufbahnen, während er für sich selbst die Frage nach einem solchen Abschied nicht stellt.

Henriks Lünz' subjektiv-biographische Auseinandersetzung mit seiner Erwerbslage kennzeichnet sich somit durch eine dezidierte Distanzierung von prekären Erwerbsbiographien und prekärer Arbeit, HL spricht gewissermaßen aus dem Off oder besser: aus dem Gastaufenthaltsstatus über das, was in der Erwerbsprekarität passiert und passieren wird. Diese Verlaufsprognosen haben jedoch nichts, so seine Haltung, mit seinem eigenen Erwerbsverlauf, weder mit eigenerlebten noch selbst antizipierten (entworfenen, befürchteten) Ereignissen zu tun. Dies ist der Grund, warum HL – auch und gerade im Vergleich zu den anderen Fällen – nicht in eine lebensgeschichtliche Großerzählung oder in entsprechende Erzählsequenzen über die eigene Lebensgeschichte gelangt.

Typus II: Eine runde Sache: Konversion in den Ruhestand

Und dann ist das eigentlich was Stimmiges. Monika Bildwege

Monika Bildwege (MB) wird 1945 in Berlin geboren und macht 1964 in Ost-Berlin ihr Abitur, bevor sie sich zur medizinisch-technischen Angestellten (MTA) ausbilden lässt, dann bis 1993 als Sekretärin arbeitet. Im Alter von 30 Jahren beginnt MB, nachdem sie zwei Jahre lang arbeitslos war, eine erneute Ausbildung als Ergotherapeutin, die sie allerdings nicht abschließt. Es folgt eine dreijährige Arbeitslosigkeit, die nur durch kurzfristige (sechsmonatige) Beschäftigungsverhältnisse, mal als MTA, mal als Bürokraft, unterbrochen wird. Zum Zeitpunkt des Interviews ist MB 59 Jahre alt, seit zwei Jahren (durch-

gängig) arbeitslos und Bezieherin von Arbeitslosengeld II. Sie arbeitet ehren-
amtlich als Sterbebegleiterin in einem Hospiz.

Nachdem Monika Bildwege zwei Jahre lang kein Wiedereinstieg in den
Arbeitsmarkt gelingt und sie sich von der Arbeitslosigkeit, hier vor allem der
finanziellen Situation und einer Stigmatisierung durch das neu eingeführte
Arbeitslosengeld II, insofern bedroht fühlt, als dass sie eine Verlaufskurve
wiedergibt, überwindet sie diese und bewältigt darüber nachhaltig Prekarität: Mit
der Organisation des Ehrenamtes und der 58er-Regelung hat die 59-Jährige gezielt biographische Initiativen ergriffen und sich in ihre Situation eingerichtet,
dies jedoch nicht resignativ, sondern für sie gilt die prekäre Lage als überwunden: Durch das Ehrenamt grenzt sie sich von den „Hartz IV-Empfängern
draußen auf der Straße" ab und gemeinsam mit der 58er-Regelung, deren
„Unterschreiben" MB ausführlich erzählt und begründet, kann sie sich einen
Frühruhestand oder einen Arbeitsalltag formen, der dem in Altersteilzeit ähnlich
ist. Von hier aus zieht MB ihr Leben dann glatt, sodass ihre derzeitige Erwerbslage als „stimmiger" Abschluss einer Erwerbsphase erscheint.

Typus III: Konversion ins akademische Milieu

Prekarität nicht bemerkenswert. Nele Platz[48]

Nele Platz kommt 1970 in Ost-Berlin zur Welt und macht von 1987-1990 eine
Ausbildung zur Elektromechanikerin, vier Jahre später eine weitere Ausbildung
zur Erzieherin, als die sie auch mehrere Jahre arbeitet. Zur Zeit des Interviews
ist Nele Platz 34 Jahre alt und studiert, finanziert durch ein Stipendium, ein
erziehungswissenschaftliches Fach. Das Interview kennzeichnet sich durch eine
ausführliche Auseinandersetzung mit dem Begriff und dem Niveau eigenerlebter
Prekarität.

---

48   Bei diesem Fall handelt es sich ein Interview, das nicht rekonstruiert worden ist. Wie eingangs
     dieser Arbeit begründet wurde, konzentriert sich die Untersuchung nicht auf das akademische
     Milieu, der dritte Typus steht deshalb etwas im Hintergrund, er hat nur kontrastiven Zweck.